Georg Steinhausen

Häusliches und gesellschaftliches Leben im neunzehnten Jahrhundert

Georg Steinhausen

Häusliches und gesellschaftliches Leben im neunzehnten Jahrhundert

ISBN/EAN: 9783743605664

Hergestellt in Europa, USA, Kanada, Australien, Japan

Cover: Foto ©Suzi / pixelio.de

Weitere Bücher finden Sie auf **www.hansebooks.com**

Häusliches und gesellschaftliches Leben

im

neunzehnten Jahrhundert.

Von

Dr. Georg Steinhausen,
Universitätsbibliothekar in Jena.

Berlin.
Verlag Siegfried Cronbach.
1898.

Vorwort.

Die nachfolgende Darstellung möchte auf sich das Wort angewandt wissen, das Gustav Freytag über seine „Bilder aus der deutschen Vergangenheit" ausgesprochen hat: „Es war keine schwere und es war eine behagliche Arbeit, doch leichtsinnig wurde sie nicht gemacht." Mit einer langwierigen archivalischen Publikation beschäftigt, habe ich die vorliegende Arbeit als eine willkommene Abwechselung betrachtet; aber ich habe sie ernsthaft und möglichst nach den Quellen durchgeführt. Die Quellenbelege habe ich bei diesem für weitere Kreise bestimmten Buch wohl mit Recht fortgelassen; aber man wird sich leicht überzeugen, welch weitschichtiges Material zu Grunde liegt. Was zwei große Bibliotheken an Memoiren, Biographien, Briefwechseln boten, ist benutzt; zahlreiche Zeitungen und Zeitschriften aus der ersten Hälfte des Jahrhunderts sind durchgesehen, hin und wieder sind auch mündliche Mitteilungen älterer Damen und Herren verwertet worden. Daß daneben auch vorhandene Darstellungen, wie Klemms Werk: „Vor fünfzig Jahren" und Bährs: „Eine deutsche Stadt vor sechzig Jahren", ausgiebig benutzt werden mußten, ist selbstverständlich. Die notwendige Raumbeschränkung, sowie die Art der zu beschaffenden Quellen und meiner Kenntnisse, wie auch endlich das Interesse der Leser haben zu einer vorzugsweisen Berücksichtigung der Verhältnisse Deutschlands geführt. Doch wird man auch mancherlei über diejenigen fremder Nationen finden.

Jena, Oktober 1897.

G. St.

Inhalt.

	Seite
Einleitung	1
Wohnung und Haushalt	9
Das Leben in der Familie	58
Das gesellige Leben	129
Häusliches und geselliges Leben auf dem Lande	198

Einleitung.

Wo immer heute die Gegenwart mit der Großväterzeit, der „guten alten Zeit" verglichen wird, überall wird man von dem gewaltigen Umschwung hören und lesen, der sich in unserem Jahrhundert vollzogen hat. Und in der That muß sich auch dem oberflächlichsten Beobachter dieser Eindruck unwiderstehlich aufdrängen, sobald er namentlich das wirtschaftliche Gebiet ins Auge faßt. Die außerordentlichen Fortschritte der Naturwissenschaften und der Technik, die zahlreichen Erfindungen, welche den Dampf und die Elektricität für das wirtschaftliche Leben der Menschheit nutzbar machten, der daraus sich ergebende Großbetrieb und eine hochentwickelte Industrie haben seit der Mitte unseres Jahrhunderts ein ganz neues wirtschaftliches Zeitalter eingeleitet, in dem sogar die gegenwärtige Generation sich noch unheimisch fühlt. Insbesondere aber hat dieser ungeahnte technische und wirtschaftliche Aufschwung einen Wandel der Verkehrsverhältnisse zur Folge gehabt, wie ihn die ganzen Jahrtausende der bisherigen menschlichen Entwickelung nicht erlebt haben. Alle diese Wandlungen haben die früheren Lebensbedingungen von Grund aus geändert, sie haben auch die Lebenshaltung des einzelnen, das häusliche und gesellschaftliche Leben überhaupt mächtig beeinflußt. Unendlich haben sich die Bequemlichkeit, die Sicherheit, der Luxus des menschlichen Daseins gesteigert. Auch dem inneren Menschen haben die neuen Lebensverhältnisse einen ungeheuren Ruck gegeben. Den idealen, innerlich haltlosen und schwankenden Deutschen der ersten Jahrzehnte unseres Jahrhunderts stellte zuerst das erwachende politische Leben in die reale Wirklichkeit; die Rastlosigkeit des Zeitalters der Maschine aber, die Notwendigkeit allseitiger angestrengter Arbeit griffen ihn noch stärker an: er ist ein energischer, praktischer, freilich nervöser Mensch geworden. Und weiter änderte sich auch die innere Struktur der Gesellschaft. Das Bürgertum, durch seine gewaltige Bildungsarbeit im vorigen Jahrhundert mächtig gewachsen, emancipierte sich auch wirtschaftlich und politisch von der höfischen Gesellschaft: es ist der führende Teil der Nationen geworden, der jetzt seinerseits wieder von dem mächtig aufstrebenden „vierten Stand" bedrängt wird. Die neuen Verhältnisse erzeugten neue Anschauungen: es ist eine entschiedene Demokratisierung der gesamten Gesellschaft eingetreten. Die in immer weitere Kreise getragene Bildung trägt mächtig zu diesem Prozeß bei, nicht minder als die Möglichkeit raschen Erwerbes von Reichtümern. — —

Auf der andern Seite wieder hat der geschilderte Umschwung Erscheinungen hervorgerufen, die uns im Vergleich zur Großväterzeit unerfreulich dünken: Genußsucht, rücksichtslose Jagd nach Geld, Verderbtheit, Materialismus und was man noch sonst dem „Fin de siècle" aufzuhängen pflegt. Insbesondere glaubt man die Einflüsse dieses Fin de siècle-Geistes auch im häuslichen und gesellschaftlichen Leben zu beobachten. Aber man täuscht sich darin allzu leicht; man vergißt, daß die „gute alte Zeit" noch viel größere Schattenseiten hatte, daß gerade auf Familie und Gesellschaft die tonangebenden, vornehmen Kreise des 18. Jahrhunderts einen geradezu zerrüttenden Einfluß geübt haben.

Die nachfolgenden Sätze z. B. wird der Ununterrichtete ohne weiteres für Klagen über moderne Zustände halten können: „Zur Tagesordnung gehören jetzt unter andern Ehescheidungen, Selbstmorde und Tollwerden. Die neuen Grundsätze, welche alle Bande des häuslichen und bürgerlichen Lebens für Albernheiten erklären, die nur gemeine Seelen binden und über die sich Geister höherer Art wegsetzen müssen, übertriebener Luxus und die beständige Exaltation der Phantasie auf Kosten des gesunden Menschenverstandes bewirken diese traurigen Ereignisse. Sittsamkeit, Häuslichkeit, Treue in der Ehe, wahre Frömmigkeit u. dergl.

sind nicht von der Welt, und der Ton der Welt geht doch über alles — alles." Und doch entstammen diese Bemerkungen, die sich übrigens auf Berlin beziehen, der „Zeitung für die elegante Welt" vom Jahre 1805. Ein Satz wie dieser: „Verweichlichung und allzufrühe Genüsse geben uns die Greise von dreißig Jahren mit Augengläsern und Kahlköpfen ohne die mindeste Lust zum Tanz" ist nicht, wie man vermuten könnte, einer heutigen Zeitung entnommen, sondern den „Briefen eines in Deutschland reisenden Deutschen" von Carl Julius Weber vor 1830. — —

Man sieht, erst durch eine genaue Kenntnis der Vergangenheit gelangt man zu einem gerechten Urteil über die Gegenwart. Man darf ferner derartige Urteile aus der damaligen Zeit so wenig für die Gesamtheit gelten lassen, als ähnliche aus der Gegenwart. Und wenn ich in der nachfolgenden Schilderung den Zuständen des häuslichen und gesellschaftlichen Lebens nachzugehen versuche, so bin ich bestrebt, gerade diesen schablonenhaften Charakter der Darstellung zu vermeiden. Was für einzelne Schichten gilt, gilt nicht für alle. Selbst der gewaltige Umschwung der äußeren Lebensverhältnisse in unserem Jahrhundert ist auch nicht so schematisch vor sich gegangen, wie man sich das leicht vorstellt. In kleinen Städten und erst recht auf dem Lande hielten sich noch lange Zustände, welche die größeren Städte längst überwunden hatten; was der einfache bürgerliche Mittelstand in Deutschland zu Anfang des Jahrhunderts für unerhörten Luxus hielt, das war in der Pariser Gesellschaft längst gewöhnlich. In Deutschland selbst wieder sind, wie wir noch sehen werden, die lokalen Unterschiede von allergrößter Bedeutung.

Trotz aller solcher Einschränkungen giebt es kaum einen Zeitraum, dessen Entwickelung so lehrreich und interessant ist, wie unser Jahrhundert. Freilich — auch das vorige Jahrhundert hat einen großartigen Wandel erlebt. Für Deutschland bedeuten die Jahre von 1740 bis 1770 eine derartige rapide Entwickelung der geistigen

Bildung und des Geschmacks, wie nur wir sie in der Mitte unseres Jahrhunderts auf materiellem Gebiet erlebt haben. Und weiter vollzog sich in Westeuropa im 18. Jahrhundert eine gesellschaftliche Entwickelung, wie sie um 1700 zur Zeit Ludwigs XIV. niemand für möglich gehalten hätte. Durch seine Bildungs- und Aufklärungsarbeit emancipierte sich das Bürgertum mehr und mehr von der alles beherrschenden Hofgesellschaft: das Ende dieser Entwickelung war die französische Revolution, zugleich wieder der Anfang einer neuen Zeit, eines neuen Staates, einer neuen Gesellschaft. Aber die von großen Gedanken getragene Bewegung ging zu Grunde an dem extremen Charakter ihrer Durchführung. Mit einem tragischen Mißklang endete das Jahrhundert. Die Zeitgenossen merkten aber nicht, daß die Keime einer neuen Zeit sich kräftig entwickelten. Sie merkten auch kaum, daß das 18. Jahrhundert den größten materiellen Umschwung, den die Menschheit erleben sollte, bereits vorbereitet hatte. Die Dampfmaschine war in ihm schon erfunden, aber die unermeßlichen Folgen dieser Erfindung ahnte man nicht. Durch die Erfindung der Spinnmaschinen entwickelten sich in England die Anfänge des neuen Fabriksystems, einer modernen Industrie: aber auch hier konnte niemand den weiteren Gang der Dinge voraussehen.

Als das neue Jahrhundert begann, sah man vielmehr — ähnlich wie wir es thun — auf das Erreichte stolz oder resigniert zurück: Fortschritte umwälzenden Charakters schienen kaum noch möglich. Es gab einen großen Neujahrslärm zu Beginn des neuen Jahrhunderts. In vielen Städten Musik, Beleuchtung, Glockengeläut, Gesang von Chorälen; niemand legte sich vor Mitternacht schlafen, private Festlichkeiten überall. Aber das Gefühl, am Anfang einer neuen Zeit zu stehen, tritt nirgends hervor. Es war das ja auch durchaus natürlich. Ein Jahrhundert ist an sich ein nur äußerlich abgegrenzter Zeitraum: seinen Antritt kann man nur äußerlich feiern. Aber was auffällt, ist das geringe Vertrauen zu einer großen zukünftigen

Entwickelung. Das erwähnte Gefühl der Resignation, wesentlich durch die Revolutionskriege hervorgerufen, ist ungemein stark. Das Jahrhundert begann mit einer Abwendung vom realen Leben.

> In des Herzen heilig stille Räume
> Mußt du fliehen aus des Lebens Drang!
> Freiheit ist nur in dem Reich der Träume,
> Und das Schöne blüht nur im Gesang.

So sang Schiller zur Wende des Jahrhunderts und traf damit auch die Stimmung der ersten Generation unseres Jahrhunderts überhaupt.

Resignation, unpraktischer Idealismus, litterarische Interessen: das sind die charakteristischen Züge dieser Generation. Von den drei Generationen unseres Jahrhunderts zeigt die erste eigentlich noch alle Züge des achtzehnten Jahrhunderts, wie denn überhaupt zu beobachten ist, daß die neueren Jahrhunderte meist in ihrer Mitte den Umschwung aufweisen. Das öffentliche Leben liegt den Interessen des einzelnen fern: rein geistige, ästhetische, litterarische Dinge kümmern ihn mehr. Vorurteilslosigkeit und Toleranz herrschen vor. Ein starkes Gefühlsleben ist die Signatur der Zeit. Ein frauenhafter Zug liegt über dem Leben, wie denn die Frauen auch vielfach Führerrollen einnehmen. Sittlichkeit gedeiht dabei nicht recht, zum Teil ist die herrschende Frivolität aber noch von der Sittenlosigkeit des 18. Jahrhunderts überkommen. Auf der anderen Seite eine starke Naivität der Lebensanschauung, aus einer gewissen Unerfahrenheit heraus erklärlich. Viel Tüchtiges im kleinen, viel Mühe und Arbeit in Einzelheiten, aber wenig Sinn für das Große. Eine naive Anspruchslosigkeit und Genügsamkeit, dafür überall fröhliche Behaglichkeit, Gemütlichkeit im Genuß. Keine feinen, materiellen Liebhabereien, aber solidere Nahrungsweise. Unpraktisch, aber malerisch. In den unteren Schichten noch viel Unbildung und Roheit — — — Dieses Bild bietet wenigstens das deutsche Volk in jener Zeit. Langsam vollzog sich die Wandlung. Für Preußen hatte schon das Jahr 1806 einen Ruck bedeutet. Die geistreiche und etwas leichtfertige Geselligkeit verschwand vor dem Ernst der Zeit; nationale Interessen traten in den Vordergrund. Aber dann folgt die Restaurationszeit. Der leichte Glanz war dahin, gedrückte Zustände dafür eingetauscht. Theater und Litteratur wurden wieder die Hauptsache: erst von den fremden Nationen her drang stärker das politische Interesse ein. In den dreißiger Jahren schwindet die Stimmung der Resignation mehr und mehr: politische Ziele erweckten neues Leben, und gleichzeitig begann das Zeitalter praktischer Arbeit. Jetzt, um 1840, war allgemein das Bewußtsein wach geworden, daß eine neue Zeit beginne. Wehmütig schrieb 1841 Friederike Krickeberg an Tieck von der ablaufenden Periode, von „jener schönen Zeit": „Welch ein geistreiches Treiben war damals unter der jungen Welt." Statt dieses geistreich-ästhetischen begann bald ein aufgeregtes politisches Treiben. Es wurde bald ein Axiom der Gebildeten, daß nur die Politik eine mündige Nation interessieren dürfe. Nicht mehr um einen neuen Roman, um ein neues Theaterstück drehte sich die gesellschaftliche Unterhaltung, sondern um Kammerdebatten, um Minister und Abgeordnete. Die Theaterschwärmerei hörte auf. Mächtig interessierten vor allem die Zeitungen mit ihrem immer reicheren Inhalte: zweimal täglich begannen sie zu erscheinen. Und weiter beherrschten die Fortschritte der Technik und Industrie mehr und mehr die Menschen; es begann eine ganz andere Auffassung der praktischen Arbeit sich zu verbreiten, nachdem man ihre ungeahnten Erfolge eintreten sah. Es ist charakteristisch, daß der Sohn des großen Komponisten Weber, der Freiherr Max Maria von Weber, sich um 1840, dem neuen Zeitgeiste folgend, dem Eisenbahnwesen widmete. Durch seine politische Emancipation und seine wirtschaftlichen Großthaten gewann das Bürgertum die führende Rolle: es beherrschte das gesellschaftliche Leben, bald auch die ganze Lebenshaltung. Seine Anschauungen besserten die öffentliche Moral und wandelten die laxen sittlichen Prinzipien, die bis dahin in der Gesellschaft vorgeherrscht hatten, es brachte nüchternen Verstand und klaren Blick zu Ehren vor der Gefühls- und Redseligkeit der Vergangenheit. Charakteristisch ist eine starke Abneigung gegen Metaphysik, überhaupt gegen philosophische Spekulation. Thatsachensinn, keine Phantasterei, das war die Forderung. Man wollte nicht mehr der träumerische Gefühlsmensch sein, man zuckte die Achseln über die schönen Seelen, man wollte der Wirklichkeit leben. Die Achtung vor den bisherigen Bildungselementen begann leise erschüttert zu werden. Das klassische Altertum verlor mehr und mehr seinen Glanz, die Naturwissenschaften traten in den Mittelpunkt des wissenschaftlichen Strebens. Die Überhebung des klassisch Gebildeten über den Techniker, den Kaufmann wurde immer weniger geduldet, wenn auch z. B. noch heute, in Deutschland wenigstens, dieser wichtige Teil moderner Civilisation in dem Bewußtsein der Gebildeten sich als solcher noch nicht genügend festgesetzt hat. Anders freilich in England und Amerika. In der Entwickelung, die um die Mitte des Jahrhunderts einsetzte, stehen wir noch heute. Rasch und rascher wurde das Tempo, und von diesem Tempo wird der heutige Mensch beeinflußt. Er lebt schneller als seine Vorfahren, er arbeitet rastloser als sie, aber er genießt auch begieriger, und seiner Genußsucht öffnen sich immer neue Welten. Genußsucht und Erwerbstrieb, das scheinen die wesentlichsten Triebfedern des heutigen Lebens zu sein: und doch werden wir sehen, daß ideale Kräfte gerade das häusliche Leben der Gegenwart stärker beeinflußen als das der Vergangenheit. Der moderne Mensch der Großstadt, in vieler Beziehung der Typus der Gegenwart, ist trotz Nervosität und Genußsucht ein frischerer und weniger blasierter Mensch als der von 1820. Er lebt in einem gärenden, aber großen und vorwärtsstrebenden Zeitalter, das auch an die geistigen und sittlichen Kräfte ganz andere Anforderungen stellt als die Vergangenheit. Zuzugeben ist aber, daß die steigende Wertschätzung des Äußerlichen eine immer bedenklichere Charakter- und Gesinnungslosigkeit gerade der gebildeten Kreise großzieht. Eine Mißachtung persönlichen Verdienstes, ein gemeines Strebertum, ein Vorwärtszukommensuchen um jeden Preis ist vielfach in der jüngeren Generation bemerkbar, die nur einen Gott kennt — den äußeren Erfolg.

Wir sahen die drei Generationen unseres Jahrhunderts im Fluge an uns vorüberziehen: außerordentlich haben sich in diesem Zeitraum die Menschen, die Träger des häuslichen und gesellschaftlichen Lebens, gewandelt. Wir werden in diesem Leben auch genug des inneren Wandels zu beobachten haben. Den inneren Wandel dieses Lebens übertrifft aber das äußere: ihm wollen wir uns zunächst zuwenden. Um ihn aber in seinen Einzelheiten näher zu verstehen, müssen wir eine Erörterung der wirtschaftlichen Vorgänge, die ihn bedingen, vorausschicken.

Wohnung und Haushalt.

Ärmliche Einfachheit, anspruchslose Genügsamkeit, aufrichtige Freude über nach unseren Begriffen kümmerliche Genüsse: das sind im allgemeinen die charakteristischen Züge des äußeren Zuschnitts von Wohnung und Haushalt der ersten Generation unseres Jahrhunderts. Aber ich sagte es schon, man darf die Verhältnisse, wie sie in einem großen Teile Deutschlands herrschten, nicht für allgemein typische halten. Der Wiener z. B. liebte Wohlleben und Aufwand von jeher. Über den dortigen „unglaublichen" Luxus in den großen adeligen Häusern und beim reicheren Mittelstand war schon im 18. Jahrhundert der Berliner Nicolai aufs höchste erstaunt. In Deutschland selbst herrschte eine wenigstens annähernd ähnliche Neigung in den großen Handelsstädten und vielen alten Reichsstädten. Ganz andere Verhältnisse zeigt auch das Ausland, England, Frankreich, Rußland. Wie Wiener und Prager nach Webers Beobachtungen das Dresdner Leben „armselig" nannten, so schauten wieder Engländer und Franzosen naserümpfend auf die Zustände in Berlin herab. „In Paris", sagt ein einheimischer Schilderer des Tiergartenlebens 1799, „würden dir statt der alten vertrockneten Mütterchen, die du hier mit roten Nasen hinter den Branntweinflaschen siehst, artige Mädchen ein Glas Orsade bieten; und im Sommergarten zu St. Petersburg findest du statt der Pfennigsemmeln hohe Pyramiden von Orangen und Apfelsinen aufgetürmt." Solche Unterschiede zeigten sich ebenso im Haushalt selbst. Wenn uns ein Beobachter von besseren Berliner Familien berichtet, daß gelegentlich die ganze Woche mittags Wassersuppe und Kartoffeln, abends Hering und Butterbrot gegessen wurde, um nur im gesellschaftlichen Leben, das vor 1806 in Berlin sehr rege war, sein auftreten zu können, so wäre ähnliches in England unmöglich gewesen. In Berlin hielt sich übrigens eine frugale Lebensweise noch sehr lange. Bis 1870 sparte man beim Essen außerordentlich und verstand sich so ökonomisch einzurichten, wie es verwöhntere Fremde für unmöglich erklärt haben würden.

Die Zustände also, wie ich sie hier und da im folgenden schildern werde, herrschten vielfach nur in weiten Teilen Deutschlands, der Schweiz u. s. w. Aber hier, wo die deutsche Entwickelung im Vordergrunde steht, müssen gerade diese Zustände doch mehr betont werden. Überdies veranschaulichen sie den Umschwung, der sich bis heute vollzogen hat, besonders gut, einen Umschwung, den in entsprechendem Grade natürlich auch die bevorzugteren Länder und Städte deutlich erkennen lassen. —

Die Einfachheit der Zeit erklärt sich in erster Linie aus ihrer wirtschaftlichen Lage. Reiche Leute in unserm Sinne gab es nicht oder höchst spärlich. Die Einnahmen der Kaufleute und Gewerbetreibenden waren bescheiden, „äußerst knapp" die Gehälter der Beamten, erbärmlich vielfach die Lage des niederen Volkes. Überall beschränkte Mittel, überall daher größte Einfachheit des häuslichen Lebens. Daß gerade diese Frugalität die Behaglichkeit nicht aufhob, ist erklärlich: genügsamer Sinn ergiebt immer Fröhlichkeit. Aber wie war man auf Sparsamkeit bedacht! Die Hausfrau knapste an der täglichen Nahrung der Familie, wo sie konnte; wie lange dauerten die Röcke der Männer und Knaben; wie ängstlich schonte man die Möbel! Alle solche Gewohnheiten hatten die Deutschen und zum Teil auch andere Völker in einer langen Schule der Entbehrung gelernt. Für Deutschland war ein allgemeiner wirtschaftlicher Rückgang bereits seit dem 16. Jahrhundert eingetreten, dann kam die materielle Zerstörung durch den 30jährigen Krieg und dann die lange Periode der Aussaugung aller wirtschaftlichen Kräfte durch die schamlos verschwenderische Hofgesellschaft. Und dieser Druck lastete auch auf den anderen Völkern. Die Finanzwirtschaft des 18. Jahrhunderts verstand das Geld überallher in die fürstlichen Kassen zu leiten — ganz abgesehen von der unsinnigen Besteuerung. Die Willkür der Herrschaft schuf überall Unsicherheit der Existenz der Abhängigen und rief fortwährende Schwankungen der Erwerbsverhältnisse hervor. Durch die zahllosen hohen Zollabgaben waren Handel und Industrie geradezu gelähmt. In Deutschland waren diese Zustände wesentlich durch die unglückselige staatliche Zersplitterung hervorgerufen: die einzelnen Staaten und Stäätchen standen sich wirtschaftlich wie kriegführende Mächte gegenüber. Dem Verkehr wurden überall Hindernisse bereitet; nirgends konnte sich der Handel frei entwickeln. Daß das Tohuwabohu der deutschen Münzwährung eine weitere Erschwerung bedeutete, ist klar. Auf dem Gewerbewesen lastete der Zwang und hemmte jede freie Entwickelung und wirkliche Fortschritte, trotzdem eine Reihe von Regierungen bemüht war, das Gewerbsleben zu heben. Aber künstliche Maßregeln haben niemals nachhaltige Folgen. Der notwendige Unternehmungsgeist war einmal dahin. Die Unbildung der Handwerker war außerordentlich, und ihre eingerosteten Organisationen führten zu zahlreichen Mißbräuchen. Die Klage, die Justus Möser im 18. Jahrhundert erhob, daß alle deutsche Arbeit etwas Unvollendetes habe, daß das Handwerk zugleich mit dem Handel gesunken sei, sie war auch noch zu Anfang des 19. Jahrhunderts berechtigt. Aber für Deutschland, insbesondere für Preußen, kam noch eine schlimmere Zeit gerade zu Anfang des Jahrhunderts, die Zeit der Napoleonischen Kriege, die Zeit der schweren Not. Die Lasten des Krieges, die Kontributionen sogen das Land aus: über 300 Millionen wurden damals aus Preußen gezogen. Man macht sich heute kaum eine Vorstellung davon, wie die einzelnen Städte von diesen Kontributionen belastet wurden, wie ferner die Einquartierungen die wirtschaftlichen Kräfte der Bürger aufs äußerste erschöpften. Und dazu kam nun die neue schwere Hemmung, welche die Kontinentalsperre dem Handel und Verkehr bereitete. Unzählige Vermögen fraßen, wie Menzel in seinen Erinnerungen berichtet, alle diese Leiden weg; zahlreicher Familien Glück wurde zerstört. Mit treffenden kurzen Worten schildert G. Freytag die Lage: „Die Fabriken stehen still, der Umlauf des Geldes stockt, die Zahl der Bankerotte wird übergroß, auch die Bedürfnisse des täglichen Lebens werden unerschwinglich; die Menge der Armen wächst zum Erschrecken, kaum vermögen die großen Städte die Scharen der Hungernden, welche die Straßen durchziehen, zu bändigen." Die ausgedehnte und zum Teil schamlos betriebene Bettelei war schon ein Kennzeichen des vorigen Jahrhunderts gewesen: unter diesen Verhältnissen konnte sie nur noch zunehmen. Noch 1817 klagt Merkel über die Straßenbettelei in den blühenden Gegenden Thüringens und Westdeutschlands, die überall „mit derselben Heftigkeit" auftrete. Die Größe der Not zeigt sich am deutlichsten in kleinen Zügen, so erwähnt Geiger mit Recht als ergreifendes Zeugnis, daß der Musiker Benda 1807 das Lieblingsinstrument seines Vaters zum Kauf anbot. — Auf lange Zeit hinaus war der Wohlstand insbesondere in Preußen vernichtet: ein wohlhabender Bürgerstand existierte nicht mehr. So erklärt sich die allgemeine Einschränkung auch bei den Besitzenden leicht, und die Gewohnheit dauerte dann weiterhin an. Die Klage über „die schlechten Zeiten" wurde in Berlin eine stehende Redensart bis zur Gegenwart. — In Mitteldeutschland lagen die Verhältnisse nach den Kriegen ähnlich. „In Kassel," schreibt 1817 Merkel, „herrscht überall eine Sparsamkeit, die tiefe Armut anzudeuten scheint und auf das Stocken aller Gewerbe schließen läßt." Gleich nach der Kriegen war übrigens wieder ein Ereignis eingetreten, das die allgemeine Not noch verschärfte, eine ungeheure, durch die Mißernte des nassen Sommers 1816 hervorgerufene Teuerung und Hungersnot. Von vielen Zeugnissen über das damals herrschende Elend führe ich einige hier an. Aus Berlin berichtet die Bremer Zeitung (1817, Nr. 9): „Die fortwährende Steigerung der Mietzinse und Lebensmittel stört jetzt hier des Abends die Sicherheit auf den Straßen. Mehrere Personen wurden bereits angefallen und beraubt." Sehr drückend war die Lage namentlich auch in der Schweiz. Der Freiburger Staatsrat verbot „in Beherzigung, wie unverträglich rauschende Belustigungen mit dem Gefühle sind, welches die Not mancher Unglücklichen in dieser klemmen Zeit erregen muß", alles öffentliche und private Tanzen sowie jede Art von Schauspielen. Eine Korrespondenz der Bremer Zeitung aus Wien berichtet von der allgemeinen Stockung des Handels und Fabrikwesens: „Viele Handlungshäuser ruiniert der große Aufwand, der seit zwanzig bis dreißig Jahren Mode geworden und jetzt nicht mehr an der Zeit ist, aber doch immer fortgesetzt wird. Man kann annehmen, daß manches kleine Handlungshaus bei der jetzigen Teuerung und dem einmal gewohnten Aufwande binnen Jahr und Tag mit seinen Angehörigen so viel verzehrt als vor vierzig Jahren der ganze Handlungsfonds nicht betragen hat. Es wäre gut, wenn jetzt alle Stände dem Hof nachahmten, der von jeher sehr sparsam lebte und erst in voriger Woche neuerliche große Einschränkungen vornahm, die sich in die Kammern aller Prinzen und Prinzessinnen des Hauses, ja bis an die kaiserliche Tafel erstrecken."

Daß solche Teuerungen übrigens damals so empfindlich werden konnten, das lag wesentlich an der Mangelhaftigkeit der Verkehrsverhältnisse und an der schon betonten Abschließung durch Zollschranken. Heute können bedrohte Gegenden mit Leichtigkeit unterstützt und versorgt werden. Dasselbe Moment erklärt uns wieder die damaligen sonst niedrigen Preisverhältnisse. Ganz richtig weist Bähr darauf hin, daß Dinge, welche in der Nähe erzeugt wurden, wohlfeil, Dinge, welche aus der Ferne herbeizuschaffen waren, teuer oder garnicht zu haben waren. Die Wohlfeilheit der gewöhnlichen Lebensverhältnisse mögen einzelne Beispiele illustrieren. In Frankfurt am Main kostete 1800 ein 6pfündiges gemischtes Roggenbrot 15 kr., das Pfund Rindfleisch 11 kr., Kalb- und Schweinefleisch 12 kr.,

Hammelfleisch 9 kr., 1818 das gleiche Brot 20 kr., das Pfund Rindfleisch 13 kr., Kalb- und Hammelfleisch 12 kr., Schweinefleisch 12 kr. Acht Pfund Butter erhielt man in Kassel um 1820 für einen Thaler; 1824 kostete ebenda das Pfund Rindfleisch 25 Pf., Kalbfleisch 20, Hammelfleisch 23, Schweinefleisch 30 Pf. Für Brot, Fleisch und Bier wurde übrigens der Preis allwöchentlich durch die Polizei festgesetzt. Wenn ferner der Dresdener Bürger sich in einem Garten vor dem Thor belektieren wollte, so genügten 36 Pfennige, 18 für eine Portion Sauerbraten und 18 für die große „Laase" Bier. Es war in der That, wie man selbst damals empfand, eine äußerst wohlfeile Zeit: aber der Einzelne hatte davon keinen Vorteil. Denn überall herrschte eben Mangel an Geld. Daß seitdem eine starke Geldvermehrung eingetreten ist, hat neben andern Ursachen die teilweise Höhe der heutigen Preise gegenüber den damaligen zur Folge gehabt. Wenn man übrigens heute bei Dingen, die die Industrie in Massen erzeugt, wie bei Tuchen u. s. w., häufig wegen ihrer Billigkeit eine minderwertige Qualität annehmen muß, so ist dies Moment auch nicht allein für die Gegenwart charakteristisch. Schon in den zwanziger Jahren wird geklagt, daß die durch die Gewerbefreiheit geförderte Betriebsamkeit elegantere, aber weniger gute Fabrikate als früher herstelle. —

Die geschilderten Zustände dauerten äußerlich fast bis zur Mitte des Jahrhunderts. Zu Anfang der dreißiger Jahre zeigte Deutschland noch durchaus das Bild eines wirtschaftlich tief darniederliegenden Landes. Überall Zersplitterung, überall Abschließung durch Zollschranken, kein Unternehmungsgeist, armselige Betriebs- und Verkehrseinrichtungen. Aber eben um diese Zeit rang sich langsam neues Leben herauf. Nach dem Zeitalter Napoleons erstarkten überall die industriellen Kräfte der Nationen: auf die schwere Zeit der Not folgte eine Zeit des Vorwärtsstrebens auf politischem wie auf wirtschaftlichem Gebiet. In England und Frankreich, sowie in Belgien entstanden große Centren der Industrie, oft durch tüchtige, von unten heraufgekommene Einzelne wie aus dem Boden gestampft. Langsam beginnt das Zeitalter des Dampfes und der Maschine. Schon befuhren Dampfschiffe den Rhein; in den dreißiger Jahren tauchten in Deutschland die ersten Eisenbahnen auf: mit ihnen beginnt ein neuer Abschnitt des Verkehrslebens. Der einsetzende wirtschaftliche Aufschwung ließ die Thorheit des gegenseitigen Umbringens durch Zollschranken grell erkennen. Einzelne Kleinstaaten suchten Steuervereine zu gründen, aber erst Preußen, das schon 1818 seine Binnenzölle aufgehoben hatte, gelang es, durch die Gründung des Zollvereins Handel und Gewerbe aus den drückendsten Fesseln zu befreien. Weiter begann ein zum Teil durch die Fortschritte der Naturwissenschaften bedingter Aufschwung der Landwirtschaft, die sich zum Teil ganz neuer Gebiete, wie des Runkelrübenbaus zur Gewinnung des Zuckers, bemächtigte. — Mit diesen eben neu beginnenden wirtschaftlichen Umwälzungen ging naturgemäß eine rasche Erwerbung von Wohlstand, oft von Reichtum, Hand in Hand. Der wachsende Preis der Leistungen fachte den Spekulationsgeist an. Die politische Emanzipation des Bürgertums, die Hebung seines Selbstbewußtseins, der Fall aller Privilegien erleichterten den Mitbewerb. Nach 1848 nahm die Entwickelung zum Reichtum einen allgemeineren Charakter an. Die Arbeit als Mittel zum Reichtum erschien in wunderbarem Licht. Man hörte von Maschinenarbeitern, von Schlossern, die zu großen Fabrikherren geworden waren und große Reichtümer aufgehäuft hatten, von reich gewordenen Wollwirkern, von millionenbesitzenden Schneidern u. s. w. Gleichzeitig gewann das Geldgeschäft als solches eine ganz andere Bedeutung. Reiche Banquiers wurden immer zahlreicher. Diese ganze Entwickelung führte naturgemäß auch zu einer Steigerung der Lebensverhältnisse. In den fünfziger und sechziger Jahren zeigt sich bereits ein völliger Gegensatz der gesamten Lebenshaltung zu der im Anfang des Jahrhunderts: es ist die Zeit des zweiten Kaiserreichs, die uns die neuen Verhältnisse in typischer Weise zeigt, die auch die Schattenseiten derselben, den übertriebenen Luxus und die Jagd nach Geld aufs schärffte hervortreten läßt. Für den Luxus dieser Zeit ift z. B. das Erstehen einer ausgedehnten Luxusindustrie charakteristisch. Alle Welt fast bereicherte sich, spekulierte, spielte. Die industriellen Unternehmungen, die unter Louis Philipp zu blühen begonnen hatten, steigerten ihre Erträge immer mehr. Aktiengesellschaften entstanden überall, oft schon zum Schaden, zur Ausbeutung des kleinen Kapitalisten. Dazu ein genußsüchtiges, leichtsinniges Leben voll Glanz und Gefälligkeit. Der Höhepunkt des ganzen Treibens und zugleich ein Bild des in den letzten Decennien in Europa und Amerika Erreichten war die Weltausstellung von 1867. Aber die Entwickelung ging rastlos weiter. Nach dem Kriege von 1870, der der wachsenden Genußsucht den schweren Ernst des Lebens gezeigt hatte, feierten die Jagd nach Geld und die Jagd nach Genuß wahre Orgien. Es kam die Zeit der Gründungen und mit ihr allerdings ein plötzlicher Zusammenbruch, der große Krach. Die schwersten Anklagen wurden damals nicht nur gegen Finanziers, sondern auch gegen Mitglieder der hohen Gesellschaft erhoben. Von dem Durst nach Gold, sagte Lasker mit Recht, waren alle Gesellschaftskreise ergriffen. Die Sucht nach Gewinn, der jedem über Nacht in den Schoß zu fallen schien, hatte zu maßlosem Schwindel geführt, der sich nun bitter rächte. Aber diese Zeit des Schreckens ging vorüber; die Krise, die sie heraufbeschworen hatte, wurde überwunden, und in der alten Richtung ging es weiter. Immer neue Triumphe in Technik und Chemie, immer neue Anreizungen zu Unternehmungen, immer dieselbe Jagd nach Geld, das alles, das das Glück bedeutet. Am schärffsten ist dieser moderne Geist in dem Amerikaner ausgeprägt, der in rastloser Arbeit, in unermüdlichem Jagen nach Reichtum aufgeht, der diese Rastlosigkeit dem ganzen amerikanischen Leben aufgeprägt hat. — —

So haben wir denn heute eine gänzlich veränderte wirtschaftliche Lage als vor hundert Jahren, und dieser entspricht im großen und ganzen die moderne Lebenshaltung, die sich auf Reichtum und Luxus gründet. Bei den Geldleuten nimmt sie die übertriebenste Form an. Bei Banketotteuren, denen wegen betrügerischer Manipulationen der Prozeß gemacht wird, stellt sich häufig in diesen Prozessen das Maß ihrer Verschwendung heraus. Einer derselben brauchte für sich z. B. 200000 Mark jährlich. Bei vielen dieser Finanzleute wird im Haushalt eine Pracht entfaltet, die an die fürstlichen Verschwender des 17. und 18. Jahrhunderts erinnert. Namentlich in materiellen Genüssen, in schwelgerischen Diners und Soupers wird das möglichste geleistet. Der französische Koch eines Banquiers erhielt mehr als ein Minister. — Auch im mittleren Kaufmannstande herrscht eine gewisse Üppigkeit des Haushalts. Luxuriöse Einrichtungen, kostbare Toiletten, Neigung zu Tafelfreuden, die Sitte, in die Bäder oder nach dem Süden zu reisen, findet man fast überall. Bei Künstlern und Schriftstellern, auch bei Gelehrten, herrscht vielfach die gleiche Weise. Die lukullischen Diners mancher, namentlich medizinischer Professoren gleichen oft denen der Großfinanz. Am meisten Einfachheit findet man vielfach bei höheren und mittleren Beamten, deren Gehälter eine ähnliche Lebensführung nicht erlauben. Aber auch hier wird, wo es zu repräsentieren gilt, nach Möglichkeit geglänzt. Bei Offizieren findet man neben Neigung zu starkem Aufwande auch vielfach noch verhältnismäßige Einfachheit, die neuerdings von oben besonders gewünscht wird. Am wenigsten gilt das gesagte von den Verhältnissen ganz kleiner Städte, die in einigen Einzelheiten von den Großstädten beeinflußt, im großen und ganzen noch eine Generation hinter diesen zurück sind, sich aber neuerdings durch die immer fortschreitende Verbesserung der Verkehrsverhältnisse schneller entwickeln. —

 Gegenüber der allgemeinen Steigerung der Lebenshaltung wird nun geltend gemacht, daß sie bei vielen stärker sei, als die vorhandenen Mittel gestatten, daß die heutigen Bedürfnisse vielfach die Einnahmen übersteigen, daß das allgemeine Beispiel der Üppigkeit bei weniger Bemittelten zu einem die Verhältnisse übersteigenden Aufwand führe, daß die Wirtschaftlichkeit, die früher unsern Mittelstand auszeichnete, mehr und mehr zurückgehe. Solche Beobachtungen sind unzweifelhaft richtig. Ebenso ist nicht zu leugnen, daß die sehr verbreitete Begehrlichkeit, die Sucht, es den Reichen gleich thun zu können, zu einer allgemeinen Unzufriedenheit geführt hat, die man wohl den markantesten Charakterzug unserer Zeit nennen mag. Das nicht mitmachen können ist der fortwährende Stachel, der heute zahllose Menschen treibt und quält. Inneres Glück, Schätzung idealer Güter, Zufriedenheit sind unmoderne Begriffe. Um materielle Interessen dreht sich das Leben der Mehrzahl. Das Gute hat aber wenigstens jene allgemeine Unzufriedenheit, daß sie ein fortwährendes Streben erzeugt, die materielle Lage zu verbessern. — Diese Unzufriedenheit nun, die wir schon in den gebildeten Kreisen stark ausgeprägt finden, hat weit schärfere und gefährlichere Formen in den niederen Klassen angenommen. Sie ist nicht allein durch den immer größeren Gegensatz zwischen reich und arm — denn mit der Ausbildung des Kapitalismus ist das Anwachsen eines starken Proletariats Hand in Hand gegangen — hervorgerufen: das wichtigste ist vielmehr, daß die Empfindung des Unterschiedes stärker und allgemeiner geworden ist, daß die Ansprüche und die Begehrlichkeit auch der unteren Klassen außerordentlich gesteigert sind. Unzweifelhaft hat sich aber die Lage der niederen Klassen gegen früher mit der allgemeinen Verbesserung der Lebenshaltung auch bedeutend gehoben: bei der Schilderung der Einzelheiten werden wir das noch sehen. Es ist völlig falsch, zu sagen, daß die ganze moderne Entwickelung nur den Reichen zu gute gekommen sei. Auf agrarischer und socialistischer, überhaupt auf kapital- und industriefeindlicher Seite wird zwar fortwährend behauptet, daß es die niederen Klassen früher weit besser gehabt hätten, daß die großen Errungenschaften unserer Zeit an ihnen spurlos vorübergegangen sind, aber richtig ist es doch nicht. Fragen, wie sie Jentsch stellt: „Wieviel trägt es denn zum Wohlbehagen und zur Veredlung des Volks bei, daß sich die reichen, großstädtischen Schlächterweiber von Stangen in Italien und im Orient herumschleppen lassen, um den Petersdom und die Tempel von Karnak anzuglotzen, daß jeder Spießbürger zu jeder seiner drei Mahlzeiten einige bedruckte Bogen voll elenden Klatschs geliefert bekommt u. s. w." — solche Fragen mag man als Spötteleien über unsere vielgepriesene Kultur passieren lassen; wenn er aber weiterhin sagt: „Für die untern Klassen, die teils die Urstoffe aus dem Schoße der Erde heraufzuschaffen, teils sie in Fabriken zu verarbeiten ... haben, bedeutet fast jeder Fortschritt der Technik eine Verschlimmerung der Hölle, in der sie leben," so erblicke ich in dieser Generalisierung eine frivole Übertreibung. Die abschreckenden Bilder, die man heute von dem sich von Kartoffeln und Fleischabfällen nährenden, fuselvergifteten, schlechtgekleideten, in großstädtischen Höhlen lebenden Proletarier und seinen rhachitischen Kindern zu entwerfen liebt, übertreiben alle durchweg. Es sei fern von mir, das materielle Elend in den Großstädten leugnen zu wollen, es sei auch ferne, die schlimme Lage zahlreicher, rücksichtslos ausgebeuteter Fabrikarbeiter verkennen zu wollen. Daß heute die sociale Frage so sehr im Vordergrund steht, ist ja der beste Beweis für die thatsächlich bestehenden üblen Verhältnisse. Aber sie steht nur deshalb so im Vordergrund, weil sich die niederen Klassen in ganz anderer Weise als früher geltend zu machen wissen. Elend hat es zu allen Zeiten gegeben, wenn auch nicht in der modernen Form. Aber daß das Elend sich in der Gegenwart sogar gesteigert hat, das ist zu bestreiten. Gesteigert hat sich vielmehr die Lebenshaltung der niederen Klassen, unendlich gesteigert haben sich ihre Ansprüche. So liegt die Sache, daß sich heute kein besserer Arbeiter mit dem begnügen würde, womit früher ein mittlerer Handwerksmeister zufrieden war. Man gebe einem solchen z. B. die Schlafzimmereinrichtung, wie sie sich heute noch im Sterbezimmer Goethes findet — es fragt sich sehr, ob man ihn damit glücklich macht. Dazu kommt dann allerdings, daß sich die allgemeine Genußsucht auch dieser Kreise hervorragend bemächtigt hat. Man prüfe nur, was solche Leute an einem Sonntage für Genuß und Vergnügen ausgeben. Aber auch abgesehen von der stärker gewordenen Genußsucht, es ist unleugbar: auch der vierte Stand lebt viel besser als damals. Wo wirkliches Elend herrscht, greifen überdies heute Staat und Gesellschaft ganz anders helfend ein, als früher. An Fürsorge für das Wohl des vierten Standes ist heu wahrhaftig kein Mangel. Manche Industrielle gehen in luxuriösen Einrichtungen für ihre Arbeiter sogar weiter als notwendig ist.

Mag man die Schattenseiten der modernen Entwickelung bei den unteren wie auch bei den oberen Schichten noch so scharf betonen, mag man über den Materialismus unserer Tage noch so sehr klagen: wir halten die gegenwärtige Lebenshaltung doch für einen segensreichen Fortschritt, wir meinen, daß der Genuß wichtiger Lebensgüter viel weiteren Kreisen zu gute kommt, als früher, wir meinen, daß nur auf Grund einer reichen materiellen Kultur auch eine höhere gesellschaftliche und künstlerische Kultur entstehen kann. „Der materielle Wohlstand" ist, wie Hillebrand einmal sagte, „die Grundlage aller schönen Lebensformen." — —

Nach diesen allgemeinen Bemerkungen gehe ich zu der Entwickelung der einzelnen Gebiete der häuslichen Lebenshaltung über, die das Gesagte vielfach bestätigen wird.

Die Wohnungen zunächst, nach deren Beschaffenheit sich in erster Linie auf die Behaglichkeit und Bequemlichkeit des Daseins schließen läßt, haben sich im Laufe des Jahrhunderts sehr wesentlich geändert. Schon gegen Ende des vorigen hatte sich in den größeren Städten ein Wandel in Richtung auf eine bequemere und schönere Bauart der Häuser, ebenso wie auf breitere Straßen und freie Plätze angebahnt: Nicolai konnte mit einem gewissen Rechte sich der geräumigen Berliner Wohnhäuser rühmen. In alten besseren Häusern finden wir noch heute fast überall eine Fülle von Raum, eine große Hausflur, die freilich oft recht uneben durch unregelmäßig und schlecht gelegte Platten ist, im ersten Stockwerk, zu dem mitunter schöne breite Treppen führen, wieder einen großen Vorsaal, oben einen ebenso geräumigen Boden wie unten einen weiten Keller. Unzweifelhaft ist der Eintritt in ein solches Haus von einem Gefühl der Behaglichkeit begleitet. Einen andern Eindruck machen freilich die ältern Häuser des Kleinbürgerthums mit ihren engen, niedrigen Zimmern und finstern Treppen. Äußerlich trug aber auch das biedere Haus, zu dem oft auch eine steinerne Außentreppe führte, einen nüchternen Charakter, bescheiden war sein Zierrat und oft unschön die helle Kalkfarbe, die es bedeckte. Numerierung der Häuser war übrigens vielfach erst die Folge der französischen Einquartierung gewesen. Noch weniger würde der moderne Mensch von der inneren Ausstattung befriedigt sein, die selbst in den weiten Häusern vornehmer Leute überaus einfach war. Wenigstens in Deutschland, und insbesondere wieder in Norddeutschland. In Wien glaubte Nicolai schon im achtzehnten Jahrhundert einen viel größeren Aufwand zu bemerken, als sonst irgendwo in Deutschland. „Die übereinstimmende Pracht in Möbeln und Silberservicen Porcellan, Tapeten u. s. w. versteht sich von selbst. Bey jedem Mann, der einen Charakter hat, findet man in einem oder mehreren Zimmern getäfelte Fußböden." Reinbeck verglich mit der Ärmlichkeit der Deutschen den Maßstab des Engländers und des Westrussen der größeren Städte. „Beide sind in allem an eine gewisse Eleganz gewöhnt, welche auch bei den gewöhnlichsten Verrichtungen, wenn sie mit den Ihrigen ganz allein sind, stattfindet, z. B. in Ansehung des Tafelgeschirrs, des Geräths zum täglichen Gebrauche u. s. w. Der Deutsche nimmt darin, besonders außer den größeren Hauptstädten und den bedeutenden Handelsplätzen, welche die Englischen Comforts kennen gelernt haben, mit wenigerm vorlieb." Ebenso war die Zimmereinrichtung der Holländer und ihr Hausgerät vielfach sehr prächtig und äußerst solide: bei den reich gewordenen Kaufleuten wird freilich die

Sucht, mehr ihren Reichtum als ihren Geschmack zu zeigen, hervorgehoben. Aber nach Therese Hubers Beschreibung wohnte auch der Mittelstand gut: gemalte Tapeten, Mahagonigeräte, flandrische Fußteppiche, artiges Theezeug auf einem zierlichen Theetisch, „die elegantesten Franzen an den Vorhängen" u. a. fand sie 1809 auch in diesen Häusern. Auch sonst fand man in Holland Tischzeug von feinstem Damast, dazu japanisches und chinesisches Porzellan, viel Silberzeug, vergoldete Theeservice u. s. w. Deutschland war eben ein armes, zurückgebliebenes Land im Vergleich zu anderen Nationen. Gleichwohl meinte gegen 1830 der in Deutschland reisende Deutsche, Carl Julius Weber, daß wir in Bau und Möblierung der Häuser Riesenschritte gemacht hätten. Er tadelt nur, daß man in Landstädten „noch zu viele Fenster" mache, und weiter das Bestreuen des Fußbodens und der Treppen mit weißem Sande. Das war bei den gewöhnlichen, weder angestrichenen noch gebohnten Tannendielen damals noch allgemeiner Brauch — an Festtagen wurden in Ostpreußen auch kleingehackte Tannenzweige und Calmusstücke gestreut. Aber dieser primitive Brauch harmonierte doch mit der sonstigen Einfachheit: so mit den blau, weiß, gelb u. s. w. getünchten Wänden — denn Papiertapeten kannte man in kleinen Städten fast garnicht oder hielt sie für Luxus, in den größeren waren die besseren Zimmer tapeziert, freilich wenig geschmackvoll mit Mustern in gebrochenen Farben verziert, beliebt waren z. B. kornblumblaue Tapeten mit Rosenmustern —, weiter mit den einfachen geweißten Decken — „eine kleine gemalte Rosette", erzählt Freytag in seinen Erinnerungen, „an der Decke der „guten Stube" wurde sehr bewundert" —, mit den kleinen Fensterscheiben — ein Fensterflügel bestand aus vier oder sechs —, mit den leeren weiten Räumen, mit dem einfachen Mobiliar und Gerät.

In letzterer Beziehung sind allerdings doch Unterschiede zu beachten, wie ich sie oben schon für Wien hervorgehoben habe und wie sie für einzelne vornehme Anhänger des Luxus der verflossenen Zeit ebenfalls gelten. In reichen

Kaufmanns- und Patricierhäusern ferner hatte sich manches altertümliche Prachtstück erhalten, und auch sonst zeigte sich hier in der inneren Einrichtung eine gewisse Solidität, wenn auch von einem „Stil", wie man ihn heute in feinen Wohnungen liebt, keine Rede ist. — Die Möbel „standen grablinig und einfach", sie waren meist aus poliertem Kirschholz gefertigt, hier und da aus feineren Holzarten. Mahagonimöbel, die erst gegen Ende des vorigen Jahrhunderts aufkamen, behielten dann den Charakter besonderer Feinheit. Noch um 1850 wurden ihre Besitzer von den Inhabern von Nußbaummöbeln u. s. w. beneidet. Aus dem vorigen Jahrhundert stammte auch die Verzierung der Möbel mit Bronce. Die Stühle, deren Lehnen öfter geschnitzt waren, waren nicht selten mit grünem Tuche überzogen. Grün war auch die bevorzugte Farbe bei Vorhängen vor den Betten — Himmelbetten waren noch vielfach im Gebrauch —, bei der Tischdecke und wohl auch bei bei den Fenstervorhängen. Wollene Vorhänge waren freilich noch ein Luxusgegenstand und kommen erst später stärker vor. Allgemeiner waren die Vorhänge aus einfachem, weißem Mull. Ein Kupfer in der Zeitung für die elegante Welt von 1805 zeigt Vorhänge „im neuesten Geschmack", d. h. eine Draperie aus dunklem Stoff, aber nur oben. Die Rouleaux waren höchst primitiv: man kann kleine häßliche im Arbeitszimmer Goethes in Weimar noch heute sehen. Jalousien waren in Deutschland, nicht aber in Österreich und im Süden, wo sie ja auch notwendiger waren, ein Gegenstand des Luxus. Vorhänge waren übrigens ebenso wie die Spiegel an den Wänden auch erst gegen Ende des 18. Jahrhunderts üblich geworden. Die Spiegel waren, da man Glas in großen Platten noch nicht kannte, klein oder aus einzelnen Stücken zusammengesetzt. Kostbare Teppiche gab es sehr wenig und nur in vornehmen Häusern; selbst unsere kleinen Teppiche und Vorlagen hoben den kahlen Charakter des Zimmers nur selten auf. Höchstens vor dem Nähtisch der Hausfrau lag in der Regel eine kleine Vorlage. — Dagegen war Bilderschmuck, wie von jeher, allgemein. Einfache, glatte braune und schwarze Rahmen umgaben die Bilder, oft recht gute Kupferstiche. Zu einem Ölbild gehörte ein Goldrahmen; aber jene waren oft recht toll gemalt. Ein ständiger Schmuck meist der Wohnstube war die hohe Stehuhr. Kleine Penduhren und Schlaguhren waren ebenfalls häufig, sie standen meist auf einfachem Postament oder kleinen Konsolen. Die sogenannte „gute Stube" ist keine Errungenschaft unseres Jahrhunderts: sie ist aus dem früheren Prunksaal großer Häuser hervorgegangen, der ebenso selten geöffnet wurde, wie die spätere Visitenstube. In ihr waren die besten Stücke des Hausrats, oft aus verschiedenen Zeiten stammend, vereinigt: Familienporträts in Pastell- oder Ölfarben und Spiegel in Goldrahmen an den Wänden, die Bilder meist zugehängt, auf den Schränken und Tischchen Porzellan- oder Fayencefiguren, nickende Chinesen, bemalte Tassen mit rührenden Inschriften und dergleichen, Uhren mit irgend einem Kunstwerk, „mitunter auch noch ein Potpourri, d. h. eine große Vase, in welche allerhand wohlriechende Dinge (Rosenblätter, Lavendel 2c.) hinein geworfen wurden." Häufig war auch die Servante, ein Schauschrank mit Glassachen, schönen Tassen, silbernen Leuchtern, Patengeschenken u. s. w. Hier standen auch die „guten" Sitzmöbel, die meist gepolstert waren. Zum Schutz der Polster waren sie in der Regel mit Überzügen bedeckt, eine Sitte, die sich in sparsamen Familien noch heute erhalten hat, wie denn überhaupt der Respekt vor der guten Stube eine traditionelle Familieneigentümlichkeit geblieben ist. Damals war sie eigentlich nur zu den höchsten Familienfesten geöffnet.

Die übrigen Zimmer waren recht einfach eingerichtet: vielfach standen in ihnen sehr alte Möbel. Denn die Ausstattung der Braut enthielt nicht wie heute ausschließlich neue Sachen, vielmehr waren alte Familienstücke in der neu begründeten Ehe gern gesehen. Von der heutigen Vorliebe für historische Möbel wußte man dabei freilich noch nichts. In dem großen Wohnzimmer, das immer auch zugleich Eßzimmer war, — häufig hatte es einen Erker, in dem die Hausfrau mit Vorliebe ihre kleine Arbeit verrichtete — stand der große Tisch, der Schreibsekretär der Hausfrau, ein Kanapee und in der Regel auch das Klavier. In jede Stube gehörte übrigens ein Spucknapf. An der Wand des Wohnzimmers hing regelmäßig die Fliegenklatsche, die erst in ganz neuer Zeit seltener geworden ist. Neben der Thür der Klingelzug, ein gestickter Zeugstreifen mit schwerem Glas- oder Messinggriff. Das Zimmer des Hausherrn war höchst bescheiden eingerichtet — man erinnere sich nur des Arbeitszimmers Goethes, wie es heute noch den Besuchern des Goethehauses in Weimar vor Augen tritt und ihnen Rufe des Staunens über die Einfachheit jener Zeit abnötigt. Noch einfacher waren die Kinderzimmer, soweit sie existierten — denn der Hauptspielplatz war der große Flur — und die Schlafzimmer. Die Betten selbst, deren Gestelle recht schmal waren, waren, wie heute noch auf dem Lande, fast regelmäßig Federbetten, im Sommer wie im Winter. Nur zum Zudecken hatte man im Sommer leichtere Decken. Die Franzosen mokierten sich übrigens über das deutsche Bettzeug. Ein Bonmot lautet: Betttücher wie Servietten und Servietten wie Betttücher. Der Himmel der, wie erwähnt, noch häufigen Himmelbetten bestand meist aus gewürfeltem Kattun. In der vornehmen Welt, namentlich des Auslandes, wurde mit der Einrichtung der Betten oft noch ein hergebrachter Luxus getrieben. Aus Paris berichtet 1805 die Zeitung für die elegante Welt: „Damen vom großen Ton haben jetzt zweierlei Betten, ein Regligeebette, welches so niedrig ist, daß man nur hineinfallen kann, und ein Parade- und Ceremonienbette, welches außer der Estrade, auf der es steht, noch so hoch ist, daß man ohne Leiter nicht hineinkommen kann. An der Seite dieses letzteren steht ein gepolstertes Tabouret mit zwei Stufen, und von dem nämlichen Stoff, wie das Bett überzogen, welches der Dame und ihrem Kreuzträger von Ehemann zur Leiter dient." Einen ziemlichen Überfluß besaß man früher an Wäsche, Bettzeug, Tischzeug u. s. w. Es hängt das mit der Verfertigung dieser Vorräte im Hause selbst zusammen, auf die ich noch zurückkomme. Die Vorratsschränke standen vielfach in einem Hinterzimmer, wie die großen Kleiderschränke auf dem geräumigen Vorsaal. Ebenso liebte man eine große Menge von Küchengeschirr (aus Kupfer und Zinn, heute aus Email, Zink u. s. w.), zu besitzen. Im Innern glasierte eiserne Töpfe kannte man übrigens noch nicht — sie kamen erst seit 1850 auf —, ebenso nicht luftdicht verschließbare Töpfe. Porzellangeschirr gab es natürlich, ja es gab oft kostbares meißener oder chinesisches Porzellan, aber die gewöhnlichen Speiseteller bestanden oft noch aus Zinn. Auf silberne Löffel wurde aber etwas gegeben. Ofenartige Herde hatte man noch nicht; man kochte am offen brennenden Herdfeuer; der Rauch zog durch einen großen Rauchfang ab.

Alle diese Verhältnisse haben sich nun im Laufe des Jahrhunderts außerordentlich geändert; gerade die Wohnung zeigt die Steigerung des allgemeinen Wohlstandes, den Einfluß der neuen Lebenshaltung am deutlichsten. Allmählich drang größere Fülle in die Einrichtung; Teppiche, Portieren, seidene Vorhänge mit Gardinen verbannten den kahlen Charakter des Zimmers; in der Gestaltung der Möbel zeigte sich der Geschmack eines neuen Kunstgewerbes, sie werden weniger steif und geradlinig, die Polster weniger unbequem. Sehr verschieden vollzog sich natürlich die Entwickelung an den verschiedenen Orten, am schnellsten in den großen Städten. In kleinen östlichen Städten fand man noch 1860 vielfach blau oder gelb gestrichene Wände in besseren Wohnungen; Portieren, die in der Provinzialhauptstadt schon allgemein waren, erregten in jenen noch großes Staunen. Die Übergänge zur Gegenwart im einzelnen zu verfolgen, wäre zu weitläuftig und wohl auch zu schwierig. Im allgemeinen lassen sich aber nach der Mitte des Jahrhunderts schon einige wichtige Momente in der Veränderung gegen früher schärfer erkennen. Früher war die Bevölkerung stabiler gewesen, das Haus war meist eigener Besitz, Mietswohnungen nicht zu häufig. Da begannen die Mietswohnungen durch die stärkere Fluktuation der Bevölkerung mächtig sich zu steigern. Die ein- und zweistöckigen Häuser verschwanden und machten einförmigen hohen Häusern Platz, die freilich dem Zeitgeist durch größere Eleganz Rechnung zu tragen suchten. Mit dem eigenen Haus schwand der Überfluß an Raum; alles drängte sich mehr zusammen, die Wirtschaftsräume traten in den Hintergrund, auch Schlafzimmer, Gastzimmer u. s. w. wurden stiefmütterlich behandelt. Dagegen suchte man wieder die besseren Wohnräume behaglicher auszugestalten.

Damit hängt nun wieder ein zweites Moment zusammen: das gesellschaftliche Leben war mehr ins Haus gedrungen als früher; die eigentlichen Familienräume, früher das wichtigste, traten vor dem Salon, der wohl von der früheren Staatsstube zu unterscheiden ist, wenn er auch zum Teil damit zusammenhängt, zurück. Darauf machte schon Riehl in den fünfziger Jahren aufmerksam. „Aller architektonische Schmuck, der sonst auf Hof, Vorhalle, Hausflur und Familienzimmer verwendet wurde, kommt jetzt dem Salon zu gut." Und weiter: „Wohn- und Schlafzimmer werden in die ungesundesten und engsten Räume verlegt, damit nur für den Salon der beste und glänzendste Teil übrig bleibt."

So verschwanden Kahlheit und Dürftigkeit der Einrichtung. Durch größere Zierlichkeit und Eleganz derselben, der Möbel, der Zierstücke, der Öfen, zeichnete sich übrigens bald wie ein Süddeutscher, Riehl, zugesteht, der Norden vor dem Süden aus, wie überhaupt durch einen größeren Luxus der Lebenshaltung. Man begann nun freilich bald zu überladen. Es kam auch eine Vorliebe für Raritäten auf. Wie sich reiche Leute Rittersäle anlegten mit allem möglichem altertümlichem Inventar, so suchte der kleinere Privatmann neben einer Fülle von Möbeln seine Salons mit mehr oder weniger echten Antiquitäten, sowie mit Seltenheiten aus den verschiedensten Gegenden auszustatten, mit chinesischen Vasen und dergleichen.

So war im großen und ganzen die Signatur der Wohnungen der durch den wirtschaftlichen Aufschwung reich gewordenen Leute Pracht und Kostspieligkeit, Überladenheit und stillose Anhäufung. Die Zimmer waren so gefüllt, daß man sich schwer darin bewegen konnte, die Möbel zierlich, aber unbequem, insbesondere die Stühle. In den Schlössern des vornehmen Adels zeigte sich freilich soliderer Luxus, namentlich bei dem hohen Adel des Auslandes, Frankreichs oder Englands, der seine alten Traditionen bewahrte. Mit vornehmer Einrichtung verband sich in England zugleich das Prinzip möglichster Bequemlichkeit — wie entzückend beschreibt Kohl einmal das geradezu paradiesische Schlafgemach im Hause eines englischen Edelmanns! — —

Als der Reichtum in den siebziger Jahren weiter stieg, steigerte sich auch die Sucht der Finanziers, denselben nach Möglichkeit zur Schau zu tragen. Schwere und kostbare Stoffe wurden immer mehr die Regel, und von Gold glitzerte es überall. Im allgemeinen hatte dieser außerordentlich vermehrte, geradezu raffinierte Luxus der Wohnungseinrichtung — man vergleiche wieder das Haus des gewiß nicht armen Goethe und das eines heutigen Banquiers — die günstige Folge, daß sich die Kunstindustrie außerordentlich hob, freilich zunächst der Prunksucht Rechnung tragen mußte. Dann aber trat nach einer Periode der Stil- und Geschmacklosigkeit unter französischem Vortritt ein Wandel zum Besseren ein, und dazu half die Mode, in der Wohnung irgend einen bestimmten Stil, sei es Renaissance oder Empire, zum Ausdruck zu bringen. Insbesondere nahm und nimmt in Deutschland der Geschmack an altdeutschen Möbeln, Tischen, Stühlen, Öfen, Schränken mehr und mehr überhand. Der Widerspruch mit der modernen Bauart der Häuser bleibt freilich bestehen. Eine andere Richtung geht heute auf das Rokoko, ohne den früheren zarten Reiz desselben wieder herstellen zu können, setzt sie sich mit ihm auch durch andere Teile der Einrichtung in Widerspruch. Überhaupt ist die absolute Durchführung eines Stils nur unter Verzicht auf modernen Komfort möglich. Ganz neuerdings ist daher wieder ein vornehmer Eklekticismus zur Geltung gekommen, dessen Grundprinzip äußere Einfachheit, aber innere Gediegenheit und Echtheit ist. Eine vornehme, behagliche Eleganz soll die heutige Einrichtung zeigen: weite und hohe Räume, die Decken künstlerisch bemalt oder mit Holzschnitzereien verziert, kostbare Teppiche am Boden, der ganz von ihnen bedeckt ist, an den Wänden Leder- und Brokattapeten. Daneben sind Gobelins und Arazzi, die lange vernachlässigt waren, schon vor einiger Zeit als vornehmste Wanddekoration sehr in Mode gekommen. Wirkliche Kunstwerke, mit Verständnis ausgewählt, Bilder und Statuen, bilden die schönste Zierde der Salons. Üppige Wintergärten fehlen selten. Dazu die mit der heutigen technischen Vollkommenheit hergestellten Wirtschaftsräume, Centralheizung, Badeeinrichtung, elektrische Klingeln und so fort.

So verbindet sich mit Glanz Geschmack, mit Vornehmheit Behaglichkeit und Komfort: am besten mag man solche Weise jetzt in den reichen amerikanischen Häusern ausgeprägt finden. —

Was bisher von der Wohnungseinrichtung gesagt wurde, gilt natürlich nicht von dem heutigen Mittelstande: immerhin ist auch hier ein Bestreben bemerkbar, dem Reichtum nachzuahmen. Am einfachsten sind noch verhältnismäßig die Wohnungen der vermögenslosen höheren Beamten. Hier in den „modernen Stuckbuden", um einen Ausdruck von Fontane zu gebrauchen, sieht man vielfach noch ältere Einrichtungen, bescheidene Nippessachen, Gipsbüsten und ältere Bilder. Bei anderen wieder, bei Ärzten, Offizieren, Professoren, findet man äußerlich den Luxus der Reichen, nur daß nicht alles wirklich echt ist, was freilich nur wieder dem Kenner bemerkbar ist. Ein ziemlich gleicher Durchschnitt der Lebenshaltung hat sich am meisten in dem wohlhabenden England ausgebildet. Am wenigsten scheint ein Fortschritt in der Wohnung bei den unteren Klassen zu konstatieren zu sein. Nehmen wir die sehr tiefstehende Klasse der Hausindustriellen, so entwirft ein Bericht von

Schliebens über die Lage der Handweber im Zittauer Bezirke ein wenig üppiges Bild: „Neben dem Hausflur, in welchem der Brotschrank steht, befindet sich die einzige große Wohnstube, wo gearbeitet, gekocht, gegessen wird, Kranke gepflegt, Kinder erzogen werden. Der Ofen, mit seiner Ofenbank umgeben, steht neben der Thür. An den Fenstern sind ein oder zwei Webstühle aufgestellt, Trieb- und Spulräder, hölzerne Tische und Stühle, ein Topf- und Tellerbrett, ein Sofa, welches oft einem Familienglied als Schlafstätte dient, eine Wiege bilden das Mobiliar, neben der Thür zeigt eine Wanduhr den Stundenlauf an, einige geringwertige Bilder, eingerahmte Konfirmations- oder andere Scheine, ein Spiegel vervollständigen die einfache Ausstattung. Gegenüber der Wohnstube, links von dem Hausflur, befindet sich ein verschließbarer Raum zur Aufbewahrung von Vorräten und Geräten; unter dem Dach dienen ein bis zwei Kammern als Schlafgemach." Ganz berechtigt ist ferner die allgemeine Klage über die Wohnungsverhältnisse der arbeitenden Klassen in den großen Städten. Eine große Zahl von Menschen hat dort überhaupt keine Wohnungen, sondern nur Schlafstellen — dieses Schlafstellenwesen hat bekanntlich die schlimmsten Folgen für die sittlichen Verhältnisse dieser Kreise —; und diejenigen, die eine Wohnung ihr eigen nennen, sind nur allzuoft zu drei, fünf und mehr Personen auf einen engen Raum zusammengepfercht. Aber so schlimm diese Verhältnisse sind, so sind sie doch auf die Großstädte beschränkt, und auch in ihnen wohnt der besser bezahlte Arbeiter durchaus anders. Man kann bei diesen Leuten oft verhältnismäßig luxuriöse Einrichtungen sehen. Ich behaupte, wenn wir von den betonten, nicht normalen großstädtischen Verhältnissen absehen und weiter berücksichtigen, daß es jenen Webern früher noch schlimmer ging, daß gerade die Wohnungen der arbeitenden Klassen an dem allgemeinen Fortschritt hervorragend teilgenommen haben. Wie sahen früher die Wohnungen der ländlichen Arbeiter aus! In einzelnen zurückgebliebenen Teilen bieten sie heute noch ein schlimmes Bild: damit vergleiche man nur die heutige Einrichtung eines gewöhnlichen Mannes in der Stadt. Wandspiegel, Fenstervorhänge und Sofa z. B. werden nirgends fehlen, und in die verhältnismäßig hohen Räume bringt Luft und Licht ganz anders herein, wie in die Stübchen armer Häuser vor 100 Jahren. — —

Nichts zeigt den Umschwung der Lebensverhältnisse in unserem Jahrhundert deutlicher als der Wandel, der sich auf dem Gebiet des Beleuchtungswesens vollzogen hat. Das Jahrhundert hat auf diesem Gebiete eine vollständige Revolution erlebt. Wie lange haben wir Gas, wie lange Petroleum, wie lange Elektricität? Immer neue Lichtquellen, immer neue Arten ihrer Anwendung! Die Beleuchtung der Zimmer bewirkten damals Öllampen und in vornehmeren Kreisen Kerzen, in den Kinderzimmern u. s. w. Talglichter, deren Herrschaft sich aber bei dem teuren Preise der Wachskerzen in der Regel auch auf die Wohnzimmer erstreckte. Diese Talglichter — meist stand nur eines auf dem Tisch — erforderten eine fortwährende Putz-Thätigkeit, da sie nach einiger Zeit regelmäßig sich verdüsterten. Die Lichtputzschere war daher ein stehendes Inventarstück; das Putzen gab zu manchem Schabernack Veranlassung. Georg Ebers, der von der oft durch scheinbares Ungeschick herbeigeführten plötzlichen Verdunkelung des Zimmers erzählt, erinnert daran, daß eine der köstlichsten Scenen aus dem Ehestandsdrama des Firmian und der Lenette in Jean Pauls Siebenkäs nur denen verständlich ist, die noch Talglicht und Putzschere kennen gelernt haben. Mancher mochte des ewigen Putzens herzlich überdrüssig sein: in den Eutinischen wöchentlichen Anzeigen schlägt 1805 z. B. jemand vor, die Talglichte in einem Winkel von 30° von dem Perpendikel brennen zu lassen, um des Lichtputzens überhoben zu sein. Übrigens durfte das Licht wegen des häßlichen Geruchs nicht ausgeblasen, sondern mußte mit einem Klümpchen Talg erstickt werden. — Die Öllampen würden uns heute auch nicht behagen: da man keine Cylinder kannte, brannte die Flamme offen. Die primitivste Lampe mit dünnem Docht erleuchtete die

Küche. Oft war es eine Art roher Ampel, die man an einer Kette am Gesims des Rauchfangs oder sonst aufhing. Für Gesellschaften aber hatte man schon künstlicher eingerichtete Lampen; dann waren auch die Kronleuchter mit Kerzen üblich. Es gab auch schon gegen die Mitte des Jahrhunderts solche, in die man „Gasspiritus" goß. „Aus den durchlöcherten Scheiben am Ende der Arme drang der Äther und bildete entzündet einen Kranz von Flammen." Dann kam das Petroleum und brachte einen vollständigen Umschwung in der Herstellung und Verwendung der Lampen hervor. Der ersten Konstruktion — der von Silliman 1855 in Nordamerika — folgten immer neuere Verbesserungen. In den Wohnzimmern gewann man so eine ruhige, gleichmäßige Helligkeit, die man bald auch durch Lampenschleier und Lampenschirme zu dämpfen suchte. Die Beleuchtung durch Gas, die man für die Öffentlichkeit schon seit den ersten Jahrzehnten unseres Jahrhunderts kannte, hat auf das Haus wenig Einfluß geübt, mehr aber dann der jüngste Fortschritt, die elektrische Beleuchtungsart. Die neuesten Methoden der Verwendung des Glühlichts und des Bogenlichts haben nicht nur unsere Straßen, die öffentlichen Gebäude, die Verkaufsräume, die Cafés und Wirtshäuser, sondern auch unsere Gesellschaftszimmer, unsere Wohn- und Schlafzimmer in ein Meer von Helligkeit getaucht. — Wenn wir heute durch einen leisen Druck sofort das Zimmer in Licht erstrahlen lassen können, so mögen wir uns weiter erinnern, welche unendliche Verbesserung auch die Art des Feueranzündens in diesem Jahrhundert gemacht hat. Abgesehen von der primitivsten, aber häufig angewandten Art, an der glühenden Kohle des Herdes den Schwefelfaden oder das Schwefelholz zu entzünden, konnte man vor Erfindung der Streichhölzer nur auf eine sehr umständliche und oft langwierige Art Feuer anmachen. Das einfachste und gewöhnlichste Feuerzeug bestand in Stahl, Stein und Zunder. Man schlug mit dem Stahl den Stein so lange, bis der darauf gelegte Zunder — allgemein war der

bequeme und billige Feuerschwamm in Gebrauch, der
freilich auch nicht immer zündete — Feuer fing. Dazu
kam nun der Schwefelfaden, den man an den Zunder
hielt, wodurch man dann eine helle Flamme zum Anzünden
gewann. Diese in geschmolzenen Schwefel getauchten Fäden
wurden in Päckchen zu 3 Pfennig verkauft: eine sparsame
Hausfrau soll fast ein Jahr mit einem Päckchen aus-
gekommen sein. Da das Auslöschen der Fäden aber
unbequem war, hatte man schon um 1800 Schwefelhölzer,
in Schwefel getauchte Stäbchen, oder Schwefelfidibusse.
Den Stahl trug man übrigens in sogenannten Feuer-
täschchen, in die der Stahl so eingenäht war, daß man
ihn sofort bereit hatte, und die häufig von weiblicher
Hand verarbeitet, zu Geschenken dienten. Ferner waren
seit dem vorigen Jahrhundert Zunderbüchsen in Gebrauch,
die man um 1840 noch mehrfach fand. Um 1825 kamen die
Luntenfeuerzeuge auf, die immer verbessert und immer
billiger, in den fünfziger Jahren sehr verbreitet waren. —
Das Streben, das Feueranzünden noch bequemer zu
machen, führte weiter zu immer neuen Feuerzeugen. Da
fand man wohl in dem Wohnzimmer des Hausherrn oder
im Gesellschaftszimmer ein Mahagonikästchen stehen. Darin
war ein Instrument, bei dem es nur eines Druckes an
einer Messinghandhabe bedurfte, um an einem dadurch
glühend gewordenen Platinschwamm den Fidibus zu entzünden. Das war das Döbereinersche Feuerzeug. Die
Entzündung wurde durch Entwickelung von Wasserstoffgas
hervorgerufen. Diese Feuerzeuge, deren äußere Hülle
Blech, Glas oder Porzellan war, wurden in sehr gefälligen
Formen hergestellt. Es gab auch solche, die man in
Spazierstöcken oder in der Westentasche tragen konnte. —
Auf der Entdeckung Berthollets, daß chlorsaures Kali
durch Schwefelsäure sich entzünde, beruhten die Vitriol-,
gewöhnlich, wie Detlev von Biedermann berichtet, Tätsche-
feuerzeuge genannt. Lange und plumpe Schwefelhölzer
tauchte man in Fläschchen und zog sie brennend heraus.
Man trug jene in Blechbüchschen, die rot lakiert waren;

doch leicht verdarb die Säure die Kleidung. Aber diese bis 1830 häufigen wie andere Feuerzeuge verschwanden vor den Streichhölzern. Als Lucifer matches tauchten sie zuerst 1829 auf, dann kamen die Phosphorhölzchen und endlich, da diese sich durch Unvorsichtigkeit leicht entzündeten, die schwedischen Streichhölzer. Jetzt hatte man endlich ein wirklich bequemes Feuerzeug, von dem man denn heute auch den ausgiebigsten Gebrauch macht.

Nach der Schilderung der Wohnung und der Wohnungseinrichtung noch ein Wort über den Wechsel der Wohnung.

Ein Umzug geht heute ohne Zweifel bequemer vor sich als vor 100 Jahren, als noch keine Möbeltransportgeschäfte existierten. Wer in der Stadt umzog, brauchte Handarbeiter, die auf Tragbahren und später mit Handwagen die Sachen transportierten. Der Umzug von Ort zu Ort geschah auf Frachtwagen oder eigenem, gekauftem oder gemietetem Fahrzeug. Neben dem Packwagen war dann ein eigener Reisewagen für die Familie notwendig; bei geringerer Wohlhabenheit aber wurden Gerät und Menschen neben einander eingeschachtelt. Pferde wurden von einem Ort zum andern gemietet. — Charakteristisch für den damaligen größeren Zusammenhang innerhalb einer Stadt und das weit geringere Umherwerfen von Ort zu Ort war der Abschied von dem alten Wohnort. Wie Heinrich Berghaus erzählt, ging seine elterliche Familie, ehe sie den Reisewagen bestieg, noch zu Fuß durch die Stadt. „Rührend war es, wie so viele alte Freunde vor ihre Häuser traten und den Scheidenden ein letztes Lebewohl zuriefen." Dem entsprechen die Abschiedsanzeigen in den Zeitungen. Im Frankfurter Intelligenzblatt zeigt 1820 der berühmte Geograph Ritter an: „Die schnelle Abreise aus einem zahlreichen Kreise von mir Hochverehrter, mir mehr oder minder bekannter und befreundeter Männer und Frauen dieser geliebten Stadt legt mir die Pflicht auf, wegen der letzten Tage da um Nachsicht zu bitten, wo es mir nicht vergönnt war, persönlich Abschied zu nehmen, mich dem ferneren Wohlwollen zu empfehlen und zu danken für so vieles genossene Gute, was hiermit öffentlich nachzuholen und freudig auszusprechen versucht in meinem und meiner Frauen Namen C. Ritter, Professor." In der Weimarischen Zeitung vom 6. Februar 1833 findet sich folgender „Abschied": „Als ich krank und tief erschüttert durch das bittere Geschick, was mich betroffen, Sulza — meinen zeitherigen lieben Wohnort — am 30. v. M. verlassen mußte, war ich überall außer Stande, persönlichen Abschied zu nehmen und der löblichen Bürgerschaft, den verehrlichen Mitgliedern des Stadtrates und allen den würdigen Familien, die mich so wohlwollend aufnahmen und während meines dasigen Aufenthaltes freundlichst den Zutritt gestatteten, das schuldige Wort des Dankes zuzurufen. Mit dem gerührtesten Herzen trage ich denn hierdurch öffentlich diese meine Schuld ab. Lohne sie Gott für die vielen Beweise von Teilnahme und Liebe, mit denen Sie mich gleich anfangs in den Blütentagen meines Glückes wie später zur Zeit meiner Klagen und Thränen zu erfreuen die Güte hatten, und gönnen Sie mir die süße Beruhigung, daß Sie auch ferner meiner in meiner Einsamkeit mit Wohlwollen und Liebe gedenken. Dornburg, den 4. Februar 1833. Verwittwete Charlotte Schmidt, geb. Liesgang." — Der Umzug von Ort zu Ort ist heute im Leben nicht nur des Gebildeten, des Beamten, des Offiziers, sondern auch des kleinen Mannes ein viel zu gewöhnliches Ereignis, als daß er zu so gerührten Abschiedsworten sich gedrängt fühlen würde, ganz abgesehen davon, daß man an der überschwänglichen Ausdrucksweise der redseligen Thüringerin heute keinen Geschmack finden dürfte. Auch ist der größte Teil der heutigen Menschen — außer den Landbewohnern — einerseits nicht mehr so fest mit einem bestimmten Wohnort verwachsen, und andererseits lassen die unendlich verbesserten Verkehrsverhältnisse eine sehr leichte Verbindung mit dem früheren Wohnort auch fernerhin zu. — Die Häufigkeit der Umzüge hat sodann Institute hervorgerufen, die auch die Ausführung derselben ungemein erleichtern. Wer ganz bequem angelegt ist, rührt selbst keinen Finger, sondern zeigt einer jener Firmen, die aus der Hilfe beim Umzug ein Geschäft machen, seinen Entschluß an. Geübte Leute nehmen ihm dann alles ab, packen ein, transportieren und richten die Wohnung an dem neuen Wohnort genau so ein, wie sie am alten war. — Auch die Umzüge innerhalb derselben Stadt, die heute zum Teil durch die große Veränderungssucht, zum Teil durch das Wachsen der Mietspreise oder durch das rasche Entstehen neuer Häuser ungleich zahlreicher geworden sind als früher, gehen heute in der Regel rasch und bequem mit Hilfe geübter Packer von statten. — — —

Weniger als die Wohnungsverhältnisse hat sich im Laufe des Jahrhunderts eine andere Seite des äußeren häuslichen Lebens geändert, die Nahrungsweise des Menschen. Aber auch hier lassen sich doch Unterschiede gegen den Anfang des Jahrhunderts erkennen, wobei ich von den culinarischen Genüssen im gesellschaftlichen Leben noch ganz absehe.

Auch die Nahrungsweise entsprach zu Anfang des Jahrhunderts dem allgemeinen Zuschnitt des Lebens: alle Schilderungen charakterisieren sie als einfach und frugal. Der Tisch Friedrich Wilhelms III. z. B. in Memel war „nur bürgerlich besetzt." Von dem Mittagstisch im Schlosse zu Berlin erzählt Boyen: „An den gewöhnlichen Tagen gab es vier Schüsseln, der König sträubte sich gegen jede Erweiterung oder Verfeinerung der Kochkunst, und Weißen und Rothen Wein." Übrigens wurde pünktlich um 2 Uhr zu Tisch gegangen. Zwischen sechs und sieben versammelte man sich zum Thee, der im Sommer in einem der königlichen Gärten eingenommen wurde — an seine Stelle trat dann häufig „dicke Milch" — nach 9 Uhr aß der Theekreis 2—3 Schüsseln. Entsprechend einfach ging es in bürgerlichen Kreisen zu. „Zu Mittag", heißt es in Freytags Erinnerungen, „nur ein Gericht, am Abend erhielten die Kinder selten ein Stück Fleisch, häufig Wassersuppe, welche die Mutter durch Wurzeln oder einen Milchzusatz anmutig machte. Wein wurde nur aufgesetzt, wenn ein lieber Besuch kam." „Solche Einfachheit", fügt Freytag hinzu, „war allgemein." So einfach wie die Genüsse des jungen Varnhagen in seiner Aachener Zeit, die nur in Milch, Brot und Eiern bestanden, waren die Durchschnittsspeisen freilich nicht. Sie waren von den heute üblichen nicht allzu sehr verschieden, nur daß man auf die teuren Dinge leichter verzichtete als heute, und dadurch eine geringere Abwechselung in den Speisen entstand. Andererseits macht Bähr darauf aufmerksam, daß manche Gerichte, die jetzt als Delikatessen teuer bezahlt werden (z. B. Schnepfen, Krammetsvögel, Forellen, Krebse u. s. w.) damals nicht selten auch auf der einfachen bürgerlichen Tafel vorkamen, weil bei den schlechten Verkehrsverhältnissen diese Dinge nicht wie heute schnell in ferne Abnahmeplätze gehen konnten. Damit mag zusammenhängen, was in Vorpommern über den Lachskonsum berichtet wird. Damals soll das Gesinde sich verbeten haben, öfter als zweimal in der Woche Lachs zu bekommen. In reichen Kaufmannshäusern war übrigens auch damals der Tafelluxus nicht gering, und einen recht hübsch besetzten Tisch fand man in der Regel bei den Inhabern fetter Pfarren.

Im übrigen war die deutsche Küche damals in einem nicht allzu erfreulichen Zustande. Wie viele Teile einer einst blühenden materiellen Kultur ist auch dieser Teil in den gedrückten Zeiten des 17. und 18. Jahrhunderts, in denen das Volk nur als Aussaugungsobjekt für seine Fürsten gut war, in Verfall geraten. Von diesem Verfall hat sich die deutsche Küche bis heute nicht erholt. In dieser Periode der französischen Hofgesellschaft war sodann für die vornehmen Kreise fast überall die französische Küche maßgebend geworden, die überhaupt das feine Europa mehr oder weniger eroberte, abgesehen von England, das fest an seiner nationalen Küche hing. So urteilt Carl

Julius Weber über die Küche in Deutschland: „In der höheren Welt ist sie französisch, im Mittelstand aber noch deutsch. Suppe, Rindfleisch, Gemüß mit Beilage, Braten und Salat — bei Gelegenheiten ein Zwischenhinein von Fischen, Wildpret, Eier- oder Mehlspeise oder süße Speise. Das Volk hat Mehl- und Milchspeise, Kartoffeln, Salat, getrocknetes Obst, vorzüglich Zwetschgen. Die ächte Nationalspeise ist Sauerkraut und Wurst." Diese Charakteristik hat, wie insbesondere aus dem letzten Satz hervorgeht, den Fehler, lokale Eigentümlichkeiten unberechtigter Weise zu generalisieren. Eine nationale deutsche Küche existierte damals nicht und existiert heute nicht. Aber andererseits giebt es gute und schlechte Küchen in Deutschland je nach den verschiedenen Stämmen. So wurde und wird in Mitteldeutschland weitaus am schlechtesten gegessen. Hier herrscht die größte Sparsamkeit in dieser Beziehung und auch die größte Interesselosigkeit für eine gute Küche. Diese Interesselosigkeit, die sich zum Teil auch in anderen Gegenden Deutschlands zeigt, ist auch eine Folge der langen Zeit des Druckes schlechter Verhältnisse. Sie zeigt sich eben in dem mitteldeutschen Paradies deutscher Kleinstaaterei am stärksten. Ganz anders war schon zu Anfang des Jahrhunderts und ist heute noch das Interesse an der Küche und infolgedessen auch die Küche selbst in der freien und Hansestadt Hamburg, ganz anders in der Reichsstadt Frankfurt, ganz anders in dem kaiserlichen Wien, dem damaligen Eldorado aller genußsüchtigen Leute. Über die Wiener Verhältnisse war schon der frugale Berliner Nikolai im 18. Jahrhundert höchlich erstaunt. Nicht nur bei den Reichen, auch bei den mittleren und niederen Ständen fand er „Schleckerey und Gefräßigkeit." „Ein wohlhabender Bürger in Wien isset beinahe den ganzen Tag." Übrigens waren damals schon in Wien die bequemen Schaukelstühle üblich, deren man sich zur Beförderung der Verdauung nach Tische gern bediente. Auf den Berliner sah der Wiener als auf einen Hungerleider herab. Als „bürgerliche" Wiener Mahlzeit wird in der Reise eines

Liefländers von Riga nach Warschau 1796 folgendes aufgeführt: „Eine Marktknödelsuppe, ein Ungarisches Rindfleisch mit Mandelgreen, ein brauner Kölch mit Bratwürstl, ein Lunkenbratl in der Soß, ein Eingemachtes, ein Guglhupfen, Specknödel mit Kaiserfleisch, ein Fasandel auf Sauerkraut, ein Kapaundel oder ein Polackerl, oder ein gebratenes Händl, ein Stück Linzer Torten und einige Kaiserbirnen" und dem die Berliner Mahlzeit: Reissuppe, Landrindfleisch mit Kartoffeln und Kälberbraten mit Pflaumen gegenübergestellt. Als der „geistigste Esser" wird aber der Dresdner hingestellt, während der Münchner wieder an Quantität der Konsumtion Unglaubliches leistet.

Alle solche Unterschiede bestehen zum Teil noch heute, ebenso wie die Unterschiede zwischen der französischen Küche, die in den Zuthaten, und der gesunden englischen, die im Rohstoffe exzelliert, — der französische Koch, sagt Karl Braun, ist genial, aber nicht ehrlich, der englische ehrlich, aber nicht genial — oder die Unterschiede zwischen der russischen und der italienischen Küche.

Immerhin darf man aber für den größten Teil Deutschlands in jener Zeit von einer größeren Einfachheit sprechen, speziell in bürgerlichen Häusern. Der Fall, den Bähr erzählt, daß auch in wohlhabenden Familien an dem Tage des „Reinmachens", dem Sonnabend, gar nicht gekocht, sondern zu Mittag Kaffee getrunken wurde, wäre heute kaum möglich. Er erklärt sich auch aus der damals viel intensiveren Arbeit des Reinmachens.

Von Einzelheiten sei erwähnt, daß der Umstand, daß die Hauswirtschaft auch in der Stadt mehr auf sich selbst angewiesen war als heute, auch von Einfluß auf die Speisen war. Die Gemüse bot der eigene Garten; das Brot wurde, wo nicht selbst gebacken, so doch namentlich in kleineren Städten im Hause „eingemacht"; in jeder größeren Haushaltung wurde geschlachtet. Mit den Würsten und Schinken wurde der Abendtisch das Jahr hindurch versorgt. Ebenso hielt man Vorräte von Rindfleisch, das in Pökelfässern eingelegt war. Früchte werden auch heute noch von den Hausfrauen eingemacht, damals aber in viel größerem Umfange. Der Grund für alle diese Dinge liegt wieder in den mangelhaften Verkehrsverhältnissen. Heute bietet das alles der Laden, damals nicht.

Am meisten fällt der Unterschied der Zeit vielleicht bei der Nahrungsweise der Kinder auf, die heute an vielen Genüssen der Erwachsenen leicht teilnehmen, damals aber höchst einfach gehalten wurden. In die Schule bekam das Kind seine Semmel — belegte Butterbröte zum Frühstück gab es übrigens auch nicht für Erwachsene —, abends erhielt es Milch und Brot oder Brot und Obst. „Musstullen" waren bei Kindern sehr beliebt, ebenso die Syrupssemmel, eine heute verschwundene Delikatesse.

Wenn wir mit dieser ganzen Lebensweise die heutige vergleichen, wird man für den Durchschnitt des Menschen ohne Zweifel von einer geringeren Einfachheit sprechen müssen. Aber wie es falsch ist, anzunehmen, daß damals alle Menschen nur Wassersuppen gegessen haben, so ist die Ansicht nicht minder falsch, daß später nur Delikatessen — natürlich von denen, die dazu imstande sind — genossen werden. Beispielsweise bieten gerade fürstliche Haushalte auch in späterer Zeit ein einfaches Bild. Von dem portugiesischen Hof schreibt 1840 Ernst von Koburg: „Die Küche ist besonders gut, weil sie mit unserer beliebten Hausmannskost große Ähnlichkeit hat; auch bin ich schon mit Klößen überrascht worden." Bekannt ist auch die Vorliebe des alten Kaisers Wilhelm für gewisse höchst einfache Speisen. Immerhin ist das Entstehen der zahlreichen „Delikatessenhandlungen" für unsere Zeit charakteristisch. Die Verbesserung der Verkehrsmittel führt dem Binnenländer frische Seefische zu billigen Preisen zu; ein Land bietet dem andern seine Produkte aufs rascheste dar.

Andererseits ist heute nicht nur eine größere Abwechselung der Speisen, nicht nur ein größerer Luxus der Nahrungsweise zu konstatieren, sondern es hat sich vielfach auch die Qualität der Nahrungsstoffe, z. B. des Fleisches, gebessert. Einmal hat darauf die gesundheitliche Kontrolle, die Errichtung von Schlachthäusern, größten Einfluß geübt. Ferner hat aber auch die Hebung der Viehzucht zu einer wesentlichen Verbesserung des Fleisches beigetragen. Dem mageren Landschwein früherer Zeit mit zähem Fleisch steht heute ein rundes feistes Tier mit feinem fettdurchwachsenen Fleisch gegenüber. Die Hebung der Rindviehzucht ferner hat nicht nur einen größeren Konsum des Rindfleisches, sondern auch der Milchprodukte zur Folge gehabt.

Ein empfindlicher Nachteil für die Gegenwart ist nun freilich die außerordentliche, gerade durch die Fortschritte der Chemie sehr gesteigerte Verfälschung der Nahrungsmittel. Mehl, Zucker, Milch, Butter, Honig, Kaffee, Thee, Chokolade, Bier, Wein, Gewürze, alles kann verfälscht werden. Aber wenn dieses Treiben auch sehr zugenommen hat, so hat es doch früher nicht gefehlt. Zwei Dinge z. B., die heute am meisten gefälscht werden, Wein und gemahlene Gewürze, wurden schon vor Jahrhunderten genau so behandelt. Und mit den Kolonialwaren hat der Krämer der Großväterzeit sicherlich recht vielen Betrug verübt. Überdies haben wir einen Schutz, den unsere Voreltern nicht hatten, nämlich eine ausgedehnte Nahrungsmittelpolizei, die wie alle hygienischen Maßnahmen der neueren Zeit bereits außerordentlich segensreich gewirkt hat.

Jede Zeit hat ihre Schattenseiten, aber auch hier sind wir im ganzen doch besser daran als unsere Großeltern. Und zweifellos ist es auch unberechtigt, das unleugbare Elend in niederen Schichten als einen Rückschritt aufzufassen. Gerade die niederen Klassen haben von der Verbesserung der Nahrung den meisten Vorteil gehabt. Mag auch bei armen Weberfamilien Kartoffeln und Brot noch heute die Hauptnahrung sein, so ist bei der Mehrzahl dieser Leute Fleischnahrung durchaus gewöhnlich, was früher nicht der Fall war. Und was andere Zuthaten belangt, so wird der Unbefangene häufig mehr über ein zu hohes Maß von Ansprüchen erstaunt sein, als über das Gegenteil. Bei der Wohnung konnten wir ähnliches feststellen. Wenn ganz neuerdings ein Nationalökonom behauptet hat, die notwendigsten Lebensmittel, Nahrung und Wohnung, seien für die Masse der Bevölkerung teurer und schlechter geworden und an den höheren Genußmitteln hätten sie wenig Anteil, so ist das nur ein Zeichen der bei vielen Gelehrten herrschenden Unkenntnis der Zustände der Vergangenheit oder aber der weitverbreiteten Sucht, die niederen Klassen als arme geknechtete, elend dahinsiechende Wesen zu malen. —

Noch ein Wort über die Zeit der Hauptmahlzeiten. Im achtzehnten Jahrhundert wurde in bürgerlichen Kreisen allgemein zwischen 11 und 12 gegessen. Seit der französischen Revolution zog man die Stunde von 12 bis 1 nach dem Beispiel der Franzosen vor. Aber gerade die feine französische und französierte Gesellschaft speiste damals schon viel später. Varnhagen erzählt, daß man bei dem Fürsten von Schwarzenberg in Paris zu Mittag um 6 und auch wohl erst um 7 Uhr speiste. Trotzdem der Kaiser Napoleon für den Bürgerstand die Stunde des Diners um 2 Uhr festsetzen wollte, ahmte auch dieser die Sitte der Vornehmen nach und speiste um 4 oder 5. Allmählich wirkte dieser Brauch auch auf Deutschland. Wie Weber erzählt, speiste man z. B. in reichen Häusern Hamburgs zwischen 4 und 5. Das war auch bei den höheren Ständen in Amsterdam Sitte, welche Sitte nach Therese Hubers Meinung, wie vielleicht in allen großen Handelsstädten, von der Börsenzeit bestimmt wurde. Heute findet man in den größeren Städten eine späte Mittagsstunde fast allgemein. Der höhere Beamte z. B. speist in der Regel um 3 oder 4 Uhr, schon wegen der Geschäftsstunden, ebenso oder noch später der größere Kaufmann. Überdies hat dann auch die späte englische Mittagszeit mehr und mehr in diesen Städten Einfluß geübt. In den mittleren und kleinen Städten hält man aber wie früher an der Essenszeit zwischen 1 und 2 Uhr fest; der kleine Mann speist um 12.

Von den üblichen Getränken haben Kaffee und Thee ihre Rolle in diesem Jahrhundert nicht wesentlich geändert.

Schon aus Vossens Luise kennt man die anheimelnde Familienkaffeekanne. Und so war auch zu Anfang dieses Jahrhunderts der übliche Morgen- und Nachmittagstrank der Kaffee. Gegen Ende des vorigen hält es Nicolais freilich noch für einen Luxus der Wiener, daß „die Kinder auch der gemeinsten Leute frühmorgens und nachmittags mit der Mutter Kaffee trinken." Die Ersatzmittel, die heute häufig angewandt werden, waren auch früher schon in Gebrauch, namentlich die Cichorie, weiter geröstete Gerste, Runkelrüben, Eicheln u. s. w. Auf die große Rolle des Kaffees bei romanischen Nationen, insbesondere bei den Italienern, gehe ich hier nicht weiter ein. — Daß der Thee bei uns nicht unbekannt war, geht schon aus den vorzugsweise beliebten Theegesellschaften früherer Zeit hervor. Immerhin wurde er nicht in dem Umfang genossen, wie heute, das dem theetrinkenden Holland benachbarte Ostfriesland ausgenommen. In Sachsen galt er als feineres Damengetränk. Von den Holsteinerinnen aber wird berichtet, „daß sie nicht bloß stundenlang, sondern tagelang um den Theetisch sitzen und Dutzende Tassen heißen Getränkes schlürfen können." In Deutschland hat sich dann der Theegenuß, in Nachahmung anderer Länder, mehr und mehr verbreitet. Viele genießen ihn morgens, was früher gar nicht üblich war, und nachmittags. — In feinen Häusern war übrigens als Frühstücksgetränk schon früher Schokolade üblich.

Viel geachteter als früher ist das Wasser als Getränk geworden. Der Jugend war es sogar verboten zu trinken. Seine Wertschätzung haben vor allem die veränderten hygienischen Anschauungen und das Aufkommen des Wassers als Heilmittel herbeigeführt.

Das Bier, von jeher Nationalgetränk, war in Norddeutschland im allgemeinen zu Anfang des Jahrhunderts sehr mäßig, das Bayerische gier hingegen auf sein Ursprungsland beschränkt. Dort trank man es übrigens früher ebenso stark als heute. Wie Luise von Kobell erzählt, huldigte damals der raffinierte Biertrinker in München

einem seltsamen Brauch: er steckte eine eingefangene Blindschleiche in seinen Maßkrug, „damit das Bier recht kalt bleibe."
Außer dem bayerischen Bier konnten übrigens das Braunschweiger, Merseburger, Goslarer, das Köstritzer Doppelbier u.a. auf bessere Qualität Anspruch machen. Aber auch diese Biere kamen nicht viel über die heimischen und nachbarlichen Gebiete hinaus. Man begnügte sich mit einem wohlfeilen, einheimischen, dünnen Gerstenbier und einem etwas besseren Weizenbier: doch standen diese Getränke hinter dem leichten und stark Kohlensäure entwickelnden „Füllbier", das im Hause, nachdem es als halbgegorenes Bier vom Brauer gekauft war, selbst bereitet wurde, an Beliebtheit zurück. In den Dörfern brauten die Bauern noch allgemein ihr Bier selbst, doch wird über die Beschaffenheit des Dorfbiers des öfteren geklagt. Das in einzelnen Städten zu Anfang des Jahrhunderts noch übliche Reiheumschenken — die einzelnen Bürger hatten zu diesem Zwecke in ihrem Hause besondere Bierstuben — ist bald außer Gebrauch gekommen.

In der aufgeregten Zeit von 1848, wo eine Versammlung die andere jagte, wo der Mann im Wirtshaus bis in die Nacht hinein politisierte, stieg der Bierkonsum beträchtlich: das berauschende untergärige Bier, das sich in den vierziger Jahren von Bayern aus verbreitete, war für diese Zeit das passendere Getränk als das obergärige. Seitdem hat sich dann dies Bier nach bayerischer Art, das immer zahlreichere und großartigere Brauereien herstellten, weiter und weiter verbreitet; und gleichzeitig stieg der Bierkonsum. In Osnabrück z. B. stieg er von 1858 bis 1867 von 2130 auf 5532 Ohm. Heute werden in Deutschland 5546000000 Liter konsumiert, d. h. für den Kopf der Bevölkerung 108,5 Liter. Die Zunahme betrifft lediglich das untergärige Bier, das das obergärige auch im Hause, abgesehen von einigen auf bestimmte Gegenden beschränkten Bieren, nahezu verdrängt hat. Es wird heute vielfach auch bei der Mittagsmahlzeit genossen. Daß dieser Bierdurst auch auf die Gestaltung des geselligen Lebens großen Einfluß genommen hat, ist klar. Er hat den Frühschoppen hervorgerufen, durch ihn hat sich auch die Sitte, bei Abendgesellschaften nach Tisch Bier zu reichen, rasch eingebürgert, ganz abgesehen von seinem Einfluß auf die öffentliche Geselligkeit, auf den Besuch der Wirtshäuser und Biergärten. Mit dem Lagerbier sind auch übrigens erst die Henkelgläser, die Seidel, später die Krüge verbreitet worden. Früher wurde das Bier in Flaschen verschänkt.

Neben dem Bier haben die Obstweine als häusliches Getränk eine besondere Rolle nie gespielt, noch weniger als Würze der Geselligkeit. Nur der Apfelwein hat vor einigen Jahrzehnten größere Beachtung gefunden, in Berlin sogar mehrere Apfelweinstuben hervorgerufen.

Der Wein, früher übrigens auch nicht reiner als heute, war damals eigentlich nur auf die wohlhabenden und gebildeten Familien beschränkt, abgesehen von den Gegenden, die selbst Wein bauten. Hingegen gehörte ein ordentliches Weinlager mehr als heute zum Bestande eines besseren Hauses. Auf die wechselnde Beliebtheit der verschiedenen Weinsorten gehe ich hier nicht ein. In der Geselligkeit war früher als Getränk häufiger als heute der Punsch, für Damen der Glühwein. Die Bowle (Kardinal) ist als Getränk erst spät allgemeiner geworden, die Maibowle seit den vierziger Jahren.

Der Branntwein, damals wie heute vorzugsweise das Getränk der niederen Klassen, wurde früher doch zum Teil stärker von Bessergestellten genossen, woran der geringere Biergenuß die Schuld trug. Im 18. Jahrhundert hatte seine Verbreitung außerordentlich zugenommen, nachdem man seine Bereitung aus Kartoffeln kennen gelernt hatte; ebenso waren die Liköre sehr in Mode gekommen. Gleichwohl war der Branntwein bis zum Anfang des Jahrhunderts wenig in das Haus gedrungen. Dann wurde er aber mit der Ausbildung der Kornbrennereien immer mehr Volksgetränk; immer zahlreicher werden die Klagen über die Branntweinpest, die das häusliche Leben, Wohlstand und Gesundheit gefährde. Schon 1803 machte Friedrich

Wilhelm III. „auf das überhandnehmende Branntweintrinken unter der gemeinen Volksklasse" aufmerksam. Und Hufeland schrieb 1802 im Berliner Intelligenzblatt: „Kinder und Greise, Männer und Weiber, hohe und niedere Stände überlassen sich diesem verführerischen Genusse, und, ich sage es mit voller Überzeugung, die Menschheit litt noch nie an einer so gefährlichen und allgemeinen Krankheit, als diese Branntweinseuche ist." Der Gegenstoß erfolgte erst um 1840 herum: es breitete sich vom Ausland (England und Amerika) her eine starke Bewegung aus, die entschieden eine größere Mäßigkeit oder völlige Enthaltsamkeit vom Branntweingenusse zur Folge hatte. Zwar erlahmte sie bald, aber immerhin hat der Erfolg doch bis heute so nachgewirkt, daß aus zahlreichen Familien der Branntwein als Getränk verschwunden, daß er überhaupt in der öffentlichen Meinung heruntergekommen ist. In neuerer Zeit hat übrigens zu seiner Einschränkung wesentlich der stärkere Bierkonsum, der fast zu einem Bierkultus geworden ist, beigetragen. Auf dem Lande galt er aber noch lange als feineres Getränk, das man auch fremden Gästen vorsetzte. — —

Unter den Genußmitteln, die im häuslichen und gesellschaftlichen Leben unserer Zeit eine Rolle spielen, muß sodann das Rauchen hervorgehoben werden. Auch diese Gewohnheit hat in unserem Jahrhundert erhebliche Wandlungen durchgemacht: einmal ist sie außerordentlich viel stärker geworden und zweitens war sie früher mehr auf das Haus beschränkt als jetzt. Eine starke Zunahme des Rauchens war schon im 18. Jahrhundert bemerkbar gewesen. Heute ist der Konsum ganz außerordentlich groß: diese Stärke des Verbrauches ist ebenso wie die heutige Sitte der besseren Stände, feine und teure Cigarren zu rauchen, zu einem großen Teil auf die Verbesserung der wirtschaftlichen Lage überhaupt zurückzuführen. Man hat heute mehr Geld für diese Dinge übrig. Die heutige große Verbreitung hat ferner die gesellschaftlichen Anschauungen über das Rauchen wesentlich verändert. Der

Deutsche huldigt diesem Genuß freilich besonders stark. Schon früher erregte er damit das Entsetzen der Engländer. So erzählt die Mstrs. Trollope 1833 von den hübschen Zusammenkünften der Damen und Herren vor den Hotels in Godesberg. Nur beklagt sie, daß die Herren „— o des Greuels aller Greuel — sich von den lieblichen Gruppen abwenden und rauchen." „Fände jene häßliche Gewohnheit nicht statt, so müßte ich alles, was ich von den geselligen Sitten in Deutschland sah, für vortrefflich erklären, aber dies ist ein Flecken, der das schöne Gemälde sehr entstellt." Im englischen Salon ist auch heute noch das Rauchen verpönt; in Deutschland kann man sich eine Gesellschaft ohne nachfolgende Cigarre kaum noch denken. Aus romanischen Ländern hat sich sogar das Rauchen der Damen als Modeerscheinung mehr und mehr bei uns eingebürgert. Das war früher anders. Man rauchte in der Studierstube, in der Werkstatt, in den Tabagien und Wirtshäusern, aber weniger zerstreut wie heute, ich möchte sagen, ernsthafter. Man hatte zum Teil noch das Gefühl eines ungewöhnlichen Genusses. Denn noch erfreute sich das Rauchen nicht der allgemeinen Duldung: auf den Straßen zu rauchen war verboten. Und diese häusliche Übung des Rauchens in Deutschland hatte denn auch ihre charakteristische Form. Hier herrschte unbestritten die Pfeife. „Sie allein macht," sagt Weber, „daß der Deutsche weniger spricht, als der Franzose, und ernster aussieht, als er ist." Auf die verschiedenen Gestalten der Pfeife kann ich hier nicht näher eingehen. Vielfach waren lange holländische Thonpfeifen im Gebrauch, die als Spitze oft einen Federkiel hatten; die kurze Thonpfeife führten schon damals nur geringere Leute. Weiter wurden dann die Stielpfeifen mit Köpfen verwandt; und mancher Hausherr besaß davon eine schöne Sammlung. Auf gut angerauchte Meerschaumköpfe mit silbernem Beschlag wurde großer Wert gelegt. Der Student liebte seine lange Pfeife: er war stolz auf schöne Porzellanköpfe mit Bildern darauf und auf die seidene

Schnur mit großen langen Quasten in seinen Farben. Natürlich führte der Pfeifenraucher stets seinen Tabaksbeutel, der, mit Perlen und Seide bestickt, ein beliebtes Geschenk von weiblicher Hand war, bei sich. Mit den Pfeifen ist dann auch der Fidibus, einst in jedem Hause zu finden, mehr und mehr abgekommen. Der Tabak war damals billig, das Rauchen also wohlfeil. Beliebte Sorten waren Puerto Rico, Virginia, Puerto Carero, sowie der Varinas-Canaster. Weit teurer waren die Cigarren, die aber vor 1806 selten geraucht wurden. Der erste Cigarrenfabrikant in Deutschland gegen Ende des vorigen Jahrhunderts war der Hamburger Schlottmann. Sonst kamen sie über See aus Amerika. Nach Deutschland wurden sie dann stärker durch die spanischen Truppen Napoleons gebracht; und nach Aufhebung der Kontinentalsperre verbreiteten sie sich mehr und mehr. Aber die Gegnerschaft blieb stark. Wenn schon vor 1806 das Journal „Hamburg und Altona" meinte: „Modisch und schmutzig, ekelhaft und gewissermaßen gefährlich ist die Mode unserer jungen Herren, mit brennenden Zigarren im Munde in Zimmern, auf Promenaden, kurz überall sich zu produciren", so hielt man sie auch später einerseits für unanständig, andererseits für gesundheitsschädlich. Nach Klemm wurde z. B. der frühe Tod eines jungen Mannes an der Brustkrankheit der Einwirkung der Cigarren zugeschrieben. Als das Verbot des Rauchens auf der Straße 1848 fiel, eroberte die Cigarre aber rasch alle Welt. Die „Rauchfreiheit" priesen die Berliner als die einzige Errungenschaft des tollen Jahres, die Straßen und der Thiergarten wimmelten von Rauchern, und so war es überall. Dieses Straßenrauchen förderte lediglich den Cigarrenverbrauch: die Pfeife war dazu nicht geeignet. Endlich erleichterte auch die Erfindung der schwedischen Streichhölzer dem Cigarrenraucher das Anzünden seiner Cigarre ungemein: sie hat überhaupt das Rauchen sehr gefördert. — Ist das Rauchen also außerordentlich gestiegen, so ist eine andere ähnliche Sitte dafür zurückgegangen, das Schnupfen. Es kommt heute in Gesellschaft garnicht, im Hause wenig vor. Ältere Herren bieten nur hier und da am Stammtisch die Dose an. Früher war der Tabak als „beliebte Kost der Nasen" noch aus dem 18. Jahrhundert her mehr geschätzt, auch noch von Damen, die ihn wohl sogar in goldenen Döschen bei sich führten. Seit 1814 verbreiteten sich die Dosen aus Birkenrinde. —

Den vorstehenden Bemerkungen über die äußere Lebensweise, soweit sie für unsere Aufgabe von Interesse ist, seien noch mit derselben Beschränkung einige Worte über den allgemeinen gesundheitlichen Charakter derselben hinzugefügt. Wir haben in hygienischer Beziehung entschiedene Fortschritte gemacht. Man lebte in den höheren Ständen damals im Grunde höchst weichlich, man war allen stärkenden Leibesübungen abgeneigt, man war weniger auf Körperpflege und Reinlichkeit bedacht, und man huldigte mehr gesundheitsschädlichen Gewohnheiten als heute. Selten wurden die Kinder abgehärtet gegen die Einflüsse der Witternng; das offene Fenster wurde selten als Wohlthat empfunden. Von der Abneigung gegen das Wasser war schon die Rede. Heute wird zum Trinken, Waschen, Baden auch von geringeren Leuten mehr Wasser verbraucht, als früher von den Reichen, die sich das Wasser freilich noch in Tonnen kommen lassen mußten. Tägliches Baden im Hause war unerhört. In dieser Beziehung sind wir freilich auch jetzt noch nicht weit genug. Ein gern raisonnirender neuerer Reisender meint einmal sehr scharf: „Wir (Deutschen) sind eine der schmutzigsten Nationen der Welt und werden in Bezug auf körperliche Unsauberkeit nur von einigen andern europäischen Völkern übertroffen." Immerhin wird das Bad in den wohlhabenderen Ständen heute doch ungleich mehr als Bedürfnis empfunden als damals. Charakteristisch ist die Empfehlung einer Badeanstalt im Frankfurter Intelligenzblatt von 1801 durch einige einsichtige Ärzte: „Wir können den Nutzen und die gute Einrichtung dieser Badeanstalt umsomehr empfehlen, da es uns bekannt ist, daß leider! ein großer Theil des hiesigen Publikums, die wenigen Sommermonate abgerechnet, wo es nur einen

Vortheil des Badens, nehmlich die Abkühlung bezweckt, weit weniger Sinn für das Baden hat, als man wünschen muß. Nicht also blos der gewünschten, besser als bisherigen Unterstützung eines freilich noch unbelohnten, kostspieligen, aber gemeinnützigen Unternehmens wegen, sondern vorzüglich in der lebhaften Überzeugung von dem Nutzen, den das Hoffische Bad leisten kann und wird, empfehlen wir dasselbe mit der warmen Theilnahme, die wir dem Wohl unserer Mitbürger schuldig zu seyn glauben." Ferner war man bei dem Baden im Freien höchst ängstlich. Vom Schwimmen hielt man, wie schon hervorgehoben, ebenso wenig wie vom Turnen. In Frankfurt sieht sich 1811 ein Schwimmlehrer genötigt, seine Unterrichtsanzeige ausführlich zu begründen, da man das Schwimmen „immer noch als ein höchst gefährliches, nutzloses, höchstens nur dem Schiffer nöthiges Kunststück" ansehe. — Wichtig ist sodann, daß unsere Wohnungsanlage in jeder Beziehung auch den gesundheitlichen Forderungen mehr entspricht, als die früheren. Man denke an die heutige Wasserleitung, die nicht bloß bequem ist, sondern auch ein reineres Wasser verbürgt, an die Verbesserung der Kochherde, der Beleuchtung, an die Doppelfenster, vor allem aber auch an die Abortanlagen, die früher vielfach in einem unglaublichen Zustande waren. Die Verbesserung der Wohnungsverhältnisse trifft insbesondere wieder die niederen Klassen: für Arbeiterwohnungen speziell geschieht heute außerordentlich viel.

In einer Beziehung nur unterscheidet sich unsere Lebensweise, was das hygienische betrifft, nicht allzu sehr von der zu Anfang des Jahrhunderts, nämlich in der Kleidung, trotzdem heute ja stärkere Reformbestrebungen auch auf diesem Gebiete sich geltend machen, ohne aber weitere Schichten zu ergreifen. Im Gegenteil war zu Ende des vorigen Jahrhunderts gerade eine entschiedene Neigung zum Gesunden und Natürlichen bemerkbar, noch die Folge der Rousseauschen Richtung, des Dranges nach Natur. Zum Beispiel war das Schnüren, gegen das die Ärzte seit langem kämpften, fast abgekommen. „Wenn sonst," sagt der Verfasser einer Preisschrift über die Schnürbrüste, Sömmering, 1793, „ungeschnürte Frauenzimmer an öffentlichen Orten sich Anmerkungen aussetzten, so ist es jetzt fast schon umgekehrt." Das war eine Folge des griechischen Kostüms, das die französische Revolution gebracht hatte. Diese räumte auch sonst mit vielen Unnatürlichkeiten auf. Der Puder schwand von den Haaren, die wieder ihre natürliche Farbe zeigten, die Schminke aus dem Gesicht, der Zopf, den man bei alten Herren freilich noch lange sehen konnte, kam ab, und das Haar fiel frei herab. Am größten war der Wandel in der weiblichen Tracht. Das Reifrockkostüm fiel, wie das Schnürleib und das Fischbeinmieder, zum Teil schon vorher, und man suchte sich frei und leicht zu kleiden; es schwindet alles steife und übertrieben künstliche, so die unsinnige Haararchitektur. Es schwinden die hohen Absätze der Schuhe — gegen die unsinnigen Steckelschuhe hatte man zuerst sich in England gewandt und platte Schuhe ohne Absätze eingeführt. Die Pariser Sandalenmode drang freilich nicht durch. Es kam anfangs überhaupt zu argen Übertreibungen. Man imitierte die Antike und kam dabei zu Karrikaturen, wie es die „Merveilleusen" von 1796 waren. Das Kostüm à la grecque mit einem einzigen, durchsichtigen Kleidungsstücke, mit bloßer Brust und bloßen Armen wird die Modekleidung unter dem Direktorium und dem Konsulat: es ging fast bis zur Nacktheit. Diese Extravaganzen, wie sie auch das Kostüm à la sauvage zeigt, wurden in Deutschland, überhaupt in Europa, bald nachgeahmt. Man konnte in Frankfurt z. B. 1797 von einer „Nuditätenmode" sprechen.

Immerhin kam nach diesen ersten Zeiten der Extreme eine antik-natürliche Tracht zustande, die zwar nicht schön war, die wir aber als einen Fortschritt doch ansehen müssen. Ein Aufsatz im Journal des Luxus und der Moden vom Februar 1804 beschäftigt sich z. B. mit diesen rasch vor sich gegangenen „Veränderungen der Mode." „Wir sehen," heißt es da, „fast alles was den Körper zwängt und beengt, ist verschwunden . . . Natürlich gelockt

4*

oder leicht verschlungen, höchstens mit einigen Blumen oder einem simplen Schmucke durchzogen ist das Haar der Dame, zwanglos schließt sich das Gewand an die Form des Körpers, das einfache Weiß ist die Lieblingsfarbe, denn Simplicität, nicht grelle und überladene Zusammensetzungen, liebt die jetzige Mode." Als unparteiisches Resultat der Vergleichung zwischen früher und jetzt stellt der Verfasser fest: „Unsere Moden sind jetzt im Ganzen vernünftiger, geschmackvoller, der Natur und folglich auch der Gesundheit angemessener geworden, als sie es vor 15 bis 20 Jahren waren." Ähnlich äußert sich die Zeitung für die elegante Welt. Im allgemeinen hatte sich ja mit der neuen Tracht die Grundform, von der die Trachten des neunzehnten Jahrhunderts überhaupt ausgingen, herausgebildet: aber in rein gesundheitlicher Beziehung sind doch im Laufe des Jahrhunderts — ich handle hier nur von der weiblichen Tracht, da die männliche zu ähnlichen Bemerkungen weniger Anlaß giebt — höchstens Rückschritte gemacht worden. So begann sich die Schnürbrust z. B. sehr bald wieder geltend zu machen. Man hatte das Bedürfnis, die Gestalt zu heben; so kam man 1810 zum Korsett à la Ninon, und aus der maßvollen Anwendung wurde bald wieder eine unvernünftige. Übrigens waren 1813 sogar die russischen Offiziere in Schnürbrüsten erschienen. Man weiß, bis zu welchem Übermaß die Sucht nach „Taille" dann in der Gegenwart wieder das Schnüren trieb, namentlich durch das Hinaufpressen der Büste. Auch bei eitlen Männern war es eine Zeit lang stärker im Gebrauch. Doch haben in neuerer Zeit viele Frauen wieder den gesundheitlichen Forderungen mehr Gehör geschenkt. Man wird sich ferner erinnern, wie wieder die hohen Absätze bei Damenstiefeln in die Mode kamen und erst neuerdings abermals durch den englischen Absatz verdrängt wurden. Selbst der Reifrock erlebte eine Art Auferstehung in der berüchtigten Krinoline, die eigentlich nur die Tendenz, die alte Mode des 18. Jahrhunderts, die enggepanzerte Brust, die tiefe Taille und die aufgebauschten Hüften wiederherzustellen, vollendete. Sie hat zum Glück nicht lange gedauert. Endlich hat die neuere Zeit auch die Schminke, die bei anständigen Frauen verpönt war, zum Teil wieder zu stärkerer Anwendung kommen lassen, ebenso auch den Puder, der als Silber- oder Goldpuder seine Auferstehung am Hofe des zweiten Kaiserreichs erlebte. —

In anderer Beziehung wieder ist die Kleidung insofern interessant, als sie die sonst zu machende Beobachtung, daß der Luxus unserer Zeit weit größer ist als der der früheren, einigermaßen alteriert. Kleiderluxus ist eben immer da, so lange es menschliche Eitelkeit giebt. Auch sonst darf man, wie schon Eingangs dieses Kapitels hervorgehoben und wie aus dem Abschnitt über das gesellige Leben noch zu ersehen ist, die Einfachheit früherer Zeit nicht überschätzen und vor allen Dingen nicht für alle Kreise gelten lassen. Der Luxus früherer Zeit, gegen den sich fortwährend obrigkeitliche Verfügungen seit dem Mittelalter richteten, war ja in der zweiten Hälfte des 18. Jahrhunderts entschieden zurückgegangen und mit ihm die Unsolidität in Handel und Wandel, die er zur Folge gehabt hatte: aber nach den Verfügungen gegen den Aufwand in Kleidern, bei Taufen, Bestattungen, Hochzeiten muß er am Ende des Jahrhunderts doch noch sehr stark gewesen sein. Erst die wirtschaftliche Depression, von der ich oben sprach, drückte ihn in Deutschland auf lange Zeit herunter. Aber doch nicht überall! Wie viel Aufwand wurde in Wien getrieben. „Der Luxus im Ameublement," schrieb 1811 Gentz an Goethe, „in den Equipagen, in den Anzügen der Damen, besonders aber im Essen und Trinken ist so hoch gestiegen, wie er in Wien noch nie war, außer in Paris auch wohl nirgends in der Welt sein mag." Und sonst in Deutschland zeigte sich der Luxus wenigstens eben in der Kleidung. Auf Putz war mit einem gewissen natürlichen Recht das weibliche Geschlecht auch damals versessen, weniger vielleicht auf Kostbarkeiten. 1784 heißt es noch: „Eine Uhr war sonst für ein Mädchen so viel als ein Mann, jetzt giebt man sie ihr fast im Flügelkleide." Das mochte jetzt seltener vorkommen. Immerhin sah man vor den schweren Zeiten bei Bürgersfrauen noch dicke goldene Halsketten u. dergl. Reinbeck, der sonst von der geringen Eleganz und Einfachheit der Deutschen spricht, meint: „Nur in der Kleidung findet gegenwärtig überall mehr Geschmack und Auswahl statt, welches bei dem schönen Geschlechte auch wohl in Luxus übergeht: nicht gerade wegen der Kostbarkeit des einzelnen Anzuges, denn Spitzen, Brillanten und reiche Stoffe sieht man selten, sondern nur wegen der geringen Dauerhaftigkeit, welche eine öftere Erneuerung notwendig macht." Freilich war das einfache Kattunkleid auch in besseren Kreisen nicht selten, aber ebenso gab es auch damals teure, seidene Kleider. Mit dem wirtschaftlichen Aufschwung nach den Kriegen nahm der Luxus der Frauenkleider, auch des Schmuckes zu. Ein Gegenstand des Luxus, der früher und so wieder heute eine große Rolle spielt, war zu Anfang des Jahrhunderts übrigens fast verschwunden, der Fächer. Viel stärker aber als in Deutschland war der Toilettenluxus von jeher in Frankreich, in Paris, das seine Modeherrschaft auch in diesem Jahrhundert bewahrt hat. Das Journal des Luxus und der Moden berechnet 1803 das Budget einer Pariser Dame auf 52400 Franks (z. B. für 365 Hauben und Hüte, 600 Roben u. A.), die Leipziger Modenzeitung 1814 auf 30000 Franks. Die Kaiserin Josephine, die Napoleons Wunsch, sie solle glänzen, mehr als zuviel erfüllte, gab für ihre Toilette jährlich Millionen aus. — Natürlich gab es auch bei den Männern, namentlich den jungen, Kleiderluxus. „Zierbengel" wie man damals sagte, waren namentlich in den Großstädten, in Berlin besonders unter den reichen Israeliten, häufig. Ein solcher Zierbengel erschien zu Hauff's Zeiten „in einem modischen Frack, wohl parfumiert, in die feinste, zierlich gefältelte Leinwand gekleidet, die Beinkleider von Paris, die durchbrochenen Seidenstrümpfe von Lyon, die Schuhe von Straßburg," endlich bewaffnet mit einer Lorgnette — denn das war damals Mode bei den Elegants. Ihre

Wandlungen bis zu dem heutigen Gigerl wollen wir nicht weiter verfolgen. Häufiger als heute war früher ein gewisser Schmuck der Männer, wenn auch die Ohrringe der „Incroyables" bald abgekommen sind. Aber man trug z. B. Brustnadeln, oft mit einem Edelstein geschmückt; an den Uhren, die anfangs in einer Hosentasche („Uhrficke") getragen wurden, hingen Berlockes von großer Mannigfaltigkeit, die weithin funkelten und glänzten. Siegelringe waren bei feineren Herren allgemein: mit dem Spazierstock, mit Tabatieren wurde auch ein gewisser Luxus getrieben. Handschuhe waren aber auf der Promenade nicht so obligatorisch wie heute. Immerhin kann man von einem Kleiderluxus bei den Männern nur im beschränkten Sinne sprechen: es wäre sogar wünschenswert, daß der gebildete männliche Deutsche der Neuzeit mehr auf seinen Anzug hielte, als er es thut, und sich ein Beispiel an dem Engländer oder Franzosen nähme — darauf hat Ehrlich mit Recht hingewiesen. Erst ganz neuerdings bessert sich seine äußere Erscheinung. Der Luxus der weiblichen Kleidung läßt dagegen nichts zu wünschen übrig, er ist mit dem steigenden Wohlstand gewachsen. Davon zeugen die Tage des zweiten Kaiserreichs, da die Kaiserin, die eleganteste Dame Europas, in reichen Toiletten glänzte und die Mode beherrschte. Wie sehr wurde ihr gold- und diamantenstrahlender Sonnenschirm bewundert, wie viel wurde von der unglaublichen Feinheit ihrer Betttücher erzählt. Damals wurde auch das Spitzentaschentuch Gegenstand colossalen Luxus. Selbst in den gedrückten Zeiten nach 1870 berechnet der Timescorrespondent das Budget einer gewöhnlichen Pariser Modedame auf 1282 Pfd. Sterling. Eine superfeine Dame aber gebe allein für frische Blumen in den Zimmern mehr als 1000 Pfund Sterling jährlich aus. Und ähnlich ist es in der Gegenwart, in der die Damen der Geldaristokratie mit den kostbarsten Toiletten prunken, und die Magazine der Großstädte wahre Märkte des Luxus geworden sind. — Die vorstehenden Bemerkungen haben uns zur Geschichte der Tracht geführt. Natürlich kann ich hier nicht allen Wandlungen des äußeren Menschen in diesem Jahrhundert folgen. Bei den Männern sind überdies die Errungenschaften der Revolution bis heute geblieben: Rock und lange Hose, kurze Weste und Frack. Daneben treten kleinere Änderungen zurück wie die größere oder geringere Enge der Hosen und des Rockes, die Änderungen der Halsbinden u. s. w. So muß ich auf eine genaue Schilderung bestimmter Moden, wie der altdeutschen Tracht, in der namentlich die Studenten einherstolzierten, oder der Biedermeiertracht der zwanziger und dreißiger Jahre oder der unauffälligen bürgerlichen Kleidung nach 1848 oder der neuesten legeren Kleidung verzichten. Am meisten hat die Hutmode gewechselt. Freilich der Cylinder, einst als Freiheitshut aus Amerika importiert, in den zwanziger Jahren die einzig anständige Kopfbedeckung, nach 1848 als „Angströhre" Zeichen konservativer Gesinnung, ist heute noch nicht geschwunden; aber er kämpft seit langem mit dem runden Hut, dem einst verdächtigen Karbonarihut, der in verschiedensten Formen heute vorherrscht. Politische Wandlungen sind übrigens auch auf die Bartmoden von Einfluß gewesen. Anfangs Bartlosigkeit das allein Feine, dann der Favoritbart an den Ohren, daneben der militärische Schnurrbart, der in Preußen in zwei häßlichen abgestutzten Büscheln bestand, dann der Vollbart, der, anfangs als Demokratenbart verpönt, heute besonders gepflegt wird. Im übrigen herrscht heute Hut- wie Bartfreiheit. Und dieser Zug zum immer Freieren und Bequemeren ist der Hauptzug der Entwickelung der männlichen Moden des Jahrhunderts. Ein anderer Zug, der zu immer größerer Nüchternheit und Farblosigkeit, scheint, wenn man wenigstens die Vorliebe für die heutigen Sportskostüme bedenkt, allmählich zu verschwinden. — Unendlich viel stärker ist der Wandel der weiblichen Kleidung gewesen. Das Jahrhundert hat sie sich allmählich aufblähen und wieder zusammenschrumpfen sehen. Das einfache Kleid des ersten Jahrzehnts wird bald an den Schultern, an den Oberarmen mit Puffen versehen, die Gestalt wird durch immer neue Unterröcke weiter und weiter, die Taille sinkt herab, endlich der Höhepunkt der Aufblähung durch die Krinoline, dann wieder plötzlicher Umschwung, ein Zurücktreten der unteren Hälfte, ein kurzes Kleid, das die Füße sehen läßt, in neuerer Zeit wieder Erweiterung des Kleides, diesmal nach hinten (cul de Paris), dann wieder eng anliegende Kleider — doch ich kann auf diese Dinge nicht weiter eingehen, so wenig wie auf den Wandel der Frisur und dementsprechend den der Hutform. Frankreich gab und giebt den Ton an, nur hier und da zeigt sich Selbständigkeit, am meisten in England. Wollen wir auch bei der Frauentracht einen Einfluß des Zeitgeistes konstatieren, so mag man die mannigfache Anpassung an männliche Kleidungsstücke, Hut, Mantel, Weste, Kragen, mit den modernen Emanzipationsbestrebungen zusammenbringen. —

Ein wichtiges Moment in der Trachtenentwickelung unseres Jahrhunderts sei noch zum Schluß hervorgehoben, das ist die fortschreitende Nivellirung. Früher war noch ein gewisser Unterschied der Stände, wenigstens in den Farben der Röcke, die damals noch entschieden bunt waren, zu bemerken: heute herrscht der bürgerliche Anzug allgemein. Es tritt das Bestreben hervor, sich möglichst wenig von der Gesammtheit, außer durch mehr oder mindere Feinheit der Stoffe, zu unterscheiden. Natürlich kann man den Großstädter vom Kleinstädter unterscheiden, aber doch nur durch ein Nachhinken des letzteren in der Mode. Die Vorherrschaft der städtisch-bürgerlichen Tracht hat denn auch die Volkstrachten, die übrigens an sich durchaus nicht immer aus unvordenklichen Zeiten stammen, sondern oft Reste früherer Moden darstellen, wesentlich zerstört. Aus den Städten sind sie ganz verschwunden. Riehl hat Reste nur noch bei den bayerischen Bürgersfrauen konstatiert. Auch auf dem Lande sind die Frauen die konservativeren: aber auch dort nehmen die Volkstrachten unter dem Einfluß der städtischen Sitten, der durch die besseren Verkehrsmittel, die allgemeine Wehrpflicht u. s. w. erleichtert wird, immer mehr ab.

Das Leben in der Familie.

Es ist in Deutschland heute vielfach Mode, über das Heruntergehen des Familiengeistes zu klagen: vergleicht man aber die Zustände zu Anfang des Jahrhunderts mit den heutigen, so wird man solche Klagen für die damalige Zeit mit ungleich größerem Recht erheben können. Die Periode der Hofgesellschaft, die „galante" Zeit, hatte im siebzehnten und achtzehnten Jahrhundert das Familienleben vielfach gründlich zerstört. Ein Teil des deutschen Volkes, wesentlich des Bürgertums, weniger der Fürsten und des Adels — ich erinnere freilich an den ausgeprägten Familiensinn der Lise Lotte von der Pfalz — hatte sich dennoch dieses Gut bewahrt. Aus dieser gesunden Unterströmung ging dann, dem wohlthätigen Einflusse Englands folgend, jene heute noch nicht genügend geschätzte Reformarbeit des Bürgertums hervor, deren Träger die moralischen Wochenschriften und Männer, wie Gellert und später Möser waren, deren Resultat recht eigentlich die Entstehung eines tüchtigen und gebildeten Bürgertums war. Ein wesentlicher Teil dieser Reformarbeit war auf die Besserung des Familienlebens gerichtet gewesen: die guten Erfolge in dieser Beziehung traten freilich nicht allzu sichtbar hervor. Sie sind jedoch in den stillen Kreisen, im kleinen Bürgertum, bei den Pächtern, bei den Pfarrern, den Beamten, wohl zu erkennen. Gerade aber die Kreise, die damals die Träger unserer Geisteskultur waren, zeigten diesen Einfluß nicht. Zum Teil waren sie von dem allgemeinen leichtfertigen Leben der feinen Gesellschaft des 18. Jahrhunderts allzusehr berührt, zum Teil meinten sie als genialische Titanen von der spießbürgerlichen Moral nur verächtlich denken zu müssen. Zweifellos wirkten dann auch die Ideen der französischen Revolution, für die man sich in Deutschland eine Zeit lang ungeheuer begeisterte, zerstörend auf den Familiensinn, ebenso auch die Humanitätsidee an sich. Ein Schriftsteller wie Jean Paul schildert häusliche Freuden in der abstoßendsten Weise; für ihn ist das häusliche Leben ein Sklavenleben, er will den Beruf der Frau zu einem edleren, poetischeren erhoben wissen. In der Blütezeit unserer litterarischen Kultur wurde alles andere mehr geschätzt als die Familie. Riehl hat das treffend ausgeführt. Mit Diderot schwärmte man für die Familienverhältnisse der Südseeinsulaner, bei Heinse findet man das Evangelium der freien Liebe vollständig vor; in dem Privatleben unserer großen Dichter findet man nichts von einer besonderen Wertschätzung der Familie trotz Goethes „Hermann und Dorothea"; unter den Romantikern sodann findet man zahlreiche Ehescheidungen, Selbstmorde aus unglücklicher Liebe, zerrüttete Persönlichkeiten; das junge Deutschland lehrte die Emancipation des Weibes nach französischem Muster — kurz, wer das deutsche Familienleben zu Anfang des Jahrhunderts nach diesen geistig führenden Kreisen beurteilen wollte, der müßte ungünstige und harte Worte sagen. Wir haben ein solches Urteil, das der Frau von Staël, die die Familienverhältnisse in Deutschland als „sehr zerrüttete" hinstellt. Aber dies Urteil kann doch nicht allgemeine Gültigkeit haben: es paßt wesentlich nur auf die eben charakterisierten Kreise und auf den größten Teil der vornehmen Gesellschaft. Und beide Teile waren darin gerade von Frankreich beeinflußt.

Wenn Frankreich schon damals ein stark zerrüttetes Familienleben — man darf freilich wie auch heute niemals dieses Urteil zu sehr verallgemeinern — zeigte, und wenn schon damals, wie zu allen Zeiten, England das Musterland des Familienlebens war, so zeigt Deutschland Erscheinungen, die sein Familienleben bald dem französischen, bald dem englischen vergleichen lassen. Wie häufig, treten auch hier die gesunden Strömungen dem oberflächlichen Beobachter bei weitem nicht so stark hervor als die ungesunden. In Wahrheit ist weder der dem Deutschen tief eingewurzelte Familiengeist zu Anfang des Jahrhunderts verschwunden, noch ist die moralische Reformarbeit des vorigen Jahrhunderts eine vergebliche gewesen.

Gerade aus den Kreisen, die bisher zum Teil das abschreckendste Beispiel von Sittenlosigkeit und Liederlichkeit gegeben hatten, aus den fürstlichen, treten jetzt in dieser Beziehung höchst wohlthuende Erscheinungen hervor. Bekannt und oft gerühmt ist namentlich das Familienleben Friedrich Wilhelms III. von Preußen und seiner Gemahlin Louise. „Das eheliche Verhältniß dieses königlichen Paares," heißt es in den Erinnerungen Boyens, „war, besonders wenn man es mit ähnlichen desselben Standes verglich, sehr achtenswerth; es beruhete auf einer wechselseitigen Zuneigung, einer wahrhaften Achtung ihrer beiderseitigen Pflichten. In beiden Charakteren war eine übereinstimmende Abneigung gegen lästigen Hofzwang: bey dem Könige beruhete dieses auf seinem natürlichen, zum einfachen Soldatenleben der früheren Zeit geneigten Sinn, bey der Königin trat auch noch der Wunsch, heiter das Leben zu genießen, hinzu. In diesen königlichen Haushalt war daher manche anscheinend bürgerliche Sitte aufgenommen, die sich besonders auch in einem sehr natürlichen Verhältniß zu den Kindern aussprach." König und Königin gingen oft Arm in Arm ohne Begleitung spazieren; „oft sah ich," sagt Carl Julius Weber, „hier (in seinem einfachen Palais) den König am Fenster, seine Louise mit einem Buche neben ihm sitzend." „Der König," sagt der Kriegsrat von Coelln, „war nur im Cirkel seiner Familie und Freunde vergnügt." Namentlich genoß er gern die Freuden des ländlichen Familienlebens in Paretz. „Mein guter Herr," heißt es in einem Briefe eines Vertrauten, des Generals von Köckeritz, „würde auch nicht so bald das ruhige Landleben, wofür er mit seiner Gemahlin so viel Gefühl und Stimmung hat, mit dem quälenden Geräusch der großen Stadt verwechselt haben, wenn nicht Geschäfte seine Gegenwart erfordert hätten. Die guten Menschen genoßen mit einem heitern Herzen so ganz das Einfache der Natur, entfernt von allem Zwange nahmen sie herzlichen Anteil an den naiven Äußerungen der Freude des Landvolkes, besonders bei dem fröhlichen Erntefeste, die hohe schöne königliche Frau vergaß ihre Hoheit und mischte sich in die lustigen Tänze der jungen Bauernsöhne und Töchter und tanzte vergnügt mit. Hier war im eigentlichen, aber besten Verstande Freiheit und Gleichheit; ich selbst dachte nicht daran, daß ich 55 Jahre zurückgelegt, und tanzte gleichfalls mit, und so auch desgleichen, von unserm gnädigen Herrn dazu aufgefordert, die Frau Oberhofmeisterin von Voß Excellenz. O, wie waren wir alle so glücklich!" Ein solcher Familiensinn war natürlich nicht überall zu finden; immerhin darf man behaupten, daß sich mehr und mehr gerade fürstliche Familien durch ein ähnliches Leben auszeichneten. „Es ist eigentümlich, aber wahr," schrieb 1845 sehr treffend der Fürst Pückler, „daß man in neueren Zeiten das Bild glücklicher Häuslichkeit, in ihrer edelsten Gestalt ausgeprägt, verhältnismäßig beinahe am meisten auf den Thronen, großen und kleinen, findet. Dasselbe ist bei den Fürsten der sächsischen Häuser ganz vorzüglich der Fall." Das bestätigt zum Beispiel das schöne Verhältnis, wie es nach der Schilderung Ernsts II. von Coburg zwischen seinen engeren und weiteren Verwandten bestand. Besonders zwischen Vater und Kindern läßt sich kein innigerer Verkehr denken: „Wir waren sein täglicher liebster und beinahe ausschließlicher Umgang, ein schöneres Verhältnis zwischen einem Vater und seinen Söhnen wird man nicht leicht wiederfinden." —

Man darf glauben, daß sich ähnliche erfreuliche Züge auch in dem Familienleben eines Teiles des Adels, namentlich des Landadels, finden: nur fließen die Quellen über diese abgeschlosseneren Kreise spärlich. Dasselbe gilt von den ehrenfesten bürgerlichen Schichten, die den Familiensinn traditionell eifrig pflegten, ohne viel Wesens daraus zu machen. Es ist charakteristisch, daß zu Anfang des Jahrhunderts die Familienchroniken, die Hausbücher, die Träger der Familientradition und des Familienzusammenhangs, namentlich in dem kleinen Bürgertum noch ziemlich zahlreich sind. Aber auch das gebildete Bürgertum darf nicht nur nach den oben erwähnten Erscheinungen beurteilt werden. Das Bild, das Gustav Freytag in seinen Erinnerungen von seinem Elternhause entwirft, von dem tüchtigen Vater, dem Arzte und Bürgermeister in Kreuzburg und „der lieben Mutter," „einer hellen Gestalt, welche sich und anderen das Leben angenehm zu machen verstand, einer ausgezeichneten Wirtin," dies Bild stellt Freytag selbst als typisch hin: „Es war ein Haushalt, wie es viele tausende in Deutschland gab, und es waren Menschen darin, welche vielen tausend Anderen ihrer Zeit sehr ähnlich sahen. Es war auch ein Kinderleben, wie es in der Hauptsache allen Zeitgenossen verlief, deren Wachstum von liebenden Erziehern behütet wurde." —

Anders, aber auch nicht ungünstig, lagen und liegen die Verhältnisse bei dem Bauern. Der patriarchalische festgefügte Charakter der Familie ist bei ihm weitaus am besten erhalten, anmutige Züge freilich fehlen oft. Derbe Sitten sind allgemein, eng und einförmig fließt das Leben dahin ohne geistige Anregung. Aber der Familiensinn und -geist ist fest und unerschüttert. Was Möser im 18. Jahrhundert von den Osnabrücker Bauernhäusern sagte, das mag von vielen andern Gegenden auch noch in unserem Jahrhundert gelten — immer allerdings einen unabhängigen Bauernstand vorausgesetzt. Wo eine abhängige ländliche Bevölkerung lebte, da war der Familiensinn durch den herrschaftlichen Druck und die herrschaftlichen Ausschweifungen meist gründlich zerstört. Wie erfreulich sich aber das Familienleben auf größeren und altangestammten Bauerngütern gestaltete, das zeigt die Schilderung, die Eilers von seinem oldenburgischen Heimatsgut macht. Insbesondere tritt uns bei ihm das Walten der typischen deutschen Hausfrau entgegen. Sentimental war diese

Mutter nicht: "die Familienromane unserer Zeiten (der Mitte des Jahrhunderts), womit man den gebildeten Teil der Nation zu dem alten, schlichten und treuherzigen Familienleben vergangener Zeiten zurückführen will, würde sie höchst albern gefunden haben." Sie wußte besser, was eine Familie besagt. Ich kann mir nicht versagen, die Schilderung, die Eilers von dem Verhältnis seiner Eltern entwirft, hier anzuführen: "Mein Vater war ein denkender Mann, dem die Verstandes- uud Urteilsschwächen anderer, besonders der reichern Bauern und der Beamten, oft nur zu stark in die Augen sprangen. Er hatte einen Spottgeist, dessen er erst im Alter ganz Herr werden konnte. Die Liebe zu meiner Mutter hatte sich im Zusammenleben zu einer Art altgermanischer Verehrung gesteigert. Er glaubte wirklich, es sei etwas Heiliges in ihr, was ihm die Beachtung ihrer Ratschläge und Aussprüche zur Gewissenspflicht mache. In der That ließ er sie im Hause schalten und walten wie sie wollte und gab allem seinen Beifall, was sie that; nur daß er zuweilen über die häufigen Besuche der Nachbarinnen spottete, die er Schnattergänse (ole Göse) nannte und in Verdacht hatte, daß sie mehr des guten Kaffees als der Ratserholung wegen kämen. Sie dagegen betrachtete ihn als ihren Herrn, dem sie Gehorsam schuldig sei. Ohne seine Zustimmung unternahm sie nichts, was nur irgend von der gewöhnlichen Ordnung abwich." —

Bei der Beurteilung des Familienlebens muß man übrigens noch einen Umstand in Betracht ziehen, der meist übersehen wird, nämlich den Einfluß des Stammes, des Territoriums und der Geschichte dieses Territoriums. So besteht in dieser Beziehung ein ausgeprägter Unterschied zwischen Nord- und Süddeutschland, wie damals, so auch heute. Auch hier, wie in so vielen anderen Dingen erscheint der Norddeutsche in günstigerem Lichte. Von ihm gilt, was Wachsmuth einmal speziell vom Niedersachsen sagt: "so gehalten, gemessen, ja zugeknöpft der größere Teil des Sachsenstammes in der äußeren Ankündigung bei alltäglichen Begegnungen und so langwierig die einsilbige Abgeschlossenheit, so ist in dem trauten Versteck des Herzens das Gefühl von Freundschaft, Liebe und wohlwollender Gesinnung um so inniger und tiefer, je weniger es sich in äußerliche Kundgebung zerstreut." Ein solcher Charakter ist dem Familienleben besonders geneigt, und in der That nennen alle Beobachter den Norddeutschen familienhafter als den Süddeutschen. Karl Braun meint gelegentlich, jener sitze abends im Familienkreise, dieser in der Stammkneipe. Als Fleck in seiner 1837 erschienenen Reisebeschreibung auf das wenig erfreuliche Familienleben in München zu sprechen kommt, ruft er aus: „Wie ist es doch ein anderes Ding um Norddeutschland und um Süddeutschland!"

Nicht minder ist der Gegensatz zwischen Großstadt und Kleinstadt zu bedenken, ja selbst zwischen lebhaften und stillen größeren Städten. Weber konstatiert z. B. einen scharfen Gegensatz zwischen Berlin und Dresden. Er weiß neben Dresden keine große Hauptstadt, „wo die Häuslichkeit so an der Tagesordnung wäre."

Ziehen wir alle diese Momente genügend in Betracht und erinnern uns dessen, was oben über die unzweifelhaft gesunden Familienverhältnisse großer Schichten ausgeführt ist, so werden wir die allerdings zu Anfang des Jahrhunderts stark hervortretenden **Schattenseiten** ruhiger beurteilen. Um ein richtiges Bild zu gewinnen, müssen wir aber auch diese näher betrachten. Diese Schattenseiten erscheinen so stark, daß z. B. Reinbeck 1807, trotzdem er gegen milzsüchtige Deklamatoren eifert und die Häufigkeit von guten Ehen, braven Hausvätern und wackern Hausfrauen ausdrücklich feststellt, doch behauptet, daß „in der That seit einigen Jahrzehenden zwei schöne deutsche National-Tugenden sehr in Abnahme gerathen sind: Häuslichkeit und Familiensinn." Von der Haltung der Geistesaristokratie sprach ich schon. Weimar wurde von Jena, wo die Romantiker einen Hauptsitz hatten, weit übertroffen. Friedrich Schlegel lebte mit Dorothea Veit in „freier Liebe," nachdem diese sich hatte scheiden lassen und ihm von Berlin gefolgt war; von August Wilhelm Schlegel ließ sich die vielfach kompromittierte Karoline Michaelis scheiden und heiratete den Philosophen Schelling, der zuerst in Liebe zu ihrer verstorbenen Tochter entbrannt gewesen war. Ähnlich ging es in den verwandten Kreisen Berlins zu, wo der Prediger Schleiermacher für eine verheiratete Frau nach der andern — Jüdinnen und Christinnen — schwärmte, wo man mit teilnehmendem Interesse auf das Verhältnis des begabten Prinzen Louis Ferdinand mit der naiv-liederlichen Frau des Kriegsrats Wiesel sah, wo der ausschweifende Gentz gehätschelter Liebling der geistreichen Welt war. Was unter hohen Beamten möglich war, zeigt das Beispiel des Ministers von Hardenberg, der die Frau von Lenthe, die ihm zu Liebe ihren ersten Mann verließ, heiratete, dann aber ein Verhältnis mit der Schauspielerin Schönemann anknüpfte, die schließlich seine Gemahlin wurde. Als diese Verbindung übrigens schließlich doch getrennt wurde, tröstete sich die Schönemann alsbald mit einem anderen Freund, dem jüdischen Arzt Koref. Die Frivolität der französierten Geburtsaristokratie war überhaupt an vielen Orten unglaublich, namentlich in den Residenzstädten. Was von Coelln über verdorbene Weiber der Berliner vornehmen Gesellschaft erzählt, ist haarsträubend. In Weimar zeigte Geistes- und Geburtsaristokratie vereint bedenkliche Seiten. Nach Jean Paul gab es dort „keine Ehen". Ein großer Teil des deutschen Adels glaubte wie im 18. Jahrhundert das Vorrecht zu haben, seiner Genußsucht alles opfern zu können: die Ehe war keine Schranke. In den großen Städten wirkte dieses Beispiel sehr rasch auf weitere Kreise. Am schlimmsten waren die Zustände von jeher in Wien gewesen. Das Bild, das im 18. Jahrhundert Nicolai entwarf, hatte sich wenig geändert. Wenn ein Wiener Schriftsteller 1781 sagte: „Der Mann hat eine gute Freundin, die Frau einen guten Freund, beide sind angenehme Gäste, sie dienen zur Verschönerung des Ehestandes," so sagt im

19. Jahrhundert Karl Julius Weber: „Der echte Wiener hat neben seiner Frau noch ein hübsches Stubenmadel, und die Frau ihren Freund, der dem Manne die Pflicht des Ehestandes erleichtert und für den sie, wenn er krank wird, selbst Messen lesen läßt." — Für München ist schon eine Äußerung Flecks gestreift geworden. „Das Familienleben," heißt es bei ihm, „soll in München nach dem Urteil Erfahrener, bei vorherrschender Sinnenlust und Vergnügungssucht und vieler und leichter Verführung im Bürgerstande, nicht wohl gedeihen." — Daß auch Handelsstädte, wie Leipzig und Hamburg schlimme Zustände aufwiesen, darf nicht verschwiegen werden.

Nach alledem läßt sich ein durchweg günstiges Urteil über das deutsche Familienleben zu Anfang des Jahrhunderts nicht fällen. Sicherlich waren die Zustände aber bei weitem nicht so schlimm, wie in Frankreich. Hier war nach allgemeinem Urteil das Familienleben höchst locker. Fleck hält die „Demoralisation der Ehe für ein unläugbares Faktum." Mit gerechtem Sinn fügt er aber hinzu: „Dabei ist jedoch ebensowenig in Abrede zu stellen, daß es noch viele liebenswürdige und ehrenwerte Familienkreise in Paris und in dem übrigen Frankreich giebt, welche in diesen Eigenschaften wohl die anderer Länder übertreffen." Ja ein anderer Beobachter, Heinrich Berghaus, geht noch viel weiter: er weist darauf hin, daß sich „bis zu den höchsten Ständen hinauf" Mädchen wie Frauen den Franzosen bei ihrer Besetzung Deutschlands in die Arme geworfen hätten, während bei der Besetzung des französischen Nordens durch die Preußen 1814 die Französinnen der gebildeten Stände sich durchaus sittsam benommen hätten.

Immerhin stand bei den romanischen Nationen das Familienleben von jeher nicht in gutem Ruf. Über die Spanier z. B. schreibt der Vater Rudolf Schleidens 1805: „Von deutscher Treue hat man hier keine Ahnung. Denn wer einer schönen Frau die Cour nicht macht, ist im Verdachte, Geliebter einer anderen zu sein." — —

Diese Zustände sind in der Gegenwart bei jenen

Völkern wesentlich anders nicht geworden. Über das Thema der modernen Pariser Ehen zu reden, mag bei dem Überfluß der französischen Ehebruchdramen, die allerdings durchaus keine typischen Zustände schildern, unnötig sein. Viele Pariser Damen wollen alles andere eher sein, als Familien- und Hausmütter. Sie gewinnen durch die Ehe an Pikanterie — weiter nichts. In der Provinz und auch in Paris selbst herrschen gewiß auch andere Zustände. Aber das Familienleben leidet in Frankreich durch das Überwiegen der Vernunftheiraten. Auch in Italien, wo ja überhaupt wenig Sinn für das Familienleben herrscht und die meiste Zeit außerhalb des Hauses verbracht wird, sind die Ehen nach dem Ausspruch Mantegazzas ein Geschäft: den Mädchen fehlt das Recht der freien Wahl. Gerade auf Deutschland weist Mantegazza in dieser Beziehung als Muster hin.

Nach 1848 finden wir in Deutschland in der That — ganz abgesehen von den erwähnten früheren Resten gesunden Geistes — die entschiedensten Anzeichen von einer schönen Kräftigung des Familiengeistes, von einem wirklichen Interesse für Familie und Haus. Nehmen wir wieder die schöne Litteratur zum Zeugen, so finden wir bei den neueren Dichtern gar viele, die Haus und Familie gefeiert haben, Rückert und Uhland, Chamisso, Geibel und Redwitz. Und ebenso finden wir in Roman und Novelle das Familienleben im Vordergrund des Interesses; es sei an Freytag und Riehl, Storm und Reuter erinnert. Die Bauern- und Dorfgeschichten ferner, die damals Mode wurden, stellten zwar die Bauern etwas sehr städtisch-sentimental und modern empfindend dar, sind aber doch ebenfalls ein Zeichen für das neu erwachte Interesse am Leben der kleinen Kreise, des Hauses, der Familie. Und dasselbe Interesse zeigt sich in der Kunst, insbesondere in der Malerei; es sei nur der Name Ludwig Richters genannt. Und ähnlich im öffentlichen Leben. Die Mächte der Familie und des Hauses, früher verspottet, dann in der politischen Sturm- und Drangperiode als Hinderungsmomente angesehen oder über dem Wirken in der Öffentlichkeit vergessen, gewannen jetzt eine andere Bedeutung. Überall suchte man in das „abgestandene Familienleben" neue Kraft zu bringen. Der tiefere historische Sinn, der sich in den fünfziger Jahren überall zeigt, der das Interesse an dem privaten Leben, an den Sitten und Zuständen, am Volkstum als solchem in den Vordergrund schiebt, dieser Sinn konnte den Familiensinn nur fördern. „Die Wissenschaft", sagt Riehl in seinem Buch „die Familie", das selbst ein Zeichen des Wiederauflebens des Familiengeistes war, „ist von der Idee des abstrakten Vertrags- und Rechtsstaates umgekehrt zur Erkenntnis und Würdigung der organischen Volkspersönlichkeit bei der Herausbildung der öffentlichen Rechtszustände. Damit ist der Familie der rechte Platz gewonnen in der Staatswissenschaft. Die Kirche nimmt sich des Hauses wieder an. Das Haus ist überhaupt wieder ein Gegenstand des öffentlichen Interesses geworden, und gar manche vergessene Sitte desselben wird gegenwärtig restauriert. Die Aristokratie sucht ihre alten Hausgesetze wieder hervor, die sie vor fünfzig Jahren als alten Plunder verlacht hat. Die Regierungen denken wieder an Gesetze zur Erweiterung der Fideikommisse, zur Neubegründung und Festigung von bäuerlichen Erbgütern." Hier spricht der konservative Sozialpolitiker, der manche Momente stärker hervorhebt, als sie verdienen. Immerhin finden wir die geschilderte Strömung auf allen Gebieten deutschen Lebens wieder. Sicherlich hat zu ihrer Kräftigung aber auch die politische Mündigwerdung des Bürgertums außerordentlich beigetragen. Mit dem Bürgertum siegte die bürgerliche Moral, sie verlangte auch von den vornehmen Kreisen bürgerlich-anständige Sitten. Wie man jetzt mit Vorliebe von „bürgerlichem Haushalt", von „bürgerlicher Ehre" sprach, so stellte man auch im häuslichen Leben die bürgerliche Ehrbarkeit als erstes Prinzip hin und wandte sich von aller Romantik ab.

Nun soll freilich nicht verkannt werden, daß gerade die neue bürgerliche Gesellschaft zum Teil wieder einen gewissen Verfall der Familie herbeiführte. Es sind die kapitalistischen Kreise der großen Städte, in denen Genußsucht und Frivolität hier und da die Bande des Familienlebens stark gelockert haben. Aber derartige Erscheinungen sind nun einmal für das Großstadtleben charakteristisch: ein Bild, wie es Sudermann in „Sodoms Ende" entwirft, darf nicht als typisch gelten. Auf der andern Seite mag das materielle Interesse, das seit dem wirtschaftlichen Aufschwung die Menschen weit mehr beherrscht als früher, allerdings dem Familiengeist wenig förderlich sein: darauf wirft das Heiratsannoncenwesen, auf das ich noch zurückkomme, allerdings ein bezeichnendes Licht. Endlich steht die Gegenwart in einer das Familienleben sehr fördernden Beziehung hinter der Vergangenheit sogar zurück. Die immer stärkere Fluktuation der Bevölkerung wirft heute alles durch- und auseinander; früher bestand ein engerer Zusammenhang zwischen den verwandten Familien; an vielen Orten bestanden förmliche Familienverbände, die heute auseinandergesprengt und zum Teil auch innerlich zerrissen sind. Durch dasselbe Moment sind ferner, wie wir schon gesehen haben, die Mietswohnungen an Stelle der eigenen Häuser getreten. Zweifellos ist aber für die Familie der Besitz eines Hauses ein starkes und festes Band: das zeigen die Verhältnisse auf dem Lande. Mit dem Rückgang desselben hängt sicherlich auch das Zurückgehen der Familiengastfreundschaft zusammen, die früher viel stärker war. Der trotz alledem gegen den Anfang des Jahrhunderts erstarkte Familiengeist zeigt sich nun aber gerade auch darin, daß der Bemittelte jetzt doch wieder stärker nach dem Besitz eigener Häuser strebt. Es scheint gerade eine Folge des rastlosen Getriebes der Gegenwart zu sein, daß die Sehnsucht nach einem ruhigen eigenen Besitz so zunimmt.

Ein weiteres der Gegenwart eigentümliches Element, das die Familie gefährdet, ist das ausgedehnte Kneipenleben, das sich der Steigerung des Bierkonsums entsprechend gehoben hat. Doch werden wir später sehen, daß der Mann auch früher, wenn auch in anderer Form, die Geselligkeit außerhalb des Hauses stark gepflegt hat. Für die niederen Klassen muß endlich der Einfluß der neuen wirtschaftlichen Verhältnisse hervorgehoben werden. Nicht blos die Wohnungsnot der großen Städte, nicht blos Armut und Elend, nicht nur die Beschäftigung in den Industrien überhaupt, die Mann, Weib und Kinder völlig in Beschlag nimmt, auch die verderblichen Anschauungen, die sich dieser Kreise über den Unwert von Familie und Haus bemächtigt haben, haben hier allerdings einen tiefen Niedergang des Familienlebens bewirkt. Aber er darf nicht übertrieben werden. Liest man die Schilderungen vieler moderner Nationalökonomen, die übrigens sehr stereotyp sind, so können dem Leser allerdings die Haare zu Berge stehen. Da finden wir die Frauen und Mädchen, die in die Fabriken getrieben werden, die sittlich bis zum äußersten verkommen und verkommene Nachkommen erzeugen. Die Mädchen lernen nichts vom Haushalt, die Frauen kümmern sich nicht darum, die Kinder wachsen in vollständiger Verwahrlosung auf, der Mann liegt im Wirtshaus und so fort. Wieder finden wir hier die verkehrte Generalisierung. Immerhin muß eine gewisse Familienlosigkeit des heutigen Proletariats zugegeben werden. Aber es fehlt nicht an den erfreulichsten Bestrebungen, ihm Familienleben und Familiensinn wieder zu gewinnen.

Ich habe die Momente, die das heutige Familienleben bei uns ungünstig beeinflussen, nicht verschwiegen — von dem individuellen Leichtsinn der einzelnen, der ja hier und da immer hervortreten wird, sehe ich natürlich ab —: im großen und ganzen meine ich aber doch, daß das deutsche Familienleben sich auch heute ebenso wie das englische vor dem der anderen Nationen auszeichnet, daß es sogar gegen den Anfang des Jahrhunderts entschiedene Fortschritte gemacht hat. In allen Klassen der Nation wird man nicht nur wahre Anhänglichkeit an die Familie seitens der Kinder, nicht nur opferwillige Pflichttreue der Eltern, nicht nur Selbstverständlichkeit der ehelichen Treue, sondern auch ein wirkliches Ausüben häuslicher Tugenden, ein wirkliches Familienleben finden. Um wie für die frühere Zeit ein

Beispiel zu geben, so erinnere ich an das Familienleben des Kronprinzen Friedrich Wilhelm, des nachmaligen Kaisers Friedrich, das englischen und deutschen Familiensinn schön vereint zeigte. Und dann sehe man auch einmal in den großen Städten hinein in die Familien der kinderreichen kleinen Handwerker oder besseren Arbeiter. Die Frauen bieten da durchaus das Bild ewig thätiger Hausfrauen. Ja sie sind stark überlastet und oft von bitteren Sorgen gequält. Und doch bewahren sie — abgesehen eben von denen, die sich von den sozialdemokratischen Anschauungen mehr oder weniger beeinflussen lassen —, eine rührende Sorgfalt um das Wohl von Mann und Kindern, eine stete Unermüdlichkeit und eine hoffnungsfreudige, nicht verbitterte, wenn auch von vorübergehendem Zank und Ärger nicht freie Stimmung, ebenso wie der Mann Anhänglichkeit an Frau und Kind und treues Pflichtgefühl. Und wie steht es bei den wohlhabenden Klassen? Man darf wieder nicht die Extreme betonen, etwa die amerikanischen Familienverhältnisse, wo der Mann in Erwerbssucht aufgeht, die Frau, ohne sich um den Haushalt zu kümmern, ihren gesellschaftlichen Neigungen oder ihren Bildungsinteressen nach Gefallen nachgeht, wo ganze Familien wegen der allerdings in Amerika großen Kostspieligkeit und Unbequemlichkeit der eigenen Haushaltung das Leben in Hôtels vorziehen. Aber auch in Amerika wird man häufig ein gesundes und glückliches Familienleben finden, das sich dem englischen nähert. Wie übertrieben ist es ferner, die heutige Gesellschaftssucht als familienzerrüttendes Moment hinzustellen. Das gesellige Leben war früher auch stark, und wenn heute viele Frauen ganz in der Gesellschaft aufgehen, manchmal auch aufgehen müssen und von einer Gesellschaft zur andern eilen, so ist das früher sicher auch vorgekommen — man wird im nächsten Abschnitt über das gesellige Leben der Vergangenheit dafür Beweise finden.*) Die Klagen über die modernen

---

*) Ich will hier schon eine Stelle aus Hauffs Bettlerin vom Pont des Arts anführen, die sich mit den modernen Klagen völlig deckt: „Eine Dame der sogenannten guten Gesellschaft empfängt jede Woche Abendbesuche bei sich; sechsmal in der Woche giebt sie solche heim."

Mütter, die von der Geselligkeit überreizt, bis spät in den Tag hinein schlafen, die die Kinder nur beim Essen sehen, niemals mit ihnen sich ernstlich beschäftigen, sie vielmehr als Last betrachten, sind überdies garnicht einmal berechtigt. Wo sind denn die Frauen, die jeden Morgen Visiten machen, Mittags zum Diner und Abends zum Souper oder zu Vergnügungen gehen? Sie beschränken sich doch nur auf gewisse großstädtische Kreise. Ist es denn wirklich richtig, daß die heutige städtische Geselligkeit das Familienleben völlig ruiniert hat, daß die Frauen der besseren Stände, die Kinder haben, nie bei ihnen zu Hause bleiben? Ist es denn wirklich richtig, daß es bei den reichen Leuten „keine Kinder mehr giebt," daß sie in Putz und Vergnügen früh blasiert werden, daß ihr Kindheitsleben ihnen systematisch genommen wird?

Schon die bloße Fragestellung zeigt das Unhaltbare dieser Ansichten. Daß ich aber unsere heutigen Zustände für absolut musterhafte halte, ist damit nicht gesagt. Die Kritik an den gesellschaftlichen Verhältnissen der Gegenwart ist durchaus notwendig und berechtigt. Hier aber, wo wir objektiv die Licht- wie die Schattenseiten zu erkennen suchen, mußte sie auf ihr richtiges Maß zurückgeführt werden. —

Der Schilderung der Einzelheiten des Familienlebens mögen einige Worte über die Begründung der Familie vorausgeschickt werden. Unzweifelhaft ist die Begründung derselben einerseits heute mehr erschwert und wird doch wieder andererseits leichtsinniger unternommen, als zu Anfang des Jahrhunderts. Die Zahl der Ehen nahm zu Anfang des Jahrhunderts gegenüber dem vorigen — soweit man nach dem vorhandenen, spärlichen statistischen Material urteilen kann — zu. Ob spät oder früh geheiratet wurde, läßt sich allgemein nicht feststellen: die einen meinen dies, die einen jenes. Jedenfalls waren aber leichtsinnige Ehen viel seltener als heute. Für die unteren Klassen kamen die heute aufgehobenen Beschränkungen der sozialen und wirtschaftlichen Existenz — Leibeigenschaft, Mangel der Freizügigkeit, Zunftzwang u. a.

— als Hinderungsmomente in Betracht. Im allgemeinen aber ist der Hauptgrund der damals noch sehr verbreitete nüchterne Sinn, der die Vernunftheirat und nicht die Liebesheirat zur Regel machte. Freilich hatte sich gerade im achtzehnten Jahrhundert eine Verinnerlichung der Auffassung anzubahnen begonnen. Aber die Neigungsheirat ist doch erst in unserer Zeit eine sittliche Forderung geworden, gegen die der materielle Sinn der neuesten Zeit allerdings wieder stärker sündigt. Zu Anfang des Jahrhunderts galt aber vielfach noch die Praxis der Vergangenheit. Was der Bauer, auch der Kaufmann in der Regel noch heute thut, das that damals der Bürger überhaupt. Man wählte nach den Vermögensverhältnissen. Die beiderseitigen Familien traten wie Parteien zusammen und berieten eingehend über das Heiratsgut, bis nach langen, umständlichen Verhandlungen das Verlöbnis geschlossen wurde. Zuweilen mochte dabei von Liebe gar keine Rede sein, und etwas ähnliches sich ereignen, wie es Schleidens Mutter von der Verlobung ihrer Mutter in den achtziger Jahren des vorigen Jahrhunderts erzählt: „Als ihr Vater ihr sagte: „Du wirst Dich verheiraten, ich habe Dich verlobt," hatte sie nicht den Mut zu fragen mit wem? sondern machte nur eine Verbeugung und erwiderte mit zitternder Stimme: „Wie Sie befehlen!" In der Regel war doch aber eine nähere Bekanntschaft der zu Verlobenden vorhergegangen, die Paare durch Neigung zusammengeführt. Aber auch bei Neigungsheiraten ging man überlegt vor. Als Professor Hegewisch in Kiel 1814 um die Hand Caroline von Linstows angehalten hatte, schreibt diese ihren Eltern: „Eurem Willen werde ich mich unterwerfen, doch andre Pläne macht nicht mit mir, denn ich könnte, ohne zu betrügen, doch keines andern Mannes Frau werden, der bekäme nimmer mein Herz mit. Leidenschaftlich ist weder Hegewisch noch ich verfahren, er hat sehr lange gezögert, ehe er sprach, weil er seine Lage nicht gut genug fand. Durch Einmischung Andrer hielt er es für seine Pflicht zu sprechen und nun verstanden wir einander." — Die Neigungsheirat wurde

dann immer mehr die Regel und trotz aller unerfreulichen
Erscheinungen kann man gerade aus der heutigen Kritik
an der Geldheirat sehen, daß gerade diese heute mehr als
je als unsittlich angesehen wird. Freilich ist sie darum
doch überaus häufig, wenn auch nicht so häufig, wie es
nach den stereotypen Witzen der Fliegenden Blätter, nach
den sozialkritischen Schriften der Gegenwart scheinen könnte.
In der modernen jüngeren Generation herrscht allerdings
vielfach eine geradezu cynische Lebensauffassung. Bei den
einen ist es der Wunsch, ein Leben voll materiellen Ge=
nusses führen zu können, bei den andern das egoistische
Strebertum, der Wunsch, Carrière zu machen, der die Augen
des Bewerbers lediglich nach den Geldsäcken der Mädchen
suchen läßt. Das Streben nach Geldheiraten hat die
Heiratsbureaux, hat vor allen Dingen auch das Heirats=
annoncenwesen zum Teil mit hervorgerufen. Hinter den
Heiratsannoncen steckt allerdings — abgesehen von dem
Schwindel, der damit getrieben wird — zum Teil die
liebebürstende ältere Jungfrau, die nach sonstigen fehl=
geschlagenen Versuchen sich durch dieses Mittel einen Mann
erobern möchte. — Am meisten blühen die Geldheiraten
im heutigen Amerika und zwar dort durch die Schuld der
Frauen. Den jungen Damen sind unsere europäischen
Sentimentalitäten fremd; die Ehe soll ihnen ein glänzendes
und unabhängiges Leben sichern; im übrigen wird sie mehr
als eine Last empfunden. Solche Anschauungen erklären
auch die zahlreichen Ehescheidungen, die dort ebenso er=
leichtert sind, wie das Eingehen der Ehen. In Deutschland
überwiegen trotz der erwähnten Erscheinungen doch die
Neigungsheiraten, namentlich in den mittleren und unteren
Schichten. Doch ist schon oben betont, daß der Mangel
an der früheren Bedächtigkeit häufig zu leichtsinnigen Ehen
führt.

Die Sitte der gedruckten Verlobungsanzeigen hat sich
erst mit der steigenden Verbesserung der Verkehrsverhältnisse,
der Zersplitterung der Verwandten und Bekannten ausgebildet.
Die Zeitungsanzeige lautete auch schon früher häufig so:

„Als Verlobte empfehlen sich u. s. w." Der Brautstand dauerte früher in der Regel längere Zeit — man wollte sich gegenseitig kennen lernen —, während heute zwar auch die sehnsüchtig wartenden Paare nicht selten sind, dafür aber auch oft nach sehr kurzem Brautstand, der damit eine reine Förmlichkeit wird, geheiratet wird. — Über die Hochzeit selbst wäre außerordentlich viel beizubringen, wenn man die namentlich auf dem Lande dabei herrschenden Bräuche erschöpfend behandeln wollte. Aber so gut ich es unterlassen mußte, die verschiedenen mannigfachen Formen der Brautwerbung, z. B. das Fenstern, zu schildern, so wenig kann ich mich hier über die zahllosen ländlichen Hochzeitsbräuche, über das Hochzeitladen, den Brautwagen, den Hochzeitszug, die Geschenk-, Tanz- und Bewirtungssitten verbreiten. Es sind das höchst interessante, zum Teil sehr alte Sitten, die sich auf dem Lande in unser Jahrhundert hinübergerettet haben, deren Behandlung aber eine eigene volkskundliche Monographie erfordern würde. Überdies würden weniger die Sitten selber als ihr Nachlassen für unser Jahrhundert speziell charakteristisch sein. Ich muß mich also auf die Sitten der städtischen Schichten beschränken. Auch da ist zunächst bemerkenswert, daß gerade zu Anfang unseres Jahrhunderts, auch schon früher, vielfach mit den bisherigen alten Sitten gebrochen wurde. Mit der französischen Revolution und den darauf folgenden schweren Zeitläuften wurde vieles zu Grabe getragen. Seit dem ausgehenden Mittelalter hatten die Obrigkeiten gegen den Aufwand und den Luxus bei Hochzeiten geeifert und Ordnungen über Ordnungen erlassen. Was die Gewalt nicht fertig brachte, brachte die Zeit durch die Änderung der wirtschaftliche Verhältnisse fertig. Früher waren auch die Verlobungen (Versprechungen) in großem Kreise gefeiert, jetzt feierte man sie in der Familie; eine Hochzeit war früher ein die ganze Stadt beschäftigendes, Tage lang dauerndes und auch für Ungeladene genußreiches Fest, jetzt schränkte man sich auch darin ein und versammelte häufig nur einen kleinen Familienkreis. In der Leipziger Modenzeitung wird 1819 der Rückgang der Hochzeitsfeste beklagt, weil dadurch zur Erschlaffung der Familienbande beigetragen würde. „Je reicher und mächtiger Jemand heut zu Tage ist, desto weniger Aufsehen macht er bei der Feier seiner Hochzeit; in der Stille führt er seine Braut zum Traualtar. Von Luxus und Pracht, welche sonst in angesehenen Familien so gewöhnlich waren, bemerkt man selten noch Beispiele." Mit den großen Festlichkeiten verschwand auch eine Sitte, die im 17. und 18. Jahrhundert besonders geblüht hatte, die der gedruckten Hochzeitsgedichte, in denen an Geschmacklosigkeiten, blumigen und gezierten Redewendungen, Gedanken- und Wortverrenkungen das Unglaublichste geleistet wurde. Neben den Gedichten gab es musikalische Kompositionen, selbst gelehrte Abhandlungen. Alles das kommt kaum über den Anfang unseres Jahrhunderts hinaus vor. Die bunten Brautkleider des vorigen Jahrhunderts verschwanden vor dem weißen Kleid, wie weiß überhaupt seit der Einführung der griechischen Frauentracht beliebt wurde. Statt der Brautkronen begann man Myrthenkränze zu tragen. Daß einige Sitten sich noch hier und da länger hielten, ist erklärlich. So berichtet das Journal des Luxus und der Moden, daß noch 1813 in La Rochelle die Sitte bestand, daß die Neuvermählte drei Tage lang „zur Schau war" und in größtem Putz die Besuche der ganzen Stadt empfing. Was sich sonst bei europäischen Nationen noch für Bräuche kürzere oder längere Zeit gehalten haben, wie bei den Russen der öffentliche Aufzug bei Hochzeiten, muß ich hier übergehen. — Als Hauptfestlichkeit der Hochzeit bildete sich in unserem Jahrhundert namentlich in Norddeutschland der Polterabend, bei dem es sehr hoch hergeht, aus. Das „Poltern", d. h. das Zertrümmern von Geschirr vor dem Hause, ist eine alte Sitte. Auch hierüber rümpfte das „gebildete" Jahrhundert die Nase. So erläßt der Naumburger Rat 1812 eine scharfe Warnung gegen diejenigen, „welche an der die Wohlanständigkeit beleidigenden, die Ruhe anderer störenden, höchst unsittlichen und pöbelhaften Feier des sogenannten Polterabends bei Hochzeiten durch das Werfen und Zerschlagen irdener Gefäße vor der Thüre der Braut zeithero Theil genommen haben oder in der Folge zu nehmen sich beigehen lassen." Die Sitte ist in mittleren und kleineren Städten heute noch nicht ausgestorben, im allgemeinen aber abgekommen. Man interessiert sich heute — abgesehen von einigen von weiblicher Neugierde getriebenen Frauen und Mädchen — auch nicht mehr so sehr für die Hochzeitsleute, man kennt sie nicht, man weiß von ihnen nichts. Seit der Mitte des Jahrhunderts sind die Hochzeitsreisen unmittelbar nach der Hochzeit allgemein geworden, scheinen aber heute wieder an Beliebtheit zu verlieren.

Die vollzogene Vermählung machte man auch schon zu Anfang des Jahrhunderts durch die Zeitung bekannt, natürlich aber nicht so allgemein, wie heute. Die Form der Anzeige war kürzer als die der noch zu besprechenden Todesanzeige, zeigte aber noch hin und wieder den gefühlsseligen Charakter des 18. Jahrhunderts. So lautet eine Anzeige des Ehepaars Martens in der Leipziger Zeitung 1831: „Gestern erhielt der längst geschlossene Bund unserer Herzen in der Kirche zu Kleinzschocher die kirchliche Weihe. Dies teilnehmenden Freunden hiermit zur Nachricht." Meist aber hieß es kurz: „Unsere heute vollzogene Verbindung zeigen wir ergebenst an."

Kurz und den unserigen ähnlich waren auch die Geburtsanzeigen gehalten. „Die glückliche Entbindung u. s. w. zeigt an, oder an dem und dem wurde meine Frau Gottlob glücklich entbunden," hieß es zu Anfang des Jahrhunderts am häufigsten. Zeremonieller lautet eine Anzeige des Majors von Göphardt in der Leipziger Zeitung 1831: „Die ganz ergebenste Anzeige der am 8. dieses Abends $^1/_4$11 zu Dreßden erfolgten leichten und glücklichen Entbindung seiner geliebten Frau, geb. von Schelcher, von einem gesunden, starken Mädchen (das dritte Kind) bittet Verwandte, Freunde und Gönner auf diesem Wege gütigst zu genehmigen." — In derselben Zeitung (Nr. 137) heißt es einmal: „Heute wurden wir Eltern eines gesunden Knaben. Wer uns wohl will, wird bei dieser Nachricht theilnehmend unserer gedenken." Bei der Geburt eines Kindes pflegte man zu Anfang des Jahrhunderts ebenso wie heute den übrigen Kindern Geschenke, die der Storch mitgebracht hat, zu geben. Früher wurde dem Kinde oft, z. B. in Schleswig-Holstein, gleich nach der Geburt „ein Häubchen von feinem Linnen mit einem schwarzen Kreuz aus Tuch darauf mit einem roten und gelben Bande sehr fest um den Kopf gebunden." — Kinderwagen gab es früher nicht.

Die Taufgebräuche haben sich in diesem Jahrhundert nicht wesentlich geändert. Die Taufen im Hause sind aber in der guten Gesellschaft allgemein geworden. Das Tauffest, niederdeutsch Kindelbier, wird noch immer mit einer gewissen Üppigkeit begangen, wenn auch hier der Luxus der früheren Zeit schon zu Anfang des Jahrhunderts verschwand. Die Pathen bewahrten früher ein engeres Verhältnis zu dem Kinde als heute. Der Herr Gevatter ist heute in dem Familienkreise so ziemlich vergessen. Auf dem Lande wurde und wird noch vielfach der Kirchgang der Wöchnerin als ein festliches Ereignis, bei dem eine Reihe hergebrachter Sitten beobachtet werden mußten, betrachtet.

Ein interessantes Kapitel ist die Entwickelung der Taufnamen, wobei ich mich auf die deutschen beschränke. Das 17. und 18. Jahrhundert hatten insbesondere alt- und neutestamentliche, sowie kirchliche Vornamen gepflegt, im 18. war noch eine Spielart hinzugetreten, die ihren Ursprung wohl in der pietistischen Bewegung hat, die Namen Fürchtegott, Gotthelf u. s. w. Gegen Ende des Jahrhunderts trat sodann eine entschiedene Vorliebe für Namen aus Romanen und Schauspielen, überhaupt der sonderbare Namen ein. Diese Mode pflegte man zu Anfang des 19. Jahrhunderts weiter, ebenso die Vorliebe für fremde Namen, die Isabellen, Babetten, Olgas, Mollys u. s. w. Dagegen verschwanden die frommen Namen mehr und mehr, ebenso wie die früher übliche Form der Doppelnamen. Statt des Johann Christian gab es jetzt Abolars, statt der Anna Susanna Seraphinen und Blandinen. In Naumburg soll damals ein Bäckermeister die Namen „Hidalgo Chrysogen" geführt haben. Die Johanns und Christians dauerten nur auf dem Lande fort. Neben den romantischen Namen verdrängten auch andere das frühere Namengut. Dolz führt 1825 z. B. als häufig an: Emil, Gustav, Aurelie, Emma, Mathilde, Natalie. Im allgemeinen charakterisiert unser Jahrhundert in dieser Beziehung ein konfuser Eclecticismus und die Sucht aufzufallen. Auch in neuerer Zeit fallen seltsame Namen auf; so Erdmandine, Ilsa, Lydia, Gunda, Toska oder Harry, Erwin, Egon. Der Wagnerkultus brachte die Siegfrieds, Isolden und Elsas. In manchen Namen wieder äußern sich die Einflüsse politischer Vorgänge. Mancher Verehrer des großen Korsen nannte seinen Knaben Napoleon; das neue deutsche Reich hat den Namen Wilhelm sehr beliebt gemacht; heißspornige Politiker nannten ihre Knaben „Waldeck", ein Sozialdemokrat seine Tochter „Lassaline". Weiter ist unsere Zeit an besonderen Narrheiten reich. Nach der „Vossischen Zeitung" sollen die Kinder einer Familie in Krossen Sonne, Mond und Sterne geheißen haben; als ein Kind starb und bald darauf ein anderes ankam, wurde dieses „Wiedersehen" getauft; ein niederschlesischer Oberförster wollte seinen Sohn Homer taufen u. s. w. Neuerdings ist dann eine Vorliebe für deutschmittelalterliche Namen entsprechend der stärkeren Pflege des Nationalgefühls bemerkbar geworden. Beim Adel haben sich diese Namen vielfach seit früher erhalten, werden aber jetzt noch mehr bevorzugt. Auch sonst werden die Walther, Werner, Dietrich, Hugo, die Hildegard, Adelheid u. s. w. häufiger. Als beliebte Durchschnittsnamen können aber heute u. A. etwa folgende gelten: Karl, Otto, Paul, Wilhelm, Adolf, Fritz, Max, Richard und Anna, Marie, Martha, Emma, Elisabeth, Margarethe, Helene. Im allgemeinen ist der Mischmasch der Namen bezeichnend für den heutigen Bildungsmischmasch.

Die Kinderpflege und Kindererziehung ist in

unserem Jahrhundert eine entschieden bessere geworden als im vorigen, dank den großen pädagogischen Reformbestrebungen des vorigen Jahrhunderts. Es ist ein entschiedener Irrtum, wenn Riehl in den fünfziger Jahren meinte: „Es gehört jetzt zum vornehmen Ton, die Kinder so früh als möglich aus dem Hause zu schaffen oder sie wenigstens im Hause ganz an einen gemieteten Hofmeister abzugeben." Es ist das vielmehr der Rest der Unsitten des 18. Jahrhunderts. Die moralischen Wochenschriften, Rousseau, die deutschen Philanthropen, alle eifern gegen die Gewohnheit, die kleinen Kinder den Ammen zu überlassen. Sehr viele junge Leben sind durch solche Gewissenlosigkeit zu Grunde gegangen. Weiter war früher der Hofmeister ein stehendes Inventarstück eines adeligen oder gut bürgerlichen Hauses. Der Mangel an guten Schulen konnte die Sitte berechtigt erscheinen lassen, der wesentliche Grund für viele war aber die Sucht, es den Vornehmen nachzumachen und den Kindern die kavaliermäßige Erziehung angedeihen zu lassen. Nach vielen Stimmen zu schließen, waren gute Erzieher eine große Seltenheit: mit ganzem Herzen war kaum einer dabei.

Um die Wende unseres Jahrhunderts ist in diesen Dingen eine deutliche Wirkung der Reformschriften zu erkennen. Das Selbststillen der Mütter wird immer häufiger, die Kinderpflege vernünftiger, wie z. B. das thörichte Einschnüren der kindlichen Gliedmaßen mehr und mehr aufhörte; bis 1860 war es freilich noch häufig genug. Den Unterricht und die Erziehung durch Hofmeister verdrängte das sich immer mehr verbessernde öffentliche Schulwesen, wenngleich wir zu Anfang des Jahrhunderts noch häufig Hofmeister auch in bürgerlichen Häusern finden. Der heutige Hauslehrer ist mehr ein Notbehelf ländlicher Familien, die ihre Kinder nicht dem geregelten städtischen Schulunterricht zuführen können. Dagegen waren Gouvernanten, namentlich auch französische Gouvernannten, für die Mädchen in der ersten Hälfte unseres Jahrhunderts fast häufiger geworden als im vorigen. Sie kamen gegen Ende desselben auf, als man sich um die bisher vernachlässigte Mädchenerziehung mehr kümmerte; sie sind dann mit der fortschreitenden Entwickelung der Mädchenschulen allmählich seltener geworden.

Mit dem neuen Jahrhundert ist vieles besser geworden: sehr segensreich haben viele Erziehungsanstalten gewirkt, die die Theorieen der Reformer zu verwirklichen suchten. Manches thörichte Vorurteil schwand, z. B. durften früher viele Knaben bei Leibe nicht im Flusse baden und schwimmen lernen. Die körperliche Erziehung gewann durch die neuen turnerischen Übungen, die immer allgemeinere Wertschätzung fanden. Offiziell wurde in Preußen der Turnunterricht erst 1842 eingeführt. Die neuen Anschauungen verdrängten auch das barbarische Prügeln, das früher vielfach als das einzige Erziehungsmittel angesehen wurde, langsam. Der „Hundelantschuh" war als Züchtigungsinstrument z. B. noch lange in Gebrauch, die „Rute" noch länger. In der Minderung der körperlichen Züchtigung scheint man neuerdings freilich viel zu weit zu gehen. Die humane Ansicht des Justizrats Schröder bei Reuter: „Ich schlage nie mein Kind, mein Kind ist mein Freund", wird in der Praxis kaum durchzuführen sein, oder ihre Durchführung wird schwerlich zu guten Resultaten führen. — Neuerdings machen sich in den Erziehungsgrundsätzen entschieden amerikanisch-englische Einflüsse trotz starker Gegnerschaft geltend. Dem amerikanischen Kinde — ich folge hier Diercks — wird von Anfang an größere Freiheit gewährt, als dem unserigen. Steckkissen und schwere Betten im Kinderwagen engen es nicht ein; in seinen Handlungen wird es möglichst wenig bevormundet; Körperstrafen werden vermieden; Erfahrung soll klug machen. Lebensfreude und Spielsucht werden nicht eingeschränkt; Knaben und Mädchen werden nicht getrennt; man schreibt vielmehr dem beständigen Wechselverkehr sehr günstige erzieherische Resultate zu. Überall wird das Kind zur Selbstthätigkeit, zur individuellen Selbständigkeit erzogen; der Wissenstrieb wird eifrig gepflegt, ohne allzu frühe Geistesanstrengung; der geistigen

Thätigkeit wird weiter durch ausgedehnte Pflege körperlicher Übungen und Spiele ein natürliches Gegengewicht entgegengesetzt. Auch der reiferen Jugend läßt der Amerikaner die größtmögliche Freiheit, ohne etwa dadurch eine größere Genußsucht herbeizuführen. Das Praktische und Gesunde solcher Grundsätze hat auf dem Wege über England, wie gesagt, vielfach unser europäisches Erziehungswesen schon stark beeinflußt.

Ein Wort sei über die Spielsachen der Kinder gesagt. Im allgemeinen macht sich in ihnen eine merkwürdig geringe Änderung geltend. Zu Anfang des Jahrhunderts spielte man mit Bällen, Kugeln und Reifen, mit Soldaten, mit Flinte und Säbel, mit Trommeln und Trompeten, mit Wagen und Menagerien und ließ Drachen steigen, ebenso wie heute. Die Laterna magica war schon damals sehr beliebt, mehr vielleicht als jetzt. Daß die moderne ausgebildete Industrie viele der alten Spielsachen zu größter Vollkommenheit ausgebildet hat, ist freilich hervorzuheben. Noch in den sechziger Jahren schnitt sich der Junge seine Soldaten aus bunten Bilderbogen und klebte sie auf Pappe: heute sind die Spielsoldaten der Kinder oft kleine Kunstwerke. Die kleinen massiven Gummibälle von damals, die außerordentlich elastisch waren, sind mit der Entwickelung der neuen Gummiindustrie vor allen möglichen Formen von großen und kleinen Bällen fast verschwunden. Häufiger war früher übrigens der sehr primitive Ball, den die Jungen aus alter Wolle vortrefflich zu wickeln und durch umgenähte bunte Fäden zu befestigen verstanden. Dazu kommen dann Dinge, die man früher nicht haben konnte, wie die bewegliche Eisenbahn u. s. w. Der steigende Luxus zeigt sich auch an dem Hauptspielzeug der Mädchen, den Puppen. Die Köpfe, damals nur aus Papiermasse, sind heute aus Wachs und Porzellan; die Puppen können schlafen und „sprechen" und sind vor allem mit luxuriösen Toiletten angethan. — Ein großer Fortschritt zeigt sich in der Verbreitung von Bilderbüchern, die früher, da sie nur Kupferstiche enthielten, nur Bemittelten zugänglich waren. Wie Klemm mitteilt, blieb die Krone aller Bilderbücher das große von Bertuch. „Minder Wohlhabende begnügten sich mit den verschiedenen Orbis pictus. Das gemeinste Bilderbuch, auch Bauern erreichbar, blieb das ABC-Buch mit entsetzlichen Holzschnitten, die in den Farben gelb, hellblau, mennigrot und grün bestrichen waren." Holzschnittbilderbogen waren ebenfalls sehr beliebt, meist Soldaten darstellend. „Um das Jahr 1810 erschienen in Wien vortrefflich gezeichnete Bilderbogen in Steindruck mit Gruppen österreichischer und französischer Soldaten, die auch sehr sorgfältig koloriert waren; in jene Zeit fallen wohl auch die ersten Bilder, die Fr. Campe in Nürnberg verlegte und die sich sehr bald verbreiteten." (Klemm.) Eine spezielle Gattung von Bilderbüchern für die früheste Jugend hat sich dann in neuerer Zeit durch das Erscheinen des „Struwelpeter" entwickelt, dessen Verfasser, nach vergeblichem Suchen nach geeigneten Büchern für seine Kinder, jene Bilder und Verse selbst für sie verfertigte. Heute hat übrigens die Bilderbuchindustrie einen ganz außerordentlichen Umfang gewonnen. Neben viel Geschmacklosigkeiten findet man auch höchst ansprechende und technisch vortrefflich ausgeführte Erzeugnisse.

Weniger mannigfaltig, aber vielfach origineller sind die Spielsachen der Kinder auf dem Lande. Vielfach giebt die Natur den Stoff her, wie zu den Pfeifen, die aus frischem Weidenholz geschnitzt werden. Auch auf die Tierwelt ist man aufmerksamer, auf Raupen und Schmetterlinge wird eifrig gejagt. Hier hat sich naturgemäß wenig geändert.

Alt ist übrigens die Sammelwut der Knaben; Eier- und Schmetterlingssammlungen waren früher die beliebteren. Heute erstreckt sie sich wie die der Erwachsenen auf alle möglichen Dinge, in erster Linie aber auf Briefmarken, die einen lebhaften Handels- und Tauschartikel unter unserer Schuljugend bilden. —

Aus der Spielstube in die Schule! Das ist heute selbstverständlich, ist aber erst eine Errungenschaft des

19. Jahrhunderts. Im vorigen wuchsen noch viele Knaben ohne planmäßigen Unterricht auf, ganz abgesehen von der Vorliebe für die Erziehung durch Hofmeister. Biedermann führt Männer, wie Arndt, Varnhagen, Stein an, die nur mangelhaften Unterricht erhielten, dafür aber viel in der Natur lebten und sich im praktischen Leben übten. „Der Jüngling", sagt der Ritter von Lang, „kam auf die Universität durch keine Schulkaserne gebeugt." Die Erziehung galt im allgemeinen für eine höchst einfache Sache, und von einem Studium der Kinderseele, von einem Tagebuch, wie es Luise von Kobell in den sechziger Jahren über ihre Kinder führte, wußte man noch nichts. Über Unterricht und Schule kann ich mich hier nicht auslassen: auf diesem Gebiete haben sich ungemeine Wandlungen vollzogen, die auch das Verhältnis von Schule und Haus naturgemäß berührt haben. Ihre Darstellung würde aber aus dem Rahmen dieses Buches allzu sehr herausfallen. Nur über die heute fast allgemein behauptete Überbürdung der Kinder möchte ich bemerken, daß man an der Berechtigung solcher Klagen doch sehr zweifeln kann.

Einige Worte seien noch der Erziehung der Töchter gewidmet. Für diese hatte man im 18. Jahrhundert weit weniger gesorgt, als für die der männlichen Jugend. Seit den moralischen Wochenschriften erst begann man sich mehr und mehr für eine bessere Frauenbildung zu interessieren, obgleich nach Campe noch 1786 sich viele wenig darum kümmerten, ob aus ihren Töchtern Menschen oder Meerkatzen würden. Man war eben für den Unterricht lediglich aufs Haus angewiesen, hielt daher z. B. jene Gouvernanten, von denen ich schon sprach. In katholischen Gegenden ließ man die jungen Mädchen im Kloster, bei den Ursulinerinnen u. s. w., erziehen. So auch in Frankreich. Doch meint Fleck schon 1838, daß diese Sitte, welche besonders die höheren Stände pflegten, dort nach und nach abkomme. Zur Zeit der französischen Revolution waren auch viele dieser Erziehungsklöster zerstört. Das Bedürfnis nach ähnlichen Einrichtungen und die Abneigung gegen häusliche Erziehung schufen dann die Pensionate, die vorwiegend Salondamen erziehen. Daß diese Sitte auch in Deutschland sich einbürgerte, spricht auch für den oben besprochenen Rückgang des Familiensinnes. Nach Klemm wurden seit dem Jahre 1808 im protestantischen Deutschland die Pensionate immer gewöhnlicher, so daß nach den Kriegsjahren wohl kaum eine größere Mittelstadt existierte, wo deren nicht bestanden und noch bestehen. Diese Pensionate sind am meisten heute in Frankreich und der französischen Schweiz ausgebildet. Während die jungen Mädchen in Frankreich aber frühzeitig hineingesteckt werden, schickt man sie bei uns in der Regel erst hinein, um ihnen „den letzten Schliff" geben zu lassen. Es liegt das auch daran, daß bei uns sich die Mädchenschulen immer mehr eingebürgert und vervollkommnet haben. Sie tauchen in der zweiten Hälfte des vorigen Jahrhunderts auf, werden dann nach den Freiheitskriegen, von Osten nach Westen fortschreitend, immer zahlreicher. Insbesondere begann man damals auch die Elementarschulen für Knaben und Mädchen zu trennen, selbst in den Dörfern. Zum Teil aus diesen Schulen heraus, zum Teil unabhängig von ihnen entwickelten sich dann die höheren Mädchenschulen. In den Städten tauchten meist auch Privatschulen, die lange für vornehmer galten, als die städtischen Anstalten, auf. Das Französische, dann auch das Englische war zunächst das wesentlich unterscheidende Moment; Kunst- und Litteraturgeschichte kamen hinzu, dann Physik, sogar Philosophie — kurz, es entwickelte sich namentlich in den letzten Jahrzehnten der Unterricht der „höheren" Töchter in höchst vielseitiger Weise. — Aber man darf doch nicht glauben, daß die „gebildete" höhere Tochter ein Produkt der Gegenwart ist. Sie existierte schon zu Wilhelm Hauffs Zeiten. Dieser bringt die größere Pflege der Töchterbildung mit der damaligen Pflege der geistreich-ästhetischen Unterhaltung in Zusammenhang. „Seit in neuerer Zeit", sagt er, „solche Conversation zur Mode geworden ist, werden die Mädchen ganz anders erzogen als früher; die armen

Geschöpfe! Was müssen sie jetzt nicht alles lernen vom zehnten bis ins fünfzehnte Jahr. Geschichte, Geographie, Botanik, Physik, ja sogenannte höhere Zeichenkunst und Malerei, Ästhetik, Litteraturgeschichte; von Gesang, Musik und Tanzen garnichts zu erwähnen." Er tadelt weiter, daß diese Mädchen dann in den geselligen Zirkeln mit ihrer Halbbildung glänzen müssen. „Sie muß so gut wie die Ältern über Kunstgegenstände, über Litteratur mitsprechen können. Sie sammelt also den Tag über alle möglichen Kunstausdrücke, liest Journale, um ein Urteil über das neueste Buch zu bekommen, und jeder Abend ist eigentlich ein Examen, eine Schulprüfung für sie, wo sie das auf geschickte Art anbringen muß, was sie gelernt hat." Hauff flucht dieser Überbildung, welche die Frauen aus ihrem stillen Kreise herausreiße und sie zu Halbmännern mache. — Umgekehrt war gerade damals schon bei edlen Frauen die Klage über zu wenig Bildung der Mädchen häufig. Und da erhalten wir wieder ein anderes Bild. Im Jahre 1802, also vor Hauff, konnte man wohl, wie es Amalie von Helvig that, über die Töchtererziehung in anderer Richtung klagen. „Man lehrt uns statt Haushalt und ernste Kunst unbedeutende weibliche Arbeiten. Die nämliche Frau, die keinen ernsthaften Geschäftsbrief bis zu Ende lesen, noch weniger ausführlich beantworten mag, sitzt Wochen, ja Monate lang am Stickrahmen, um eine unbedeutende Zierde ihres Anzuges oder Ameublements zu verfertigen — ich werde mich nie von der Zweckmäßigkeit dieser Beschäftigung überzeugen können. Auch der Mann muß sich eine tüchtige und ernst durchgebildete Frau wünschen." Der Trieb nach höherer Bildung, der aus diesen Worten spricht, war um die Wende des Jahrhunderts trotz oder vielmehr wegen dieser mangelhaften Erziehung allgemein. Es war bei vielen Frauen ein wirklicher Drang, ein wirkliches Bedürfnis darnach, fast mehr als das heute der Fall ist. Der litterarische Charakter der ganzen Zeit begünstigte solches Streben. Die Spezies der gelehrten Frauen, die um die Wende des 17. und

18. Jahrhunderts Mode war, habe ich dabei nicht im Auge: aber man findet auch um 1800 Frauen, deren Bildung ungewöhnlich groß war. Henriette Herz z. B. hatte eine ganz außerordentliche Sprachenkenntnis, die sich bis zum Türkischen und Malayischen erstreckte. Auch ein Mädchen, wie es Heinrich Berghaus in seiner „Wallfahrt" in seiner Schwester Friederike schildert, näherte sich dem gelehrten Typus sehr. Kant's Kritik der reinen Vernunft, die sie las, wird in der Regel nicht zur Frauenlektüre zu rechnen sein. Und wenn heute nicht selten philosophische Vorlesungen für Damen gehalten werden, so richtete sich auch damals der Bildungstrieb nicht bloß auf die schöne Litteratur: z. B. hörten 1794 den Vorlesungen Reinhold's in Kiel über Kantische Philosophie Damen im Nebenzimmer zu, und von den Bremer Frauen erzählt Eilers, daß der junge Herbart ihnen Vorlesungen hielt und sie „förmlich Pädagogik und vaterländische Geschichte studierten." Die Mutter Rudolph Schleiden's arbeitete als junge Frau eifrig an ihrer weiteren Ausbildung, namentlich wenn ihr Mann auf Reisen war: „ich nahm wieder Unterricht, trieb mit Lotte D. Italienisch, mit einer anderen Freundin sogar eine Zeit lang Chemie und Algebra, fuhr fort zu zeichnen und zu malen." Und nun erst in späteren Jahren. 1820 hieß es in ihrem Tagebuch: „Früher konnte ich manchmal recht mit Vergnügen einen Roman lesen. Dazu bin ich jetzt kaum noch im Stande. Nur das Wissenschaftliche und Ernste zieht mich an. Geschichtliche Werke interessieren mich immer am meisten." Das ist aber alles wenig gegen die Frau von Reden, eine Freundin der Frau Schleiden, die diese als „das Ideal einer Frau" schildert. „Sie unterrichtet ihre Söhne selbst und bereitet sie selbst für die Universität vor, da sie ganz gründlich Latein, Mathematik, Geschichte 2c. 2c. versteht. Außerdem kennt sie alle neueren Sprachen und ist die unterhaltendste, angenehmste Gesellschafterin, ohne jemals merken zu lassen, wie viel mehr sie weiß als alle Anderen. Sie versteht dabei den Haushalt aus dem

Grunde, steht jeden Morgen um 4 Uhr auf, um ihn mitzubesorgen und findet dann noch Zeit, alles Neuere zu ihrem Vergnügen zu lesen, wie zu geselligen Freuden. Welchen Wert hat doch eine Erziehung, wie Knigge sie ihr gegeben hat!" Das muß in der That ein Ideal gewesen sein. Man sieht vor allem, daß diese gelehrte und schöngeistige Bildung damals durchaus mit hauswirtschaftlicher Tüchtigkeit in Einklang zu bringen war. Und so meint denn auch Frau Schleiden weiter: „Darf ich es mit meinen Töchtern auch so machen? Sie müssen bis zum 14. oder 15. Jahre allen Unterricht, den die Knaben haben, bei dem Lehrer mitgenießen. Dann aber wird ihnen der Haushalt als das einzige Wichtige vorgestellt. Sie leben nur für Küche und Keller, und man sagt ihnen, das Andere sei für den Beruf einer Hausfrau unwichtig daneben. So werden sie nicht eitel auf ihr Wissen, und was ihnen einmal fest eingeprägt ist, werden sie doch nicht vergessen." Übrigens wurde eine besondere Bildung von einzelnen Frauen auch später gepflegt. So berichtet Graf Vitzthum 1847 aus Wien von einem Gespräch mit der Fürstin Eleonore Schwarzenberg über den „Kosmos", „den die schöne Frau nicht nur gelesen, sondern studiert zu haben schien. Sie sprach davon mit einer solchen Leichtigkeit, wie die eleganten Frauen von Dresden und Berlin von ihrer Toilette oder, wenn es hoch kommt, von dem neuesten französischen Romane sprechen." Und auch aus neuester Zeit ließen sich solche Beispiele anführen.

Das ist aber der große Unterschied zwischen damals und jetzt, daß, wie das Beispiel eben der Frau von Reden und die Worte der Frau Schleiden zeigen, die Erziehung der Mädchen zu Hausfrauen nicht litt, auch, wie wir gleich sehen werden, nicht leicht leiden konnte. Man klagt seit länger als 30 Jahren, daß unsere modernen Töchterschulen zwar die jungen Mädchen mit allen möglichen Kenntnissen vollpfropfen, daß man auf ihnen eine theoretische Bildung erlange, die die Zöglinge allenfalls zu Lehrerinnen befähigen könnte, daß sie aber den

Beruf der Mädchen als künftiger Hausfrauen gänzlich vernachlässigen, und ebenso wenig für die heute unbedingt notwendige Ausbildung im praktischen Erwerbsleben etwas leisten oder vielmehr leisten wollen. Von der anderen Strömung, denen die Bildung der Töchterschulen wieder nicht weit genug geht, die durch Mädchengymnasien u. s. w. die Möglichkeit eines Frauenstudiums, also die Konkurrenzfähigkeit mit den Männern herbeiführen will, sehe ich hier ab, da ich das Gebiet der modernen Frauenfrage nicht näher berühren kann. Da aber nun jene Mädchenschulen doch nur Anstalten zur Erlangung einer allgemeinen Bildung sein können, so hat man sich mit Haushaltungsschulen, mit Kochschulen und dergleichen zu helfen gesucht.

Aber trotz Kochschulen und Haushaltungsschulen lernten die jungen Mädchen zu Anfang unseres Jahrhunderts doch besser kochen und haushalten als heute. Und das hat sehr bestimmte Ursachen: das lag an der wichtigen Rolle, welche die weibliche Arbeit im damaligen Haushalte spielte. Die Töchter wurden durch die Mutter schärfer zur Arbeit angehalten als heute, weil die Mutter selbst als Hausfrau eine viel größere Thätigkeit entfalten mußte.

Die H a u s f r a u war damals noch recht eigentlich der Angelpunkt des ganzen Haushaltes, sie war die unermüdlich thätige Frau, wie sie viele in Madam Rüßlern bei Reuter bewundert haben werden. Der ganze Haushalt beruhte auf der Arbeit der Hausfrau, und wo Töchter waren der Töchter, sowie des weiblichen Gesindes. Damals wurde, was ja auch heute vorkommt, nicht bloß zu Festlichkeiten, sondern regelmäßig von der Hausfrau gebacken, wenigstens das Brot eingemacht, damals von ihr Seife gekocht und Lichte gezogen, damals alljährlich geschlachtet und Wurst gemacht. Ebenso wurde die weibliche Kleidung von den weiblichen Familienmitgliedern gefertigt; für die der männlichen nahm man Schneider vom Lande, oft wenig erfreuliche Gestalten, alte Trinker zuweilen, in's Haus. Die weibliche Handarbeit war kein Luxus und Zeitvertreib wie heute, sondern eine notwendige Arbeit.

Denn wenn heute in Folge der wirtschaftlichen und technischen Umwandlungen alle derartigen Dinge die Maschine besser und billiger besorgt, so gab es diese damals nicht. Und alles mußte, wenn man nicht als Verschwender gelten wollte, selbst gemacht werden. Wer spinnt heute noch in der Stadt? Und wie häufig war das Spinnen damals? „Friedchen!" schreibt 1807 Karoline von Linstow nach Hause, „spinnst Du mein Stück Garn auch wohl? Ein Knacken Flachs liegt in unserer Stube in einem kleinen Korbe und das fertige Stück Garn hängt am Nagel an der Thür. Was ist nun aus meinem Spinnen geworden, und ich bin gewiß, daß ich etwas beschickt hätte diesen ruhigen Winter." Insbesondere wurde das weibliche Gesinde dazu angehalten. Dann kam, nachdem die Leinwand vom Leineweber zurückgekehrt war, das Nähen; Nähmaschinen gab es noch nicht. Was für Arbeit machte z. B. die Aussteuer! Der Leinwandschrank einer Familie war in der That „eine Art Familienarchiv, das aber nicht nach Staub und Moder, sondern nach Lavendel roch." Dazu kam das Häkeln und Sticken. Man häkelte Börsen und Tabaksbeutel, also wichtige Gebrauchsgegenstände. Außerordentliche Mühe verwandte man auf das Sticken und schuf höchst feine und sorgfältige Gebilde.*) Die Wäsche und auch das Rollen der Wäsche begann schon mitten in der Nacht, meist unter großer Inanspruchnahme der Hausfrau. Die Reinigungsarbeiten im Hause waren bei den nicht gestrichenen Dielen, bei den vielfach hölzernen Geräthen und Eimern viel umfassendere als heute.

Bei allen diesen Arbeiten war die Hausfrau die thätigste, sie spornte auch die anderen zum Eifer an.

---

*) Sogar im wörtlichen Sinne Bilder. Auch stickte man Bilder mit Haaren, blonden und dunkeln, die dann aussahen, als ob sie mit Sepia gezeichnet wären. Auf den Ofenschirmen sah man Judith und Holofernes u. a. Alle Muster zeichnete man selbst auf karrirtem Papier oder man stickte nach der Natur. Schleiden erzählt in seinen Erinnerungen von dem Lieblingsmädchen seiner Mutter, die nach frisch aus dem Garten geholten Blumen zu einem neuen Ameublement ihrer Herrin die Überzüge stickte.

Das Zeichen ihrer Gewalt war der Schlüsselbund, der an einem Haken am Gürtel hing. „Der Schlüsselhaken" schreibt Bähr, „war oft mit einer Leier geziert. Galante Männer schenkten wohl ihren Frauen einen solchen von Silber." Einen Typus der Hausfrau schildert uns Freytag in seiner Mutter, „welche sich und anderen das Leben angenehm zu machen verstand, einer ausgezeichneten Wirtin, dabei von einer gewissen künstlerischen Begabung, erfindungsreich und anschläglich. Sie hatte nie zeichnen gelernt, aber sie verfertigte sich selbst die Muster zu den Teppichen, die sie unternahm, sie hatte auch in der Landwirtschaft des Vaters schwerlich viel Zeit gehabt, mit den feinen Handarbeiten der Frauen umzugehen, aber sie versuchte bis in ihr hohes Alter alles Neue, was in dieser Art gerade wieder aufkam: Kreuzstich, Plattstich, Filet, Häkeln, alles was man nur stricken, nähen und sticken kann. Und was Bäckerei betrifft, Einsieden von Früchten und dergleichen, so war ihr Niemand überlegen. Allerdings mit einer Beschränkung. Man kochte damals noch bei lustiger Herdflamme, die Maschine und Steinkohle lagen im Schoße der Zukunft, und ihr war deßhalb das ganze Leben lang ein Kummer, daß die Torten, welche sie in immer neuen Stoffmischungen zu schaffen bemüht war, gern wasserstriemig wurden."

Die große Arbeitsleistung der Hausfrau war zum Teil die Folge des Geldmangels jener Zeit, der allgemeinen Einschränkung: das ergab nun wieder eine Haupteigenschaft der damaligen Hausfrau, eine übertriebene Sparsamkeit. Das Abknapsen am Wirtschaftsgeld auf Kosten der täglichen Nahrung war sehr beliebt, das so gewonnene Kleingeld (Schwenzelpfennige) bildete die Privatkasse der Hausfrau, aus der dann wieder allerlei unregelmäßige oder Luxusausgaben bestritten wurden. Auch in der Bewirtung äußerte sich dieser Sinn. Was Henriette Herz aus einer früheren Zeit von der Gattin Moses Mendelssohns erzählt, daß diese die Rosinen und Mandeln, damals ein Naschwerk de rigueur, in einem bestimmten Verhältnis je nach der Zahl der Gäste in die Präsentirteller hineinzählte, das mochte auch später in ähnlicher Form vorkommen.

Diese Form der Hausfrau ist nun im großen und ganzen heute nicht mehr möglich. L. v. Stein hat die Wirkung des Übergangs vom Gewerbe zur Industrie für die Frauen der hierbei interessierten Kreise betont. Mit dem Reichtum des Mannes wuchs früher die Arbeit für die Frau. „Als man aber begann, statt des Gesellen am Tisch den Gesellen außerhalb des Hauses zu haben, als nicht mehr die Frau am täglichen Herde, sondern der Mann am Zahltisch am Ende der Woche den Unterhalt in barem Gelde auszahlte, als an der Stelle des Gesellen der Arbeiter in der Fabrik erschien und keine Frau mehr imstande war, diese Leute auch nur zu kennen, geschweige denn sich ihrer mit Wort und That anzunehmen, da wurde zwar unendlich viel mehr gesponnen und gewebt, geschmiedet und gehämmert, und unendlich viel mehr Reichtum erworben — aber jene Teilung der häuslichen Arbeit war zu Ende; an ihre Stelle trat die mechanische Arbeitsteilung in der Fabrik; mit ihr verschwand die Hausfrau, und die „Dame", die „gnädige Frau" begann mit ihren ganz oder halb müßigen Stunden und allem demjenigen, was der Mangel drängender und wertvoller Arbeit mit sich bringt." Indeß, wir können auch über diese gewerbliche Sphäre hinausgehen. Auch die Kräfte anderer Hausfrauen — am ehesten können wir noch von den ländlichen absehen — füllt das Haus heute nicht mehr aus. Die heutige Familienwirtschaft braucht nicht mehr die weiblichen Kräfte in dem früheren Umfange. Die Frauen produzieren nicht mehr, sie konsumieren, was ihnen die heutige Industrie und Technik billig und bequem bietet. Damit ist durchaus nicht gesagt, daß alle Hausfrauen heute faulenzen müssen: Küche und Haus bieten noch genug Arbeit. In kleineren Städten und auf dem Lande ist auch noch heute mancher Rest ehemaliger häuslicher Produktion geblieben, und die Schneiderei im Hause findet man noch heute auch in gebildeten Familien.

Aber für viele fehlt der zwingende Trieb. Die Küche z. B. ist heute sehr stark den „perfekten Köchinnen" überlassen. So mangelt der Frau die Thätigkeit und noch mehr den jungen Mädchen, die in gebildeten Familien häufig in einer Art feineren Müßiggangs aufwachsen. Die dilettantischen Malereien, das Musizieren, Brennen u. s. w. dienen nur zum Zeitvertreib. Die starke Teilnahme am geselligen Leben, auch früher vorhanden, entspringt jetzt öfter der Notwendigkeit, die häusliche Langeweile zu überwinden. Dazu kommen nun andere Strömungen. Ein großer Teil der heutigen Männer hält die Hausarbeit für ihrer Frauen urwürdig, sicherlich infolge der modernen Frauenbewegung. Dazu wirkt auch das Beispiel Englands, wo sich vielfach die Frau um den Haushalt garnicht kümmert, und die Bildungsinteressen sehr im Vordergrund stehen. Ich sage vielfach — denn im allgemeinen ist das englische festgeregelte Hauswesen dem guten deutschen sehr ähnlich. Meist beherrscht die Frau dasselbe als Souverän, — den deutschen Herrn des Hauses kennt man dort nicht — wobei der Engländerin ihre höhere Bildung, die die des Mannes oft übertrifft, sehr zu statten kommt. Das eigentlich klassische Land für die Verächter hausfraulicher Arbeit ist vielmehr Amerika. Auch hier ist die Frau der bei weitem gebildetere Teil; ihre künstlerischen, litterarischen, sogar wissenschaftlichen Interessen und ihre Neigung zur Unabhängigkeit und zu freiem und glänzendem Lebensgenuß sind für sie allein maßgebend. Der größere Wohlstand erleichtert die gänzliche Vernachlässigung häuslicher Pflichten. Man findet auch bei den Amerikanerinnen eine immer stärkere Abneigung gegen die Ehe, und das erklärt sich daraus, daß dort der Frau nicht bloß der Weg zur Lehrerin, Ärztin, zum Staatsbeamten, sondern zu allen möglichen Berufsarten bereits offen steht. So ist Amerika das ideale Land für die Vorkämpfer der heutigen Frauenbewegung. Wesentlich handelt es sich ja dabei um die Frage, wie man den Arbeitsmangel und die Erwerbslosigkeit der unverheirateten Mädchen namentlich der besseren

Klassen aufheben soll. Es hat sich auch bei uns schon eine größere Reihe weiblicher Berufszweige herausgebildet, und man ist auch in Europa eifrig bemüht, den Amerikanerinnen nachzustreben. Die Frau erlangt dadurch eine Selbständigkeit, die sie früher nicht besessen hat, aber sie wird damit auch aus der Familie herausgenommen. — Und gerade die Familie wieder zum Mittelpunkt alles weiblichen Thuns zu machen, dahin geht wieder eine andere Strömung. Man betont den natürlichen Beruf der Frau, zu ihm sollen die Mädchen in erster Linie erzogen werden. Wie Sybel sagte, „es giebt für sie nur eine Hochschule und nur einen Professor, das Elternhaus und die Mutter." Man will also die Schule wieder in das Haus zurückverlegen. Wenn dagegen nun wieder angeführt wird, daß die heutigen Mütter zur Lehre und zum Beispiel garnicht mehr imstande seien, da sie selbst nichts mehr vom Familienleben hielten und von der Hauswirtschaft nichts verständen, so urteilt man doch allzu sehr nach bestimmten Kreisen, namentlich der Großstadt. Die Hausfrau von früher existiert nicht mehr, das ist richtig — aber darum giebt es doch den alten Typus der deutschen Hausfrau nach wie vor. Wer sie sehen will, der besuche die Markthallen der größeren Städte oder den Wochenmarkt der übrigen: er wird dort auch die Hausfrau der besseren Stände zahlreich vertreten finden. — —

Wir kommen zum inneren Leben der Familie. Der Verkehr der Familienmitglieder unter sich wird uns noch bei der Geselligkeit in der Familie beschäftigen. Daß es eheliche Scenen, ungeratene Söhne und Töchter immer gab, braucht nicht erst hervorgehoben zu werden. Dagegen scheint allerdings die Ehrerbietung der Kinder gegenüber den Eltern heute nicht durchweg so groß zu sein, als noch zu Anfang des Jahrhunderts. Damals trat dieser Respekt auch äußerlich hervor: die Eltern wurden von den Kindern mit der allgemeinen Anrede für Respektspersonen, mit „Sie" angeredet; auf dem Lande mit „Ihr" (zum Teil noch heute), auch, z. B. in Schleswig-Holstein, mit „he" (er) und „se" (sie). Auch die Gattenanrede war in feineren Kreisen oft „Sie". Überhaupt zeigte der Umgang im Hause noch manches Förmliche, ein Nachklang des ceremoniellen Verkehrs früherer Zeit, namentlich auch des französischen Einflusses. Trotz desselben ist es übrigens merkwürdig, daß damals die Anrede „Vater" und „Mutter" und nicht „Papa" und „Mama" wie heute allgemein war. Übrigens kehrt man neuerdings wieder zu der früheren Gewohnheit zurück.

Herrschte damals im Hause noch strengere Zucht, so zeigte auch der tägliche Gang des häuslichen Lebens eine festere Regelmäßigkeit als heute. Es gab weniger Zerstreuung und Genüsse als heute: alles war einfacher und deshalb geregelter. Am meisten Regelmäßigkeit zeigte damals wie heute das Landleben, auf das ich noch zurückkomme. Ein Muster von Regelmäßigkeit war z. B. auch das häusliche Leben Friedrich Wilhelms III: der Königin war das Leben nicht ohne Grund sogar zu einförmig. Heute glänzen die Engländer in pünktlicher Regelmäßigkeit des Hauswesens.

Ein Blick auf die häusliche Tagesordnung jener Zeit zeigt auch, wie sehr damals im Hause noch auf Frömmigkeit gehalten wurde. Eine kurze Hausandacht war des Morgens in vielen Familien Regel. Caroline Hegewisch las mit ihren Kindern z. B. 1832 morgens die Evangelien. Tischgebete sind ja auch heute noch nicht abgekommen, u. a. beim Landadel stehend, aber beim Bürgertum nicht mehr allgemein. Man darf übrigens nicht meinen, daß die frommen Formen im Hause für eine starke Frömmigkeit jener Zeit überhaupt sprechen. Der Zeitgeist war aufklärerisch und Spöttereien über die Religion unter den Gebildeten sehr beliebt. Menzel erzählt einmal von seiner frommen Muhme Friesen, die von den Gästen der väterlichen Weinstube „wegen ihrer Frömmigkeit" aufgezogen wurde, freilich aber durch treffende Antworten oft siegreich blieb. Aber wenn sich so der aufgeklärte Rat oder Kaufmann gern als Freigeist gebärdete, so änderte er an der häuslichen Frömmigkeit doch nichts; es vollzog sich die Zerstörung dieser Formen erst langsam durch die Einflüsse der modernen Bildung. Und ebenso wenig konnte der aufgeklärte Hausherr an einer anderen Erscheinung des geistigen Lebens im Hause etwas ändern, am häuslichen Aberglauben. Dieser war gerade in der Familie überaus stark erhalten. An Gespenster und Spukgestalten glaubten damals noch weite Kreise, auch in den Städten. Aus Cassel erzählt Bähr, daß von manchen Häusern die Rede ging, es „wandere" darin und daß man am Morgen des ersten Mai an vielen Thüren drei Kreidekreuze sah, die als sicheres Mittel gegen die Hexen galten. Auch aus Hamburg berichtet Nathansen dasselbe. Dort soll es heute noch geschehen, allerdings nur von Kindern. In Hamburg wurde auch z. B. das Schlafzimmer der Neuvermählten mit Möschenkränzen zum Schutz gegen Hexen geschmückt; Wöchnerinnen wurden besonders gegen Hexen geschützt. Damals glaubte man auch noch an die Verwandlung von Hexen in Katzen und Spinnen. Aus den Magistratsberichten des Städtchens Rauen ergiebt sich auch z. B., daß 1822 dort ein Ackerbürger, dem Vieh krepiert war, einen Hexenbeschwörer hatte kommen lassen. In allen diesen Dingen hat unser Jahrhundert große Fortschritte gemacht: durch die Bekämpfung des Aberglaubens oder vielmehr durch das Schwinden desselben sind aber auch viele andere Bräuche und Sitten mit verschwunden. Immerhin lebt doch gerade im Hause — ganz abgesehen von dem Lande, wo noch viel Aberglauben herrscht — manch abergläubischer Brauch auch heute noch. Das Bleigießen in der Neujahrsnacht wird noch fleißig geübt; der Dreizehnte bei Tisch ist noch heute fürchterlich; noch viele Hausfrauen machen vor dem Anschneiden des Brotes drei Kreuze mit dem Messer und was dergleichen Dinge mehr sind.

Natürlich hängt das **geistige Leben** in der Familie von der allgemeinen geistigen Entwickelung überhaupt ab: es fallen in dieser Beziehung erhebliche Unterschiede der einzelnen Perioden unseres Jahrhunderts auf. Zu Anfang des Jahrhunderts standen noch die litterarischen und ästhetischen Interessen mächtig im Vordergrund. So entschieden die Ansprüche, welche heute an die allgemeine Bildung gemacht werden, gegen damals gewachsen sind, so groß andererseits auch damals der Unterschied zwischen den einzelnen Schichten der Gesellschaft war — Boyen meint z. B. mit Recht, daß „die intellektuelle Entwickelung des Adels im allgemeinen mit der des höheren Bürgerstandes nicht gleichen Schritt gehalten" habe, und Siemens meint, daß in Preußen früher „nur im Beamtenstande Bildung zu finden" war —: so sehr überwog doch damals ein allgemeines Interesse für die schöne Litteratur.

Das zeigt eine Beobachtung der Art und des Umfanges der häuslichen Lektüre. Heute spielt, wie wir das noch näher sehen werden, die Zeitung die Hauptrolle. Auch damals gab es Zeitungen, wenn auch sehr viel weniger und sehr viel dürftigere: „elend" nennt sie Depping in seinen Erinnerungen. Die deutschen waren meist bescheidene, löschpapierne Quartblätter, das Ausland hatte schon Zeitungen von größerem Format und weißem, festem Papier. Mit dem erwachenden politischen Leben in den zwanziger Jahren begann auch ein Aufschwung des Zeitungslesens. In Berlin, wo die einheimischen seit 1823 täglich erschienen, wurden 1833 443 Exemplare auswärtiger Zeitungen gelesen, was freilich gegen heute wenig erscheint. Aber auch schon vorher war der Gebildete ein regelmäßiger Zeitungsleser. Berghaus erzählt in seiner Wallfahrt: „Im elterlichen Haus (Münster) wurden zwei Zeitungen gehalten und regelmäßig gelesen: der Hamburgische unparteiische Correspondent und der Harlemer Courant, ein holländisches Blatt", außerdem zwei Monatsschriften: das Politische Journal und die Minerva. Sie „bildeten die vier politischen Evangelien des Vaters und seiner näheren Freunde, wozu auch noch Posselts europäische Annalen, gleichsam als Apostelgeschichte kamen". In Süddeutschland spielten der Schwäbische Merkur und die Augsburger Allgemeine die Hauptrolle. —

Aber ungleich eifriger gelesen und viel begehrter als die Zeitungen waren damals im Hause die belletristischen und litterarischen Zeitschriften, deren Rolle heute die Zeitung ja zum Teil mit übernommen hat, so das Stuttgarter Morgenblatt für die gebildeten Stände, die Zeitung für die elegante Welt, das Journal für Kunst, Luxus und Mode, weiter der Gesellschafter, die Abendzeitung u. A. Das wenig hoch stehende Berliner Unterhaltungsblatt „der Beobachter an der Spree" hatte 4000 Abonnenten. Dazu kamen nun die äußerst beliebten schöngeistigen „Almanache" und „Taschenbücher". „Sie galten", sagt Bähr, „für vorzugsweise geeignet zu zarten Neujahrsgeschenken." Blumige Titel waren die Regel. „Die leidige Bücherfabrikation in Deutschland", heißt es 1805 in der Zeitung für die elegante Welt, „hatte seit einigen Jahren die Kalender- und Taschen-(Buch)Spielerei zu einem Hauptgegenstand ihrer Spekulazionen gemacht und die Zahl der Almanache so unglaublich vermehrt, daß mancher Fabrikherr sich in seiner Rechnung betrogen fand. Dies mag wohl hauptsächlich die Ursache seyn, warum der diesjährige Herbst weniger fruchtbar an diesen Ephemeren ist, als die vorhergehenden. Der Meßkatalog kündigt n u r gegen dreißig an." Die lyrische Stimmung der Zeit erfreute sich eben besonders auch an Gedichten, die diese Almanache regelmäßig enthielten. Das litterarische Interesse überwog so in Deutschland alle übrigen. „Oft", sagt einmal Heine, „wenn ich die Morgen-Chronicle lese und in jeder Zeile das englische Volk mit seiner Nationalität erblicke, mit seinem Pferderennen, Boxen, Hahnenkämpfen, Affisen, Parlamentsdebatten u. s. w., dann nehme ich wieder betrübten Herzens ein deutsches Blatt zur Hand und suche darin die Momente eines Volkslebens und finde nichts als litterarische Fraubasereien und Theatergeklätsche." Unter dem Lesestoff — von der ernsten Lektüre des gebildeten Mannes und der gebildeten Frau sehe ich hier ab; gar viele arbeiteten an ihrer allseitigen Ausbildung —, den das deutsche Haus damals so stark konsumierte, verdienen eine besondere Hervorhebung noch die Romane, insbesondere bestimmte Gattungen. Einmal die romantischen Räuber- und Ritterromane;

denn dem Abenteuerlichen war diese den praktischen Interessen abgeneigte Zeit besonders zugethan. „Wir lebten und schwebten in der Ritterwelt", sagt Depping. Vulpius' Rinaldo Rinaldini, der Schinderhannes, Urach der Wilde, die Fouquéschen Romane, „die lichtbraunen frommen Geschichten", wie der Zauberring, die Fahrten Thiodolfs, die Ritterromane von Spieß u. s. w.: das war Lektüre nach dem Herzen der Zeit. Auf derselben Stufe standen die Geister- und Schauerromane. Für das unklare Gefühlsleben der Zeit waren die bei jungen Mädchen beliebten sentimentalen Liebesgeschichten charakteristisch. Schlimmer war die große Verbreitung der schlüpfrigen Romane eines Clauren, Cramer und ähnlicher Autoren. Wie die jungen Mädchen solche Geschichten meist hinter dem Rücken der Eltern, dafür freilich um so eifriger lasen, so war auch den Schülern damals die Romanleserei streng verboten, ohne daß die Lesewut dadurch gehemmt wurde. Diese ganze Schmökerei charakterisiert Hauff einmal so: „Unsere mittleren und unteren Stände lesen sehr viel, nur natürlich nichts, was auf den gesunden Menschenverstand Anspruch machen könnte. Sie haben ihren Spieß, ihren Cramer, ihren Lafontaine, in neuerer Zeit hauptsächlich ihren Clauren. Alles liest, aber unschädliches Zeug, das ihren Verstand ganz gelinde affiziert, Gespenstergeschichten, Mordthaten, Räuberhistorien, Heiratsaffairen mit vielem Geld u. s. w." Erwähnt sei noch, daß damals die alten Volksbücher, Genovefa, Kaiser Octavian u. s. w. noch sehr beliebt waren. Sie wurden, wie Menzel erzählt, auf den Jahrmärkten, auf sehr grobem Papier gedruckt, um ein Spottgeld verkauft. Ein sehr gelesener Autor ferner war übrigens Walther Scott, dann Cooper u. s. w. Über die damals beliebten Jugendschriften endlich berichtet Bähr, daß „neben den noch immer beliebten Werken von Campe besonders die Erzählungen von Christoph Schmid (Verfasser der „Ostereier") im Ansehen standen." — —

Dieses starke litterarische Interesse rief oft recht ansehnliche Hausbibliotheken hervor. Auf der andern

Seite befriedigten den Leseburst die damals in Blüte stehenden Leihbibliotheken: in Berlin gab es ungefähr zehn. Diese Institute kannte man im Ausland nicht, wo man eben die Scheu der Deutschen vor dem Bücherkaufen nicht besaß. In Frankreich z. B. hatte jeder Bürger, auch der kleine Handwerker schon damals seine Hausbibliothek, deren Beschaffung seit langem durch die billigen Ausgaben der französischen Erscheinungen möglich war.

In dieser lesewütigen Zeit verbreitete sich die Mode des Nachtlesens stärker, das heute ebenso üblich geblieben ist. Andererseits ging damals der Jüngling nicht selten in die Berge, in den Wald, um dort in seinem Lieblingsautor zu schwelgen.*) — Weit üblicher als heute war sodann das Vorlesen im Hause — von dem in Gesellschaft werde ich später sprechen. Auch hier ist die Tradition des 18. Jahrhunderts noch durchaus bemerkbar. Wie in Millers Siegwart Therese und Kronhelm zusammen Klopstock lesen, so las auch jetzt noch der Gatte der Gattin oder diese jenem vor. Oder wenn Lang erzählt, daß an den Winterabenden der Oheim im Kreise der Familie Lavater, Claudius, Stilling, Niemeyer, den Don Quixote, die Brüder Gerundio, Siegwart, Sebaldus Nothanker und so weiter vorlas, so gehörte auch jetzt das laute Vorlesen im Familienkreise zu der stehenden Unterhaltung an Winterabenden. Und wenn der Engländer Moores im 18. Jahrhundert von dem großen Vergnügen berichtet, das die Herzogin von Braunschweig am Lesen empfinde, und von der daraus entstehenden Lesemode an diesem Hofe, so wurde auch jetzt das Lesen selbst im Hofkreise geübt. An dem gewiß geistig nicht allzu belebten Hofe Friedrich Wilhelms III. z. B. wurde während der Theestunden regelmäßig von einem Adjutanten vorgelesen. Freilich erzählt Boyen, daß diese Lektüre ge-

---

*) „Im einsamen Walde," erzählt Riehl, „las ich Schiller und Goethe, Klopstock, Herder und Jean Paul und auch Walter Scott dazu, in kühler Schlucht lagernd oder auf einem Felsen sitzend." Er berichtet auch von einem jungen Lehrer des Gymnasiums, der Goethes Faust, in den Ästen einer alten Eiche sitzend, las.

wöhnlich in den Bahnen von Lafontaine und Kotzebue blieb. —

Ich kann hier nicht alle Wandlungen der häuslichen Lektüre in diesem Jahrhundert verfolgen — es gab z. B. eine Periode, in der das Gefallen an lyrischen Gedichten stark in den Vordergrund trat, das war die Zeit Freiligraths, Lenaus u. s. w.; das stärkere Interesse an den Naturwissenschaften zeigte sich in der außerordentlichen Verbreitung von Humboldts Kosmos; Berghaus spricht einmal von einer „Kosmos-Mode" — nur soviel sei gesagt, daß zwar in der neueren und neuesten Zeit nicht weniger, vielleicht noch mehr gelesen wird, als früher, nicht aber mit der litterarischen Andacht jener Zeit. Das Vorlesen in der Familie oder bei Freunden wird heute noch geübt, aber sehr selten. Schon Kossak macht sich in seinen Berliner Federzeichnungen über das Lesen mit verteilten Rollen lustig: „In Berlin existieren Familien, in welchen der unglückliche Hang zu Vorlesungen mit verteilten Rollen erblich zu sein pflegt. Diese Familien sind fast immer sehr begütert, leiden aber an jener Ader von Originalität, für welche die leichtsinnige Welt schlechtweg das frevle Wort „verdreht" aus der Drechslerwerkstatt zu entlehnen liebt." Heute wird im allgemeinen hastig und oberflächlich gelesen. Weitaus in erster Linie steht heute im Hause die Zeitung, auf deren zweimaliges oder sogar dreimaliges tägliches Erscheinen der Hausherr und die Familienmitglieder ungeduldig warten Die Zeitung befriedigt nicht nur das gegen früher ungemein gewachsene Interesse an der Politik, sondern den Wissensdurst auf allen Gebieten und sorgt meist auch für die belletristische Unterhaltung. Für viele Leute bildet der Roman oder was sonst unter dem Strich steht, die einzige belletristische, bei kleinen Blättern oft recht zweifelhafte Lektüre. Das absatzweise Lesen dieser Dinge ist auch eines der Momente, die der früheren Hingebung im Wege stehen. Nach der Zeitung kommen die Journale, die selten wirklich gehalten werden, auf die vielmehr im Journalzirkel abonniert wird. Das Bringen der „Mappe" wird namentlich von den weiblichen Mitgliedern des Hauses sehnsüchtig erwartet. Dann werden hastig mit fliegenden Augen die Fortsetzungen der Romane und Novellen der respektiven Journale durchflogen und unbefriedigt dieselben wieder fortgeworfen. Ebenso hastig werden die Illustrationen angesehen. Diese illustrierten Blätter sind übrigens ebenso wie die Witzblätter erst seit der Mitte des Jahrhunderts bei uns aufgekommen. Sie sind technisch immer besser geworden und sind, wie lange Zeit die Gartenlaube, gerade in dieser Gestalt ein bevorzugter Teil der häuslichen Unterhaltung. Die kleinen Leute hängen an der elenden Kolportagelitteratur, an den Schauerromanen in bunten Umschlägen, deren Hefte von einer Familie zur andern wandern.

So finden wir denn, daß die Hauslektüre auch heute eine sehr starke ist, aber von dem litterarischen Charakter früherer Zeit ist sie weit entfernt.

Dieser litterarische Charakter des 18. Jahrhunderts und der ersten Hälfte des 19. hing eng mit dem aufgeregten und überschwänglichen Gefühlsleben der Zeit zusammen. Das Zeitalter der Empfindsamkeit war zwar im großen und ganzen vorüber, die wunderliche Thränenseligkeit nicht mehr so stark; die Rührseligkeit war langsam zu den unteren Ständen durchgesickert. Aber die schönen Seelen waren noch nicht ausgestorben und der Gefühlserguß ihnen unentbehrlich. Das Dokument dieser Neigung bleibt wie im 18. Jahrhundert das Tagebuch. Natürlich wurde es mit einem Schimmer des Geheimnisvollen umgeben. Es war dem jungen Mädchen insbesondere ein Genuß, ihm in heimlicher Stille die Geheimnisse des Herzens, oft auch die Ausbrüche eines krankhaften und künstlichen Gefühlslebens anzuvertrauen. Ganz richtig meint Riehl, daß, wenn die Hauschronik der Familie das Zeichen eines starken und gesunden Geschlechts ist, das geheime Tagebuch ein schwächliches und kränkelndes Geschlecht charakterisiert. Aber diese Sitte wurde ungemein auch von den Erziehern begünstigt. „Aus meiner Schulzeit gedenkt es mir," erzählt Riehl,

„daß wir in öffentlicher Lehrstunde angeleitet wurden, Selbstbekenntnisse und reflektierende Tagebücher abzufassen. Ja es mußten Skizzen geheimer Selbstschau zur Probe gemacht und eingeliefert werden. Da wurde denn auch recht tapfer gelogen und renommiert. Welch wunderliche Pädagogik!" Immerhin sollte gerade Wahrheitsliebe durch das Tagebuch in der Jugend erweckt werden. Als Amalie von Helvig ihrer Tochter Dora zum dreizehnten Geburtstag das erste Tagebuch schenkte, schrieb sie hinein: „Du bist mir, obgleich noch Kind, bisher stets wahr gewesen, bleib' es Dir selbst, wenn ich nicht mehr bin! — Wenn nicht die mütterlich dringenden Fragen mehr das Bekenntniß kindischen Vergehens Dir zu entlocken hier vernehmbar sind — wenn das Mutterauge nicht mehr forschend in das Deine blickt — alsdann, meine Dora, sei Dir selbst ein ernster Mahner, daß für alle Zeiten Wahrheit Dir und Liebe heilig sei." Auch heute sind die Tagebücher noch nicht ausgestorben; noch bilden sie die geheime Freude vieler jungen Mädchen, aber dem männlichen Geschlecht sind sie fremd geworden, und auch die holde Weiblichkeit läuft Gefahr, mit ihren Tagebüchern leicht verspottet zu werden. — Auch ein anderes Dokument der Sucht, seine Gefühle aller Welt zu offenbaren, das Stammbuch, ist heute fast ausgestorben. So alt es ist, so erlebte es seine Blütezeit erst in der freundschaftsseligen Periode der Empfindsamkeit. Auch dieser Freundschaftsenthusiasmus war noch nicht vorüber: das Stammbuch war gewissermaßen das Urkundenbuch der Freundschaft. Dem Jüngling oder Mädchen wurde es von den Eltern oder Verwandten geschenkt: diese trugen zuerst eine längere Lehre ein. Auch wurden die Lehrer oder sonst gewichtige Persönlichkeiten um ihren Eintrag ersucht, dann aber alle Freunde und Freundinnen im weitesten Sinne. Der Student pflegte noch eifrig die Stammbuchsitte bis etwa 1840, doch kann ich auf dies akademische Stammbuch hier nicht eingehen. Aber auch dem Erwachsenen war das Stammbuch lieb und wert. Man erinnert sich des alten Herrn in Hauffs Phantasien im

Bremer Ratskeller, der an gewissen Tagen die vergilbten Blätter seines Stammbuchs durchliest und wehmutsvoll „einem seiner Brüder, der geschieden" das schwarze Kreuz unter den Namen malt. Insbesondere war das Stammbuch wieder bei den Frauen beliebt. Von Goethe sind zahlreiche Verse bekannt, die er jungen und alten Frauen in das Stammbuch schrieb. Um die Mitte des Jahrhunderts erlosch die Sitte langsam. Die Schuljugend zwar hat sie bis heute gepflegt, doch sind diese Reste der alten Sitte mit ihren kümmerlichen und stereotypen Eintragungen einer besonderen Beachtung nicht wert. —

Das Gedenken an Freunde und Verwandte in der Familie zu pflegen, hatte man früher auch noch ein heute durch die Photographie verdrängtes Mittel bildlicher Darstellung, die Silhouetten. Diese Silhouetten finden sich mehrfach neben den Eintragungen in Stammbüchern, sie haben schließlich, in akademischen Kreisen z. B., zum Verdrängen des Stammbuchs beigetragen. Über die damalige Silhouettenmode mag uns ein Abschnitt aus Friedrich Launs Memoiren näher belehren. Er erzählt von seiner Mutter, die die Erinnerung an Freunde und Verwandte durch eine Sammlung ihrer Gesichtsabrisse festzuhalten suchte. „Die Schattenrisse gehörten damals zu den Modeerscheinungen. In keinem Zimmer durften die bekannten, großen schwarzen Flecken unter Glas und Rahmen fehlen, die man nach ihrem Erfinder Silhouetten nannte. Wenn aber auch allerdings Kunst und Geschmack über ihre, das Bessere beeinträchtigende und zum Teil verdrängende Existenz nur trauern konnten, zumal, da sich dergleichen Afterkunstwerke sogar in die reichsten und vornehmsten Häuser eingeschlichen, so war doch die Erfindung für ärmere Familien keineswegs ohne entschiedenen Wert. Konnte auch die Silhouette mit gutem Gewissen nicht darauf Anspruch machen, ein Bildnis zu sein, so war sie wenigstens ein Gleichnis und mit recht großer Wohlfeilheit ließen sich also die Profile der zahlreichsten Familie herstellen... Meine Mutter machte daher zur Ausführung ihres Vorhabens ebenfalls von der Silhouette Gebrauch und zwar unterzog sie sich, der Ähnlichkeit des Umrisses desto gewisser zu sein, allezeit selbst der Abnahme des Profils nach dem Schatten. Aus ihrer Sammlung wurde nun nach und nach ein förmliches Buch, worin nach Weise eines Stammbuchs oder Album jede daran teilnehmende Person ihren Schattenriß mit einem Denkverschen zu begleiten pflegte." — Die Silhouette wurde bald durch die Lithographie und dann durch die immer allgemeinere Photographie ersetzt. Aus dem Namen Photographiealbum geht der Zusammenhang mit dem alten Stammbuch noch hervor. Das Photographiealbum, der oft recht luxuriös ausgestattete Schmuck des Familienzimmers, ist heute nicht blos das Buch der Freundschaft, sondern vertritt wenigstens äußerlich die Stelle einer Art Familienchronik. Es giebt Leute, die sich und ihre Kinder jährlich, womöglich noch öfter photographieren lassen und so allerdings eine sehr vollständige Übersicht der äußeren Entwickelung erhalten. —

Den Verkehr mit den abwesenden Familienmitgliedern, weit entfernt wohnenden Verwandten und Freunden zu pflegen, diente früher wie heute der Brief. Auch die Art des Briefschreibens hat unter dem Rückgang der Gefühls- und Schreibseligkeit, wie ihn auch das Verschwinden des Tagebuchs bewies, zu leiden gehabt. Bis gegen 1840 finden wir die Freude an redseligen Herzensergießungen, die Offenbarung von Gefühlen und Stimmungen fast ebenso wie im 18. Jahrhundert. Solche Briefe z. B., wie sie 1815 der Student Joh. Fr. Boehmer an seinen Vater schrieb, giebt es heute nicht mehr. Und ebenso ist die überschwängliche und breitspurige Freundschaftsbriefwechselei jener Zeit dahin. Dabei war das Briefschreiben damals durchaus nicht so bequem gemacht, wie heute. Es herrschte auch hier noch die Umständlichkeit des 18. Jahrhunderts. Da feines Briefpapier teuer war, beschnitt mancher sein Papier — zu Familienbriefen nahm man immer gewöhnliches Papier — selber; da bis 1850 Couverts fabrikmäßig nicht hergestellt wurden, mußte man die Kunst des Faltens lernen. Umschläge, die bei conventionellen Briefen erforderlich waren, lernte man in der Schule herstellen. Weiter mußte man die Kunst des Federschneidens verstehen; denn man schrieb mit Gänsefedern. Wer sie gut verstand — das Geradespalten war das schwerste — genoß im Familienkreise großes Ansehen, wie z. B. in der elterlichen Familie von Georg Ebers dessen Schwester Martha. Metallfedern waren übrigens längst bekannt, die Stahlfedern aber in den Schulen sogar verboten. Man schrieb übrigens damals meist sorgfältiger als heute, die schöne Frakturschrift war häufig geübt, überhaupt eine schöne Handschrift mehr gepflegt als heute. — Schlecht war es damals bekanntlich um die Beförderungsverhältnisse bestellt. Vielfach herrschte noch der Gelegenheitsverkehr. Den Familienbriefverkehr zwischen nahen Orten — denn viele kleine Städte besaßen kein Postamt — besorgte die Botenfrau, die oft nebenher ihren mündlichen Auftrag hatte. Zwischen Verwandten und Freunden in Nachbarorten wanderte häufig ein und dieselbe Schachtel mit sonstigen Sendungen hin und her, deren Inhalt das Erscheinen der Botenfrau zu einem freudig begrüßten Ereignis machte. Aber auch wo man sich der Post bedienen konnte, gab es viel Schwierigkeit und Umständlichkeit. Das Porto war noch sehr teuer, man mußte es am Schalter bezahlen; gab es, was häufig der Fall war, schwierige Berechnungen, so konnte man etwas von der Grobheit der Postbeamten erzählen. Briefe mußten rechtzeitig, oft zwei Stunden vorher, zu der bestimmten Post, die nach der betreffenden Richtung ging, eingeliefert werden; Briefkästen wurden erst um die Mitte des Jahrhunderts allgemeiner. Briefträger gab es schon lange, aber jeder nicht von der Post abgeholte Brief kostete Bestellgeld. Dazu die Langsamkeit der Beförderung: um 1830 wurde es in kleineren Poststädten schon als ein großer Fortschritt empfunden, daß die Briefe viermal in der Woche ankamen. So kommt es denn, daß trotz der allgemeinen Pflege des Briefschreibens ein ankommender Brief noch als ein besonderes Ereignis in der Familie galt. Wenn sich am Dochte des Talglichts eine dem roten Siegel ähnliche, glühende Schnuppe bildete, prophezeite man wohl, wie Bähr erzählt, demjenigen, dem sie zugewandt war, einen Brief. Unendlich ist seitdem der Briefverkehr durch die Eisenbahnen, durch die Herabsetzung des Portos, durch die vortreffliche Organisation des Postwesens erleichtert und hat sich damit zugleich unendlich vervielfacht — aber unendlich hat er auch an Qualität eingebüßt. Heute wird viel geschrieben, aber schnell und kurz. An den alten intimen Briefen von vielen Seiten hängt nur hier und da noch ein Teil der Frauen; sie pflegen noch den Brief als das, was er früher war, als eine litterarische Leistung auch der Durchschnittsmenschen. —

Wie die gemeinschaftliche Lektüre, so war damals auch das Erzählen im Familienkreise stärker gepflegt als heute. Auch für die Kinder verschwindet diese Unterhaltung mehr und mehr. Damals gab es weniger Kinderbücher als heute. „Die Alten und das Gesinde," sagt Menzel, „erzählten den Kindern noch artige Märchen und rührende Geschichten, und alte Volkslieder wurden so allgemein gesungen, daß fast jedes Kind sie auswendig wußte." Auf dem Lande erzählte man, in den Spinnstuben z. B. auch für Erwachsene. Wie dort die Beschäftigung der weiblichen Zuhörer das Spinnen war, so wurde in der Stadt beim Vorlesen wie beim Erzählen von den übrigen häufig das Schleißen der Gänsefedern eifrig betrieben. —

Das Musizieren im Hause hat gewiß heute zugenommen. Aber als gemeinschaftliches Band der Familie konnte die Hausmusik früher doch in stärkerem Grade gelten. Zum Teil hängt das auch mit dem wiederholt betonten stärkeren Gefühlsleben zusammen, das sich gern Luft machte. Das gemeinschaftliche Singen z. B. im Familienkreise, sei es zur Erbauung, sei es als Ausdruck festlicher Freude oder einer gerührten oder beschaulichen Stimmung war sehr beliebt, aber ebenso das gemeinschaftliche Musizieren auf Instrumenten. Und wenn einer ein Lied allein vortrug, vom Klavier begleitet, so lauschte der Kreis andächtiger als heute, und gelegentlich stahl sich wohl die

Thräne zumal aus weiblichem Auge. Das Tafelklavier, das wenig vollkommene Instrument des 18. Jahrhunderts, war noch zu Anfang des neuen allgemein, dann kam das Pianoforte auf und verdrängte die frühere Form. Das Klavier war das Instrument der Mädchen und Frauen, das der Knaben die Violine, daneben die Flöte, ein damals sehr beliebtes, heute in das Orchester verbanntes Instrument. Damals hörte man auch die Guitarre sehr viel, namentlich von Frauen spielen. Schleiden erzählt von dem Leben seines Vaters und seiner Mutter als Brautpaar in Tharandt, wie sie da mit jugendlichen Freunden im Mondschein zur Ruine zogen, „wo mit Guitarrenbegleitung gesungen ward". Das Instrument diente auch hauptsächlich der Begleitung. Das einfache Instrument setzt allerdings die damaligen einfachen Lieder voraus. — Von jeher wurde Musik besonders auch im Hause der slavischen Nationen, der Böhmen und Polen betrieben. Bulgarin erzählt in seinen Memoiren, daß fast jede Tochter selbst eines armen Schlachtitzen damals die polnische Guitarre mit sieben Stahlsaiten spielte: „in allen abligen Häusern spielten alle Damen das Fortepiano, die Harfe, sogar die Gusli, ein Instrument, das besonders stark im Gebrauch war." Eine Schwester Bulgarins spielte auch die Klarinette. — Im Laufe des Jahrhunderts trat als eigentliches Hausinstrument immer mehr das Klavier auf: der oft recht teure Unterricht darin gehört fast zur Erziehung. Es wurde auch immer stärker verbreitet. „Was mich bestürzt macht", erzählt Reuter von den Klavieren seiner kleinen Vaterstadt, „ist die erschreckende Zunahme von „Instrumenten" aller Art in meiner Vaterstadt, vom mächtigen Flügel bis zur bescheidenen Tafelform herab; und diese Bestürzung kann Keinem auffallen, der, wie ich in meiner Jugend, das schmächtige, schwindsüchtige Elternpaar gekannt hat, von dem diese breitschulterige und vierschrötige Nachkommenschaft abstammt." Bekanntlich ist das häusliche Klavierspiel, das so arg zugenommen hat, heute einer mehr oder minder witzigen Kritik verfallen. Neben dem Klavier haben Violine und Cello ihren Platz behauptet: neuerdings ist auch die Zither beliebt geworden. —

Zur Familienunterhaltung gehören sodann weiter die Spiele. Von den Spielsachen der Kinder habe ich schon gesprochen. Was die gemeinschaftlichen Spiele betrifft, so haben große Änderungen in dieser Beziehung sicher nicht stattgefunden: ein näheres Eingehen auf Einzelheiten würde uns wieder in das Gebiet der Volkskunde führen. Wie heute wechselten die Spiele zum Teil nach der Jahreszeit. Eine ziemlich verschwundene Belustigung ist das Schießen mit dem Blasrohr, dem früher mit Vorliebe auch Tauben und Fensterscheiben zum Opfer fielen. Die Räuber- und Kriegsspiele der Jugend sind auch dieselben geblieben. Die Schlägereien gehörten früher aber mehr als heute zur Vergnügung der Knaben. Ich lasse dahingestellt, ob das nachfolgende Urteil Louis Schneiders über die damalige Jugend richtig ist: „Durch das damals beliebte Turnen nach Jahnschen Lehren herrschte bei den schon herangewachsenen Knaben eine Rohheit des Benehmens, eine Streitlust und Aufsässigkeit gegen jede Autorität sowohl der Eltern als der Lehrer, wie sie eben nur damals von dem Mode werdenden Deutschtum schön gefunden werden konnte; denn alle Welt schrie zu jener Zeit nach einer Krafterziehung, und wenn schon Gymnasiasten einen Lehrer austrommelten, so galt das für folgerichtige Charakterentwickelung."

Von den Spielen der Erwachsenen werden wir noch bei der Schilderung des gesellschaftlichen Lebens zu reden haben. Hier sei nur erwähnt, daß das Kartenspiel eine sehr regelmäßige Unterhaltung auch in der Familie war. Whist und Boston waren die Hauptspiele: erst in neuerer Zeit wird auch im Familienkreise fast allein Skat gespielt, das damals nur die Studenten spielten. Ältere Herren und Damen waren an ihre regelmäßige „Partie" durchaus gewöhnt; ein Beispiel ist die bekannte Oberhofmeisterin Gräfin Voß, die ihre Whistpartie sehr liebte. Schach wurde damals vielfach à quatre gespielt, wozu ein besonders eingerichtetes Schachbrett gehörte. Die abendliche „Partie" ist auch heute, wie gesagt, noch nicht abgekommen. Finden sich im Familienkreise nicht mehr Teilnehmer, so kann man auch heute noch Gatte und Gattin sich an einer Partie „Sechsundsechzig" harmlos erfreuen sehen. — —

Wir kommen zu den **Familienfesten.** Da sind in erster Linie die **Geburtstage** der verschiedenen Familienmitglieder, deren Charakter sich aber kaum in diesem Jahrhundert geändert hat. Heute wie damals werden z. B. die Lichter in den Kuchen gesteckt, das Lebenslicht in der Mitte und ringsherum so viel, als das Kind Jahre zurückgelegt hat. Dagegen haben die Geschenke an Zahl und Üppigkeit zugenommen. Als Familienfest galt ferner früher auch der Hochzeitstag der Eltern, was heute jedenfalls nicht mehr Regel ist. Die Kinder gratulierten, wie sie das auch zu Geburtstagen und zu Neujahr bis in die neuere Zeit thaten — gegenwärtig geht auch diese Sitte zurück — durch mehr oder weniger schön geschriebene Glückwünsche und durch Hersagen von Gedichten, die irgend ein Freund oder Verwandter verfaßt hatte. Ein Kinderfest war, wie heute, das Osterfest durch den Brauch der Ostereier. An einzelnen Orten ging und geht die Sitte aber über Genüsse für Kinder hinaus: auch die Erwachsenen beschenkten sich. In Wien gab es nach Carl Julius Weber „künstliche Eier von Glas, Perlenmutter, Bronze u. s. w. und statt des Dotters gefüllt mit Ringen, Nadeln, Ohrgehängen, Uhren, Ketten, Medaillons und auch wohl — Dukaten." An andern Orten wurden auch Geschenke auch in anderer Form gemacht. Für die Kinder waren aber früher statt der heutigen Chokoladen- und Zuckereier, welche letzteren auch schon nicht mehr fein genug sind, wirkliche Eier üblich, die heute seltener sind. Sie wurden auch damals gefärbt, aber auch mit Bilderchen bemalt und mit Versen und Sinnsprüchen versehen. Die Sitte der Kinder, die Eier mit der Spitze aufeinanderzuschlagen, das sog. Kippen — der, dessen Ei unversehrt bleibt, gewinnt das des andern, — ist heute wohl schon abge=

kommen. — Das schönste Fest der Familie ist das Weihnachtsfest und diesen Charakter hat es sich im ganzen Jahrhundert bewahrt. In den Einzelheiten aber ist manches anders geworden. Der lichtergeschmückte Christbaum z. B. war damals nur auf einzelne Gegenden beschränkt. Im 18. Jahrhundert war er außer in Deutschland auch noch in England üblich gewesen, war aber dort zu Anfang unseres Jahrhunderts aus den Städten völlig verschwunden. Auch in Deutschland war er, wie gesagt, damals nicht die Regel. Ihn kannte z. B. die niederdeutsche Landbevölkerung, ferner ganz Mitteldeutschland und auch der größte Teil des katholischen Deutschland nicht. Der Württemberger Reyscher hingegen berichtet in seinen Erinnerungen von „jungen Tannenbäumchen", an denen „dem heiligen Christ zu Ehren Lichter aufgesteckt wurden." Nach Bähr war er in Fulda noch im Anfang der fünfziger Jahre unbekannt. Auch in den norddeutschen Städten, so in Berlin, trat „in feineren Kreisen vielfach anderer Blumenschmuck" an seine Stelle: es wurde eine Art Wintergarten arrangiert. In der Regel war aber damals die Pyramide üblich. Sie bestand nach Klemms Beschreibung aus vier auf ein Brett gestemmten und oben in eine Spitze zusammenlaufenden Stäben, welche mit bunten Papierkrausen umwickelt waren". „In die Stäbe waren Lichttüllen eingelassen. Die Spitze zierte eine Krone oder ein Engel von Gyps oder Wachs. Der untere Raum war mit einem Zaun zwischen den vier Stäben eingefaßt und mit Moos gefüllt. In diesem sah man kleine buntbemalte Holzfiguren, Maria mit dem Kind auf dem Esel und St. Joseph, Schäferin und Schäfer mit Hunden und Schafen, einen Jäger und Hirsche, Rehe und Hasen, eine Anzahl Soldaten mit Offizier und Trommler u. dergl. An den Stäben der Pyramide hingen zwischen den bunten Wachslichtern vergoldete Äpfel und Nüsse." Diese Pyramiden wurden aber auch mit Kiefergrün oder Buxbaum statt des Papiers umwickelt. Nach Friedel kommen sie und ebenso die Lichterkronen noch heute in Berlin, auch wohl in anderen Gegenden, bei ärmeren Familien als Ersatzmittel für den teureren Baum vor. Diese Pyramiden waren häufig so eingerichtet, daß sie sich bei der Lichterhitze drehen konnten. Neben ihnen fehlte nun aber der Tannenbaum oft auch nicht. So heißt es bei Schmidt von Werneuchen in seinem Gedicht: der heilige Abend: „Vor allem prangt von grünem Bux ein Wäldchen Pyramiden mit goldnen Nüssen dran", und weiterhin: „Mit Äpfeln prangt der Tannenbaum und blinkt von Gold- und Silberschaum." Ferner schreibt z. B. 1810 Amalie von Helvig, die auch von angebundenen „Marzipan- und Pfeffermännchen" spricht, ihrem Mann von dem Aufbau „mit zwei Tannenbäumchen und einer großen Lichterpyramide hinter der Krippe mit dem Christkind, über welches von der Decke herab der glänzende Stern hing." Hier wird auch ein weiteres Requisit der Feier erwähnt, die Krippe. Sie war namentlich in katholischen Gegenden die Hauptsache. Auch der Schlesier Gustav Freytag spricht von ihr als „dem Hauptschmuck des Festes"; er giebt auch eine genaue Beschreibung der Figuren, die von den Kindern aus Bilderbogen geschnitten wurden. Über der Hütte „schwebte an feinem Drahte der Stern, auf den beiden Seiten hatten die Hirten und Herden mit den Engeln zu verweilen. Die ganze Figurenpracht wurde durch kleine Wachslichter erleuchtet, welche am Weihnachtsabend zum erstenmal angesteckt wurden." Diese Krippe ist nun in neuerer Zeit auch in protestantischen Gegenden immer häufiger geworden und wird unter dem Baum aufgebaut. Auf der anderen Seite verbreitet sich wieder der Baum immer mehr im katholischen Süden. Im Ausland beschränkt er sich meist nur auf deutsche Familien und wenige Versuche einzelner Personen, z. B. der Kaiserin Eugenie und der Königin Viktoria. — Im übrigen war auch dort, wo der Christbaum früher üblich war, derselbe immer nur in einfacher Weise geschmückt. Kossak, der ihn in Danzig auch kannte, nennt Äpfel und Nüsse, die man mit Eiweiß anfeuchtete und mit Goldschaum beklebte, den einzigen Schmuck. „Eine ungewöhnlich liebevolle Hausmutter bediente sich der Stopfnadel, zog Rosinen auf Fäden und verband durch derartige Guirlanden die einzelnen Zweige." Als Lichter brauchte man dicke, gelbe Wachsstockenden, die man festklebte und mit Zwirnsfäden festband. Heute ist ein Überfluß von eßbarem und nicht eßbarem Baumschmuck vorhanden. Die „Weihnachtsausstellungen" der Konditoreien bieten die größten Leckereien an Konfituren, Chokoladen und Marzipan. Mit diesen Süßigkeiten sind denn auch die „Teller" der Kinder gefüllt. Doch haben Äpfel, Nüsse und Pfefferkuchen ihre historische Rolle noch bewahrt. Auch die Geschenke selbst sind heute viel üppiger geworden. Für den Einkauf derselben war früher noch der Christmarkt, der, wo er noch besteht, ein „geringer Krammarkt" geworden ist, von großer Bedeutung. Auf ihm kaufte man auch die Pyramiden, mit ihnen als Nebenwerk vielfach kleine Schornsteinfeger, die aus Backpflaumen zusammengesetzt waren, für die Kinder. Die Bescherung selbst fand nicht überall am Christtage statt, sondern wie z. B. in Luxemburg oder auch in Fulda am Nikolaustage. Ferner fand sie in der Regel nicht am heiligen Abend, sondern am Morgen des ersten Feiertages statt. Doch berichtet der Württemberger Reyscher aus seiner Jugendzeit: „Abweichend von der Sitte der meisten Landleute wurde in unserm Pfarrhause nicht am Christfest selbst vor Tagesanbruch, sondern am Vorabend, dem „heiligen Abend", das Christkindle eingelegt." Auch in Berlin wurde schon in den dreißiger Jahren vorzugsweise am heiligen Abend beschert, während es andererseits noch heute Bescherungen am Morgen giebt. In der Mark werden die Kinder noch jetzt vielfach vom „Weihnachtsmann" empfangen, dessen Verkleidung ihn aber nicht immer vor dem Erkanntwerden seitens der heutigen kritischen Jugend schützt.*) Vor ihm wurden und werden Weihnachtslieder von den Kindern hergesagt. Diesem Weihnachtsmann geht einige Zeit vorher der eigentlich mit

---

*) Das erzählt z. B. Georg Ebers in seinen Erinnerungen.

ihm identische Knecht Ruprecht, der vor Weihnachten nach dem Verhalten der Kinder fragt, sie beten läßt und Äpfel und Nüsse, neuerdings auch Zuckerwerk unter sie austeilt. Der Tag seines Erscheinens ist eigentlich der 6. Dezember, der St. Nikolaustag; daran hält man sich heute vielfach nicht mehr. In Berlin erschien der Knecht Ruprecht auch am Weihnachtstage mit dem Weihnachtsmann zugleich mit einem Sacke voll Gaben, war aber mehr als Drohgestalt für unartige Kinder aufgefaßt. Die vermummte Gestalt, die am Nikolaustage erschien, hieß an manchen Orten auch Nikolaus (Klowes in Kassel). — Unter den Formen der Beschenkung sei die mit der Bescherung am Morgen zusammenhängende Sitte des „Stülpens" erwähnt, die heute verschwunden ist. Die Kinder stellten am Abend Schüsseln umgestülpt hin und fanden darunter am Morgen ihre Geschenke; in anderen Gegenden stellten sie die Schuhe, mit Heu gefüllt, am Abend bereit. Die heute übliche Art der Bescherung drängt ferner die noch in Neuvorpommern und Mecklenburg bestehende Sitte des „Julklappwerfens" mehr und mehr zurück. Die Geschenke werden dabei endlos umwickelt, mit immer neuen Adressen versehen, das ganze Paket dann unter dem Rufe „Julklapp" in die Flur oder das Zimmer geworfen. Das Hin und Her beim Aufmachen ist der Hauptspaß dabei. —

Über die Geschenke selbst kann ich mich hier nicht weiter auslassen. Um aber einige Proben derselben anzugeben, erwähne ich, daß z. B. der Knabe der Amalie von Helvig 1810 einen Leiterwagen mit vier Pferden zum An- und Ausspannen und eine blecherne Pumpe zum Tränken erhielt, das Töchterchen „ihre Puppe renoviert im Winterkostüm mit einem gefüllten Nähkasten für ihren Fleiß." Karoline Hegewisch erzählt 1823 freudig von einer freigebigen Tante, die den Kindern folgendes zu Weihnachten sandte: „ein klein Theeservice, hölzerne Spaten und Harken, blechne Gießkannen, sogar Baumwollenzeug für Gartenkittel und zwei kleine Mikroskope, um die Blattläuse durch zu sehen." Am Baume hing übrigens häufig auch eine Birkenrute. Heute zeigen die Geschenke der Erwachsenen wie der Kinder den ganzen Luxus der modernen Lebenshaltung. — Von einzelnen Weihnachtssitten sei erwähnt, daß z. B. in Berlin die alte Sitte des Karpfenessens am heiligen Abend noch sehr gepflegt wird. Diese Eßsitten sind bekanntlich beinahe die Hauptsache des englischen Weihnachtsfestes, das bei jener Nation ebenfalls als das erste Fest gilt. Den Mittelpunkt desselben bildet, wie früher, das Christmasdiner, bei dem früher allerdings viel mehr alte festliche Bräuche beobachtet wurden als jetzt, und das von jedem, dem es möglich ist, auf einem Landsitz abgehalten wird. Die nationalen Gerichte sind von Alters her dabei Plumpudding und Roastbeef. Auch der Truthahn spielt eine wichtige Rolle.

Solche Eßsitten haben sich in einzelnen Gegenden auch für die Sylvesterfeier erhalten. In Holland werden z. B. an diesem Abend Austern gegessen. Allgemein ist der Genuß von Punsch, wozu in Berlin und anderen deutschen Städten Pfannkuchen gehören. — Das Bleigießen in der Neujahrsnacht beschränkt sich mehr und mehr auf die weniger Gebildeten. Die Neujahrsfeier zeigt wieder den Umschwung der Verkehrsverhältnisse in diesem Jahrhundert. Diese Fülle von Neujahrskarten, die heute für die Post Tage angestrengtester Arbeit bringt, ist eben erst durch die Verbesserungen der Briefpost möglich geworden. Immerhin machten schon 1809 in Frankfurt eine Reihe angesehener Leute gegen „das seit einigen Jahren so sehr überhandnehmende Herumschicken von Visitekarten am Neujahrstag" als „für alle Theile lästig" Front und erklärten öffentlich, „daß sie weder an diesem noch an den folgenden Neujahrstagen Visitekarten herumschicken noch auch, falls sie dergleichen erhalten sollten, selbige erwiedern würden." Heute löst man vielfach die Last der Gratulationen durch ein Geschenk an die Armenkasse ab. Die schriftlichen Neujahrswünsche selbst sind übrigens sehr alt. Zu Anfang des Jahrhunderts waren dieselben mehr als heute auch für die Kinder obligatorisch. Bunt verzierte Schreibkunstwerke wurden nicht nur den Eltern, sondern auch den übrigen Verwandten am Orte sowie den Paten überreicht, die dann meist etwas schenkten. Übrigens herrschte früher überhaupt eine übertriebene Form des Gratulierens in Person, die alle Welt in Bewegung setzte. Der Ruf: „Prosit Neujahr!" ist, wie Bähr für Kassel meint, früher nicht üblich gewesen; der Württemberger Reyscher kennt ihn aber, ebenso der Danziger Kossak. Auf der anderen Seite ist die Sippe der Neujahrsgratulanten, die auf ein Trinkgeld spekulieren, in manchen Beziehungen eingeschränkt. Von den vielen, die sich früher dieses Recht anmaßten, ist in kleineren Städten meist nur der Nachtwächter und der Schornsteinfeger geblieben, aber allerlei andere Anwärter hinzugekommen, vor allem der Briefträger. — Auf Gebräuche, wie sie bei anderen Nationen herrschen, wie z. B. die in Amerika unerläßlichen Neujahrsvisiten, die überall offene Häuser zur Folge haben, kann ich näher nicht eingehen.

Überhaupt berührt die Neujahrsfeier ja mehr das gesellige als das häusliche Leben. Indessen gab und giebt es auch sonst Ereignisse, die das Familienleben an sich kaum angehen, die aber doch auch für die Familie eine Art Fest sind. Das war z. B. namentlich in den kleineren Städten früher der Jahrmarkt, der heute für die besseren Kreise eine völlig gleichgültige Sache geworden ist. Aber für die Kinder jener Zeit galt, was der Bürgermeisterssohn von Stavenhagen sagte: „Ein Jahrmarktstag war ein großes Fest, und unbedingt hätte ich mich für Hanne Schlüters Ansicht erklärt, der, bei der Konfirmation nach den drei christlichen Hauptfesten gefragt, die Antwort gab: „Wihnachten, Pingsten und Harwstmarkt." An den Markttagen fiel die Schule aus; die Kinder erhielten meist Geld zum Ankauf von Kleinigkeiten. Nebenbei bemerkt wurde damals auch von den Eltern der besseren Stände auf Jahrmärkten viel gekauft, unter anderem z. B. bei dem Bilderhändler nicht üble Kupferstiche, Schlachten, Landschaften, Napoleon oder Goethe darstellend. Auch vornehme Leute besuchten den Markt, namentlich gern in

Gesellschaft. So schreibt 1807 Karoline v. Linstow aus Plön nach Hause: „Gestern gingen wir auf den hiesigen Markt. Die Prinzessinnen hatten uns gebeten, auch hinzugehen. Nun schenkten sie uns allerlei hübsche Sachen."

Festliche Tage für die Familie waren sodann die Tage des Verwandten- oder Freundesbesuchs. Ich machte schon oben darauf aufmerksam, daß die Abnahme der eigenen Häuser und die Enge der heutigen Mietswohnungen einen großen Rückgang dieser Gastfreundschaft in neuerer Zeit zur Folge gehabt haben. Das frühere Haus besaß, wie gesagt, eine Fülle von Raum. Auch waren damals bei der geringeren Bewegung der Bevölkerung die verwandtschaftlichen Bande enger. Man kam häufiger zusammen als jetzt, man kannte sich durchweg persönlich. Die entferntesten Grade der Verwandtschaft waren allen genau bekannt: in dem Familienleben spielten die Vettern und Muhmen eine größere Rolle als heute. Ferner standen die Paten der Kinder zur Familie in einem innigeren Verhältnis; die Gevattern waren eine Art Verwandte. Auch die Nachbarn standen zu einander in engerem Verkehr schon wegen der längeren Dauer der Nachbarschaft.

Ein vertrauter nachbarlicher Verkehr knüpfte sich häufig durch die aneinanderstoßenden Hausgärten an: damit betreten wir einen früher sehr wichtigen Schauplatz des Familienlebens und der Familiengeselligkeit. Namentlich aus größeren Städten ist der Hausgarten heute fast geschwunden; zu Anfang des Jahrhunderts war er dort keine Seltenheit. Luise v. Kobell z. B. berichtet von einer ganzen Reihe solcher Gärten, die 1818 in München existierten: „Fast in jeder Straße grünte und blühte es, die Bäume betrachtete man noch als Freunde und verfolgte sie nicht wie schädigende Usurpatoren." Nun scheint allerdings im allgemeinen auch damals in Süddeutschland kein rechter Sinn für Gartenfreude gewesen zu sein. Reinbeck erwähnt 1807 den Mangel an Gärten in Heidelberg: „dieser fällt dem Norddeutschen im südlichen Deutschland sehr auf."

Die Leute laufen viel in der Natur umher, aber die ruhige Gartenfreude kennen sie nicht; sie merken garnicht, daß es ihnen draußen so oft an Schatten fehlt. In Nord- und Mitteldeutschland war der Hausgarten in mittleren und kleineren Städten jedenfalls allgemein. Sie fehlen ja auch heute nicht: aber in Mietshäusern ist er in so und so viele Partieen geteilt; den Bewohnern fehlt es an Zeit, den Garten zu pflegen, und an Lust und Muße, in ihm zu sitzen. In vornehmeren Häusern findet man oft sehr hübsche Gärten, die der Gärtner kunstvoll besorgt hat; man lustwandelt in ihnen zuweilen, ohne daß sich aber in ihnen ein Gartenleben entwickelt. Das blühte aber in den bescheidenen Hausgärten der Vergangenheit. „Diese kleinen, zwischen Hinterhäusern gelegenen Gärten waren der Sitz des tiefsten Friedens, bescheidenen Glücks und herzerfreuender Ordnung." Am frühen Morgen und am Abend widmete sich der Hausvater emsig der Pflege des Gartens; am Nachmittag nähte und schneiderte die Hausfrau in der Laube, am Abend wurde dort das Abendbrot eingenommen, und dann blieb man bis zur Nacht gesellig beieinander. Bescheiden waren, wie gesagt, diese Gärten. Meist durchschnitten zwei gerade Wege, die sich in der Mitte kreuzten, den ganzen Garten. Die Beete waren in der Regel mit Buxbaum eingefaßt, jedes mit einer Sorte Blumen oder Ziergewächs besetzt, der Rand des Weges häufig auch mit Obststräuchern bepflanzt. Im hinteren Teil des Gartens fand man überall, auch in vornehmeren Gärten, Gemüse- und Futterpflanzen gebaut. Viele Bürger besaßen auch Gärten außerhalb der Stadt, meist Obstgärten, in denen ein Gartenhäuschen stand, oft auch ein kleiner „Berg" hergestellt war. Ihn mit Grottensteinen zu umstellen und mit Steinpflanzen zu besetzen, wurde erst später üblich. In diese „Außengärten" lud man öfter Freunde ein; ein besonderes Fest war dort die Obsternte. — Nicht uninteressant ist, wie auch der Geschmack an den Blumen sich geändert hat. Damals fand man überall Levkoien, Goldlack, Nachtschatten, Narcissen und Hyacinthen, auch die später ganz verbannten, neuerdings wieder aufkommenden Lilien, diese namentlich an den Enden der Beete. Bald kamen auch die bald beliebten und heute mißachteten Hortensien auf, noch später, um 1820, Georginen und Fuchsien. Rosen pflegte man ebenso wie Obst und Wein an den Wänden und Mauern zu ziehen. Die heutigen schönen Rosenarten kannte man aber noch nicht. Der heutige Garten bietet überhaupt ein viel reicheres und geschmackvolleres Bild. In der Anlage hat man ihm das Steife genommen; in seinem Bestande hat man ihn mit den schönsten Erzeugnissen aus aller Herren Länder vermehrt. Den Reichtum der Pflanzen zeigen schon die heute üblichen Teppichbeete. Dazu sind die schönen Blattpflanzenbeete gekommen und was dergleichen mehr ist. Erwähnt sei dabei, daß auch der Blumenschmuck der Zimmer außerordentlich zugenommen hat. Gummibäume und Palmen, Kamelien, Azaleen und viele andere schöne Pflanzen kannte man zu Anfang des Jahrhunderts nicht, ebensowenig den heutigen eleganten Blumentisch oder gar den Wintergarten vornehmer Häuser. —

Zum Hause gehört das Gesinde: aber so alt wie dieses sind die Klagen über dasselbe. Sie lassen sich schon im 15. und 16. Jahrhundert in Briefen und Hausbüchern und bei den Sittenpredigern nachweisen, ja schon bei Homer und in den Sprüchen Salomonis. Insbesondere ist die Putzsucht der weiblichen Dienstboten ein hergebrachtes Thema der Klage. Sie machten oft garnicht die neuen Moden mit, verstanden sich aber wie die Wiener Stubenmädchen nach ihrer hergebrachten Art so chic zu kleiden, daß sie den französischen Putz ihrer Herrinnen ausstachen. Den Wiener Mädchen kamen keine gleich, die von Leipzig, München, Dresden nahe, aber wie ein Reisender bemerkt, nur in der Sauberkeit, nicht in der Feinheit der Kleidung. Aber jene Lokaltracht schwand vielfach. So klagt das Hamburgische neue Taschenbuch auf das Jahr 1801, daß die dortigen Dienstmägde diese Tracht abgeschafft haben und „statt dessen in Dormeusen, Halbkopfzeugen mit vorstehenden gepuderten Haaren, in Pelzen sogar und seidenen

Leibchen, statt der ehmaligen wollnen und friesnen Zeuche gleich Damen einhergehen." Auch anderswo klagte man über die Annäherung der Trachten an die der feinen Damen. Und das blieb auch weiterhin so. Der Dichter Raimund sang z. B.: "Dort kommt ein Mädchen her, Von Brüsseler Spitzen her, Ich fragt gleich wer sie wär: Die Köchin vom Tractör." Heute gehen die Dienstmädchen mit den elegantesten Hüten, in teueren Kleidern und mit Glaceehandschuhen; im Winter selbstverständlich mit Pelzkragen und Muffen u. s. w.

Außerordentlich haben sich sodann die Ansprüche der Dienstboten gesteigert — es ist das ja ein bekanntes Thema der Fliegenden Blätter. Die heute oft beklagte Genußsucht tritt gerade bei dem städtischen Gesinde am stärksten hervor. Ihre sonstigen Ansprüche erklären sich mehr aus der überhaupt anspruchsvoller gewordenen Lebensführung ihres Standes; aus der allgemeinen Steigerung der Löhne aber wieder ihre höheren Lohnansprüche. Zu Anfang des Jahrhunderts wurde übrigens auch schon über das Steigen der bis zur Mitte des vorigen mäßigen Löhne geklagt, das man mit der Putzsucht erklärte. Stark war endlich damals die sittliche Verdorbenheit eines Teils des Gesindes. "Gerechte Klagen über die Verdorbenheit des Gesindes sind allgemein," heißt es 1807 in Reinbecks Briefen über Heidelberg. Er erklärt das mit dem Sinken des Familiensinns, mit der Pflichtvernachlässigung seitens der Hausfrauen, die statt im Hause in der Gesellschaft ihre Freuden suchen. Dieselbe Klagen und sogar dieselbe Erklärung findet man auch heute.

Am meisten hat sich wohl das Verhältnis des Gesindes zur Herrschaft geändert. Zu Anfang des Jahrhunderts herrschte vielfach noch ein patriarchalisches Verhältnis, das Gesinde gehörte zur Familie, es wurde wie die Kinder mit Du angeredet, es wurde auch wie die Kinder häufig körperlich gestraft. Nun soll nicht geleugnet werden, daß in der Behandlung des Gesindes auch viele Mißbräuche vorkamen, und daß manche Dienstboten wohl

Recht hatten, wenn sie eine menschenwürdigere Behandlung verlangten. Und wenn heute, wie es in den Annoncen oft heißt, mit Recht mehr „auf gute Behandlung, als auf hohen Lohn" gesehen wird, so heißt es entsprechend 1818 in der Bremer Zeitung, in der „ein junges zwanzigjähriges Frauenzimmer, stark und ansehnlich, von guter Erziehung und rechtlicher Herkunft" einen Dienst sucht: „Auf gute Begegnung und nicht so sehr auf baares Geld wird besonders gesehen." Aber vereinzelte Mißbräuche führten die Lockerung des Verhältnisses weniger herbei, als die veränderten Anschauungen über Herrschaft und Dienerschaft. Manche heutigen Dienstmädchen wollen eher Damen als Dienerinnen sein. In großen Städten mögen da auch die socialdemokratischen Anschauungen eingewirkt haben. Über die Herrschaft hat das Gesinde sich freilich immer aufgehalten, aber heute wird dieselbe vielfach mit einem gewissen Ingrimm angesehen; ihre Anforderungen gelten als unberechtigt; Willigkeit ist einem mürrischen Wesen gewichen; die Dienstboten sind schwierig geworden. Nicht überall, aber doch in großen und größeren Städten. Am schlimmsten liegen die Verhältnisse in Amerika. Abgesehen von den außerordentlich hohen Löhnen liegt die Schwierigkeit in der durch die dortigen politischen Anschauungen geschaffenen Gleichberechtigung der Dienerschaft und Herrschaft, die nur in einem Vertragsverhältnis stehen. Da sich die amerikanischen Frauen um den Haushalt wenig kümmern, ist die Dienerschaft auch dadurch selbständiger. Sie ist immer nur zu bestimmten Dienstleistungen verpflichtet und leistet andere nicht. Zu gewissen Dingen, wie zum Stiefelputzen, läßt sich das Gesinde überhaupt nicht herbei. Paßt ihm irgend etwas nicht, so verläßt es seinen Dienst kurzer Hand. So schlimm liegen die Verhältnisse bei uns noch nicht. Man ist bei uns neuerdings auch vielfach bestrebt, das Gesinde mehr der Familie wieder anzuschließen: es haben sich Vereine gebildet, die treue Dienstboten belohnen u. s. w.

Wie es scheint, ist übrigens die Verwendung von männlichen Bedienten etwas zurückgegangen. Bei vornehmeren

Familien war der Livreediener durchaus stehend; in München z. B. folgten vornehmen Damen, die zu Fuße gingen, immer Bediente. Vielleicht hängt der Rückgang mit den größeren Ansprüchen des männlichen Geschlechts zusammen. Ein Bedienter ist noch schwerer zu behandeln als ein Mädchen. Er hielt auch früher etwas auf sich. Eine Annonce der Bremer Zeitung von 1817 finde ich ganz charakteristisch: „Es wünscht ein gebildeter Bedienter, der die Aufwartung sehr gut versteht und auf Reisen gut Bescheid weiß, auch schon mehrere Reisen gemacht hat und die besten Zeugnisse seines Wohlverhaltens beibringen kann, bei einer rechtlichen Herrschaft anzukommen. Man melde sich gefälligst u. s. w." —

Es mag schließlich noch einiger sehr untergeordneter Genossen des häuslichen Lebens gedacht werden, der Haustiere. Auch sie sind durchaus nicht von dem Wandel der Zeiten unberührt geblieben, die Hauskatze ausgenommen. Die Hunde sind einmal — und dazu hat wesentlich die hohe Besteuerung in der Gegenwart beigetragen — in den Haushaltungen nicht mehr so häufig zu finden, wie ehedem; auf der anderen Seite haben die bevorzugten Arten gewechselt. Der Pudel und der Spitz wie auch der Mops haben an Beliebtheit wesentlich verloren; der Spitz als Haushund ist fast ausgestorben, wie auch das weiße Bologneserhündchen der vornehmen Dame; Windspiel und Dachshund sind geblieben, neu hinzugekommen aber die großen edlen Arten des Hundegeschlechtes, Neufundländer u. a., weiter die Affenpintscher seit den zwanziger Jahren und neuestens die Terriers.

Vögel fand man früher auch zahlreicher im Hause, nicht nur Kanarienvögel, sondern auch Rotkehlchen, Dohlen und Stare, zahme Tauben, sogar Nachtigallen. — —

Zum Schluß noch einige Worte über die schmerzlichen Störungen des Familienlebens, über Krankheit und Tod. Manches ließe sich da von den Fortschritten der Behandlung erzählen, von dem Verschwinden der großen Medizinflaschen, der beliebten Hausmittel, wie des Flieder- und Kamillenthees, der vielen Pulver u. s. w. Das Purgieren und

Aderlassen, einst unumgänglich nötige Hausregel, war auch größtenteils schon zu Anfang des Jahrhunderts verschwunden. Langsam nahm auch die Wasserscheu ab. Die gefährlichen Seuchen sind heute nicht mehr so gefürchtet wie einst, die Pocken, die einst zahllose Menschen wegrafften, fast verschwunden. Zu Anfang des Jahrhunderts tobten die Kämpfe um den Nutzen der Impfung freilich noch heftig. In den Zeitungen kann man Anfragen lesen, ob das Pockengift nicht eigentlich als Urstoff von den Kindern mit zur Welt gebracht würde und dergleichen. 1817 klagte der Frankfurter Senat die Eltern und Vormünder „hart" an, daß sie von der „wohlthätigen Schutzpockenimpfung" so geringen Gebrauch machten. In den Eutinischen wöchentlichen Anzeigen muß 1811 der Physikus Hellwag nachweisen, daß der grassierende Kropphusten nicht, wie das Publikum glaube, Folge der Impfung sei u. s. w. Welchen Schrecken verbreitete die Cholera, die überall ihre Opfer forderte und vor der wir ja freilich auch heute nichts weniger als sicher sind, der wir aber doch ruhiger und erfolgreicher gegenübertreten. Auch andere verheerende Krankheiten erlangen heute nicht mehr den Umfang wie früher, und unzweifelhaft ist in unserem Jahrhundert eine Verminderung der Sterblichkeit eingetreten.

Aber früher oder später greift der Tod heute wie immer erschütternd in das Familienleben ein. Heute scheint man ihm jedoch vielfach unbefangener entgegenzusehen als früher. Man sprach damals gern und viel vom Tode; in manchen Häusern gab es noch Leichenkammern; für Sterbekleider war gesorgt. Der Aberglaube beschäftigte sich namentlich auch mit Todesvorboten und Todesanzeichen. Der Schrei eines Käuzchens, das Hämmern des Holzwurms, das Tönen einer Klaviersaite, alles war von unheimlicher Bedeutung.

Ein Todesfall selbst wurde damals allgemein mündlich durch Boten und Leichenbitter angezeigt, daneben in den meist wöchentlich erscheinenden Zeitungen. Wo Tagesblätter erschienen, beschränkte man sich auf die Anzeige in diesen. Mit der stärkeren Verbreitung der Zeitungen und der Vergrößerung ihres Annoncenteils ist heute diese Art der öffentlichen Todesanzeige auch bei kleinen Leuten ganz allgemein üblich geworden. Nachrufe von Vorgesetzten, Kollegen und so weiter wurden aber erst in neuerer Zeit Mode. Schriftliche, auch gedruckte schwarzumränderte Anzeigen sind schon seit dem vorigen Jahrhundert in Gebrauch, wurden aber meist nur an Abwesende gerichtet, nicht an Bewohner desselben Ortes, wie heute.

Einige Worte erfordert die Form der Anzeigen, die sich heute gegen früher sehr wesentlich geändert hat. In meiner „Geschichte des deutschen Briefes" habe ich aus dem 18. Jahrhundert einige Proben schriftlicher Todesanzeigen gegeben, die uns die empfindsamste Gefühlsmalerei zeigen. Ähnlichen Charakter bewahrten noch die Anzeigen in den Zeitungen der ersten Jahrzehnte unseres Jahrhunderts. Ich wähle zu Beispielen den Jahrgang 1831 der Leipziger Zeitung. In einer Anzeige, die den Tod des Referendars F. L. Zeiske meldet, ergeht sich seine Witwe in folgenden Worten: „Ach! viel geachtet und viel geliebt von Vielen um seiner amtlichen und bürgerlichen Führung willen, vermag am wenigsten ich, seine Gattin, die der Selige mit unendlicher Liebe umfaßte, den namenlosen Jammer in Worte zu fassen." Die Anzeige schließt: „Verehrte Verwandte und Freunde, würdigen Sie mich Ihrer stillen Theilnahme und behalten Sie mich lieb!" Eine Kaufmannswitwe beginnt die Anzeige vom Tode ihres Mannes mit den Worten: „Der gestrige Tag war der schrecklichste Tag meines Lebens." Den Tod des Kunst- und Schönfärbers Wilhelm Oehler zeigen die Hinterbliebenen in der Form an, daß der „Genius die Fackel mild und stille neigte." In der Anzeige des Todes eines Pastors Geuder heißt es: „Größe sowie Plötzlichkeit des Verlustes würden uns niedergedrückt haben, wenn wir nicht an der Religion, welche er mit Wort und That lehrte, eine Stütze gefunden hätten. Härter konnten wir nicht geprüft werden, als durch den Verlust eines Gatten und Vaters, dessen ganzen Werth nur wir kannten. Der Theure, einst werden wir ihn freudetrunken wieder finden! bis dahin bleibt er uns unvergeßlich . . . . Ehrt, entfernte Freunde, unsern Schmerz durch stilles Beileid." „Gestern Abend um zehn Uhr," zeigt Wilhelmine Weller an, „entschlief still und sanft, wie sie gelebt, meine einzige Tochter und innige Freundin Rosalie Weller. In jahrelangen, von ihr mit Muth und frommer Ergebung erduldeten Leiden sahe ich zerrissenen Herzens ihrer Jugend schöne Blüthe dahinwelken, bis der von ihr erflehete Tod als sanfter Friedensengel kam, sie jener bessern Welt und der Wiedervereinigung mit unsern vorangegangenen Lieben zuzuführen. Alles, was dieses Leben noch Theures für mich hatte, sank mit diesem heißgeliebten Kinde in ihr frühes Grab, und nur der Trost blieb mir auf einstiges Wiedersehn. Ihr ist wohl, nur ich bin zu beklagen." Einer Anzeige, die die Hinterbliebenen dem Tode des Pfarrers Rost widmen, folgt noch der Passus: „Mein Bruder, ach, mein treuer und letzter Bruder, wie tief beugt mich Dein Gang zur Heimath! Prof. Rost in Leipzig." Den Tod eines jungen Mädchens zeigt eine Familie so an: „Gott, der uns am 13. Juni 1817 unsere Alithea schenkte, gab sie am 10. Januar ihren Schwestern, den Engeln wieder u. s. w." Ein Apotheker schließt die Anzeige vom Tode seines Lehrlings so: „Ruhe sanft, guter Otto, der Du mich und die Meinigen nur durch Deinen frühen Tod betrübtest, und die ewige unerforschliche Weisheit sende Trost in die Herzen der tiefbetrübten Eltern und Geschwister!" Ein Kaufmann beginnt die Anzeige vom Tode seiner Frau so: „Die tagbelebenden Morgenstrahlen des 13. d. M. sendeten schmerzliche Vernichtung gehegter Hoffnungen und unvergängliche Trauer in mein Leben." Der Schluß aber lautet weniger poetisch: „Ich empfehle mich deren (der Verwandten und Handelsfreunde) fernerer Freundschaft und Wohlwollen, und bemerke, daß ich als einziger Testaments-Erbe der Verewigten die bisher betriebenen Handlungsgeschäfte ohne Abänderung unter der fortbestehenden Firma Braun et Co. fortsetzen werde." Und endlich noch der Nachruf an einen Freund:

"Thränen der Wehmuth fließen, mein innigster Freund ist nicht mehr! — In der Blüthe seines Lebens wurde er des unerbittlichen Todes schuldloses Opfer..... Dort in jenen höhern Regionen wandelst Du nun, Verklärter, hoch erhaben über die Leiden der Erde, und harrest des Freundes, der klagend einhergeht. Ein schönerer Stern leuchtet mir nun auf Jenseits; vereint werde ich wieder mit Dir, und dauernde Freundschaft wird uns auf ewig verbinden." —

Am Schlusse der Anzeigen fand man damals häufig die Bitte um „ferneres Wohlwollen des Publikums". Oder, wie es 1818 in Frankfurt in der Todesanzeige für den Physikus Senkenberg heißt: „Wir empfehlen uns zu fortdauernder Freundschaft ergebenst." Wie wir heute um „stille" Teilnahme bitten, so wollte man früher von Beileidsbezeugungen „verschont" sein oder man „verbat sich die Theilnahme". In Frankfurt schließt 1806 der mit der Rechtschreibung wenig vertraute David Feibell die Todesanzeige für seine Frau: „Um meinen Schmerz mir nicht zu erneuren, bitte mich vor alle erinerung zu verschonen." — Um 1830 habe ich aber schon die Bitte um stille Teilnahme gefunden.

Neben den charakterisierten überschwenglichen Anzeigen kommen aber auch schon früh kürzer gehaltene vor. Man begnügt sich öfter nur mit dem Zusatz: „Alle, welche den Verewigten kannten, werden meinen Schmerz ehren" oder einem ähnlichen, so in Bremen 1817. Dort fand ich auch schon ganz kurze Formen, z. B.: „Am 25. d. M. entschlief nach langer Krankheit unser innigst geliebter Vater". Diese kurze Form ist für unsere Zeit, die der Überschwänglichkeit abhold ist, allgemein geworden. Jene Ergüsse sind heute zuweilen noch bei dem Kleinbürgertum beliebt. Namentlich in dem schwatzhaften Thüringen, in dem kleinbürgerliche Sitten sehr vorherrschen, liebt man vielfach noch solche breitere Gefühlsdarlegung.

Wir wenden uns zum Hause, in dem ein Todesfall eintritt, zurück. Vielfach wurde zu Anfang des Jahrhunderts noch ein Zimmer oder die untere Hausflur mit schwarzem Tuch ausgeschlagen. Das Schwarzstreichen der Hausthür und der Fensterrahmen war wohl schon abgekommen. Die Leiche wurde mit einem dunklen schlafrockähnlichen Kattungewand bekleidet, das auch wohl mit Spitzen besetzt war. In Schleswig-Holstein setzte man ihr sogar eine Schlafmütze, oft auch eine gepuderte Perrücke auf. Der heute so starke Blumenschmuck war damals in diesem Umfange nicht üblich. In Sachsen wurde der Sarg nur bei Jungfrauen damit geschmückt: anderswo flocht man die Kränze meist selbst. Bei älteren Leuten schmückte den Sarg oft nur ein einzelner Lorbeerkranz. Vor dem Begräbnis sang fast überall ein Schülerchor. An einzelnen Orten lasen auch am Abend vor der Bestattung zwei Schüler am Sarge das Evangelium und die Epistel des nächsten Sonntagstextes laut ab. Ein Schüler trug dem Zuge das Krucifix vor. Schüler gingen auch neben den Leichenträgern, die übrigens Citronen in der Hand hatten, mit Gabeln, auf welche der Sarg in gewissen Pausen gesetzt wurde. Getragen wurden die Särge zu Anfang des Jahrhunderts noch fast durchweg. Vielfach besorgte das die Schuhmacher- und Schneiderinnung. Die Versuche, Leichenwagen einzuführen, mißlangen anfangs, so 1819 in Chemnitz; in Kassel wurde der Wagen erst seit Benutzung des neuen Friedhofes allgemein. Die Zeit der Beerdigung war der frühe Morgen, hie und da noch die Nacht, weshalb auch Stocklaternen nebenher getragen wurden. Die früheren Trage- und Folgebrüderschaften kleiner Leute kamen zu Anfang des Jahrhunderts mehr und mehr ab. Sie waren aus dem Bedürfnis früherer Zeit entstanden, bei dem Leichenzug möglichstes Gepränge zu entfalten, wofür der Wohlhabende selbst sorgte. Dieser Begräbnisluxus früherer Zeit, der etwas in kostbaren Särgen (z. B. Mahagoni mit Silber beschlagen) und reichem Schmuck der Leiche, in großem Gefolge und üppigem Leichenschmaus suchte, war damals ebenso wie der Aufwand bei Hochzeiten schon sehr geschwunden. Das Begängnis, das beinahe den Charakter

einer öffentlichen Lustbarkeit getragen hatte, war bei reichen
Leuten freilich immer noch recht pomphaft, wenn auch einfacher
als früher. Auf dem Friedhofe, der damals meistens schon
außerhalb der Stadt und nicht mehr um die Kirche herum
lag, wurde bei der Leichenrede der Sarg nochmals geöffnet. Familiengrüfte auf den Kirchhöfen waren die Reste
der einstigen Beerdigung in den Kirchen. — Eine barbarische
Sitte, die der Leichenschmäuse, kam nur langsam ab. Gerade hier war in Weinen und teueren Speisen früher viel
Luxus entfaltet. Auf dem Lande, so fast überall in Niederdeutschland, hielt sich der Brauch freilich noch bis zur
Gegenwart. Aus Holstein wird berichtet, daß sich bei
diesen „Grabbieren" noch zu Anfang dieses Jahrhunderts
vieles von früherer Roheit, z. B. Prügelei, erhalten hatte.
Von einzelnen besonderen Sitten sei noch erwähnt, daß,
wie Klemm erzählt, die Paten beim Tode eines Kindes
ein Denkmal mit einer Inschrift, eine kostümierte Wachs-
figur, die sich an einen Baumstamm lehnte und eine Urne
umfaßte, sandten: das wurde dann in der Putzstube aufgestellt. Von sonstigen abergläubischen Gebräuchen auf
dem Lande, z. B. beim Begräbnis eines „Doppelsängers",
einer Wöchnerin, oder von den Leichenwachen u. s. w. sehe
ich hier ab. — Die industrielle Entwickelung unserer Tage
hat übrigens sich auch das Begräbnis nicht entgehen lassen.
Zur Erleichterung der Angehörigen in Beschaffung und
Besorgung alles Notwendigen existieren heute Beerdigungs-
anstalten und „Trauermagazine".

Das gesellige Leben.

Vor der Schilderung des geselligen Lebens im einzelnen ist es notwendig, die Entwickelung zu beobachten, welche die Trägerin dieses Lebens, die Gesellschaft selbst, in diesem Jahrhundert genommen hat. Das wichtigste Moment ist die Emancipation des Bürgertums von der Hofgesellschaft. Sie war mit Beginn unseres Jahrhunderts noch nicht vollendet: das geschah erst im Laufe desselben. Der politische Druck der Privilegierten bestand damals noch durchaus, aber die geistige Herrschaft des Bürgertums hatte seine gesellschaftliche Stellung doch wesentlich verbessert. Der beste Teil der nationalen Kraft lag in diesem gebildeten Mittelstand; die allgemeine Vorherrschaft der Litteratur bewirkte, daß ihre Pfleger auch die Hofgesellschaft beeinflußten und umbildeten. Dazu kam dann die Steigerung des bürgerlichen Selbstbewußtseins, das sich die Anmaßungen des Adels nicht länger gefallen lassen wollte, und das durch die Einwirkung der Anschauungen der französischen Revolution noch gekräftigt wurde, endlich auch der wirtschaftliche Ruin des Adels, der an dem übertriebenen Luxus des vornehmen Lebens zu Grunde ging, wie z. B. ein großer Teil des schlesischen Adels. „Die Partei des dritten Standes," schreibt der Kriegsrat v. Coelln, „verstärkt sich täglich mehr gegen den Erbadel. Jetzt ist der Adel nur für Rechnung der übrigen Stände da, die ihn häufig wegen seiner täglich zunehmenden Schlechtigkeit, Dummheit, Unwürdigkeit und gemeinem Wesen verachten und lächerlich machen und ihn bei erster günstiger Gelegenheit unter die Füße treten werden."

Trotz der steigenden Bedeutung des Bürgertums war zu Anfang des Jahrhunderts die Trennung der Stände eine sehr scharfe und beherrschte die Gesellschaft durchaus. Trotz aller theoretischen Überzeugungen war vielfach noch unglaubliche Servilität, z. B. im Königreich Sachsen und in Thüringen, vorhanden. Prinzen und Prinzessinnen waren etwas unglaublich erhabenes; trotzdem der Adel verhaßt war oder verspottet wurde, behauptete er überall noch den Vorrang. In öffentlichen Anzeigen wurde noch durchaus zwischen „einem hohen Adel und verehrtem Publikum" unterschieden. Nur abligen jungen Damen gebührte das Prädikat „Fräulein". Als dem König von Preußen 1803 die Liste der Ehrenjungfrauen beim Einzuge des Kronprinzen vorgelegt wurde, strich er bei der Tochter des Oberbürgermeisters die Bezeichnung „Fräulein" höchst eigenhändig. „Im Norden," sagt Weber, „giebt es adlige und gelehrte Richter und Räte, adlige und bürgerliche Bänke sogar in — Bädern." Vor 1806 soll übrigens in keinem Bade die Scheidung zwischen Adel und Bürgertum so schroff gewesen sein, wie in dem märkischen Bad Freienwalde. In Weimar gab es adlige und bürgerliche Balkons im Theater. In Dresden herrschte strenge Sonderung, der hannoversche Adel galt als der stolzeste Deutschlands — so klagt der Domherr Meyer über die Zustände in Celle —, in Münster hielt sich der Adel für ein „Wesen besonderer Art". Die Zeitung für die elegante Welt spricht 1805 von der dortigen „ängstlichen Abteilung der Stände und der genauen Rücksicht auf eigensinnige Etikette". In Wien herrschte die größte Exklusivität. Immerhin zieht Weber die deutschen Zustände noch denen in England vor, „wo der verschuldetste und liederlichste Baronet über dem reichsten und thätigsten Kaufmann sitze." Am besten gefällt es ihm noch in Hamburg, wo schon eine gewisse Gleichheit aller Gebildeten herrsche, die man in Residenzen nicht finde. In Preußen machte sich langsam eine Änderung bemerkbar. 1818 jubelt Gubitz's Gesellschafter über die „großen Fortschritte" der „inneren Verhältnisse in Preußen". „In manchen Ämtern finden wir jetzt Bürgerliche, wozu sonst nur Adlige ein angebornes Recht zu haben schienen." Er vergleicht auch die beinahe bürgerliche Hälfte der Subalternoffiziere mit dem kleinen bürgerlichen Teil der Armee von 1806. — Übrigens zeigte sich die Überhebung des Adels gerade am schärfsten in dem Verhältnis zwischen Offizier und Bürger. So spricht Boyen von der „höchst verderblichen Spannung" vor 1806, von der ungleichmäßigen Behandlung bei Streitigkeiten, die „böses Blut" erzeuge; Freytag findet bei den Offizieren alle Fehler eines privilegierten Standes, Hochmut gegen den Bürger, Mangel an Bildung und guter Sitte, bei den bevorzugten Regimentern zügellose Frechheit. Ein böses Bild entwirft Berghaus in seiner „Wallfahrt" von Münster: „Diese Knaben-Offiziers stolzirten in langer Front auf dem Principalmarkt umher und unter den Bogen mit einer Anmaßung und Brutalität, die selbst die Verständigen unter den preußischen Beamten empörte. Wer ihnen in den Weg kam und nicht bei Zeiten auswich oder ausweichen konnte, wurde mit dem Rohrstocke oder Degenknopf beiseite gestoßen und Frauen und Jungfrauen, die das Unglück hatten, in das Bereich dieser entarteten Jugend zu gerathen, wurden durch die schamlosen Reden und selbst durch thätliche Handgriffe insultirt." — Unangenehm beeinflußt wurde das gesellschaftliche Leben ferner durch die Sonderung wieder einer anderen Klasse, nämlich der Beamten, die ja meist bürgerlich lebten, aber den Titel Bürger als eine Beleidigung aufgefaßt haben würden. Bei ihnen herrschte einerseits Bildungs-, andererseits Rangtick, neben den abligen und den bürgerlichen Kasinos gab es in vielen Städten besondere Beamtenkasinos. — Gewinnen wir aus dieser Sonderung der Stände noch ganz den Eindruck der Zustände des achtzehnten Jahrhunderts, so zeigt die gesellschaftliche Stellung einer anderen, früher unterdrückten Schicht schon mehr moderne Seiten, die der Juden. Mit ihrer Emancipation war Frankreich vorangegangen; in den ersten Jahrzehnten dieses Jahrhunderts wurden sie auch in Deutschland mehr oder weniger ihren christlichen Mitbürgern gleichgestellt. Im

Jahre 1800 zwar machte noch Dr. Kohl in Frankfurt bekannt, daß in seinem Badehause 2 Zimmer für die Juden bestimmt seien, so daß kein Christ in einem solchen Zimmer baden solle; auch sei das Weißzeug verschieden gezeichnet. Aber abgesehen von einigen Rückbewegungen namentlich in den freien Städten — 1817 mokiert sich die Bremer Zeitung über „ein mutiges Kind Israels in Paris", das sich gegen die Maßregeln der freien Städte gegen ihre jüdischen Bewohner gewandt hatte — wurde nicht nur ihre frühere Pariastellung beseitigt, vielmehr gewannen sie bald einen immer größeren Einfluß auf das gesellschaftliche und geistige Leben. Nicht nur wegen ihrer Reichtümer und ihrer finanziellen Unentbehrlichkeit, sondern wegen des regen Bildungsstrebens unter ihnen. Bei der Schilderung der Berliner litterarisch gefärbten Geselligkeit werden wir sehen, wie groß schon zu Anfang des Jahrhunderts die gesellschaftliche Rolle des jüdischen Elements war.

Die beiden Faktoren nun, die die Emancipation der Juden begünstigt hatten, sie wurden im Laufe des Jahrhunderts immer mehr für die Gestaltung der Gesellschaft überhaupt maßgebend und haben die frühere Trennung der Stände gemildert: Bildung und Geld. Die durch die Verfassungskämpfe in der Mitte des Jahrhunderts erlangte Gleichberechtigung aller Staatsbürger, der Fall aller Privilegien haben dazu beigetragen, eine wirkliche Demokratisierung der Gesellschaft und damit eine Nivellierung derselben herbeizuführen. Die Vorherrschaft hat heute das Bürgertum, aber nicht als Stand, sondern als die mittlere Schicht, die die obere und untere führt, weil sie die Hauptträgerin eben der modernen Entwickelungsfaktoren ist, des Geldes und der Bildung. Der Sitz dieser Mächte, die Stadt, insbesondere die Großstadt, beeinflußt das gesellschaftliche Leben der Nation gleichmäßig: ja die Nivellierung ist so groß, daß sich immer mehr ein internationaler, kosmopolitischer Charakter des gesellschaftlichen Lebens, wenigstens der Großstädte, auch der gebildeten Kreise überhaupt herausbildet, der freilich alle nationalen Verschiedenheiten keineswegs aufgehoben hat.

Überhaupt sind die Unterschiede auch in unserer gesellschaftlichen Organisation groß genug. Wir haben heute genau wie früher eine bevorzugte Schicht, die sogenannte „gute Gesellschaft". Bildung und Geld bilden eine ebenso scharfe Grenze wie früher der Standesbegriff: ja vielleicht haben sich „Gesellschaft" und „Volk" noch mehr getrennt wie früher, und erst die modernen Emancipationsbestrebungen des immer einflußreicheren vierten Standes scheinen einen neuen Wandel herbeizuführen. Immerhin umfaßt die heutige sogenannte „Gesellschaft" viel breitere Schichten als früher, der Eintritt in sie ist unendlich viel leichter als je und wird bei dem charakteristischen allgemeinen Streben nach oben immer leichter. Man denke z. B. an einen reichen Schusterssohn, der Jura studiert und schließlich Unterstaatssekretär wird. — Innerhalb der verschiedenen Gruppen freilich herrscht besonders in Deutschland, weniger in Frankreich, noch genug Exklusivität — von England, wo der Adel seine exceptionelle Stellung bewahrt hat, sehe ich ab. Es kommen auf der einen Seite noch genug Velleitäten, auf der anderen Seite noch genug Servilität und Unselbständigkeit vor. Noch vielen flößt das Wörtchen „von" einen besonderen Respekt ein, ja man kann neuerdings einen steigenden Machtzuwachs und eine absichtliche Bevorzugung des Adels beobachten. Am meisten dekorativ ist der Adel in Frankreich geworden, am wenigsten bekanntlich in England. Zuzugeben ist, daß der Adel, der einstige Träger leichten Lebensgenusses, noch heute viele gesellschaftliche Vorzüge besitzt, weil er traditionell äußere gesellschaftliche Bildung pflegt und auf eine gute gesellschaftliche Erziehung durchweg Wert legt. In Deutschland genießt auch der Offizier noch eine gewisse gesellschaftliche Bevorzugung: auch er pflegt die gesellschaftliche Form besonders, ist sehr gesellig, und da er sich heute aus verschiedenen gesellschaftlichen Schichten rekrutiert, findet man ihn in der gebildeten Gesellschaft überall.

Auf der anderen Seite bewahrt er eine gewisse Exklusivität, die aus seinem ausgeprägten Standesbewußtsein hervorgeht. Auch bei den höheren Beamten findet man noch viel Exklusivität, ebenso bei den Professoren, von denen ein Teil in seinem Gernegroßgebahren am meisten zur Kritik herausfordert. Der zopfige Beamtentick, das krampfhafte Festhalten der Rangunterschiede herrscht übrigens auch bei kleinen Beamten, freilich mehr in Süddeutschland als in Norddeutschland. Der Beamte bewahrt auch ebenso wie der Adel noch vielfach eine gewisse Verachtung einerseits gegen die technischen und gewerblichen, andererseits gegen die freien Berufe, namentlich gegen die Schriftsteller. Auch für die feine Gesellschaft kommt der Schriftsteller weit weniger in Betracht als der Künstler, der Maler und Musiker, die man auch bei Hoffesten findet. Sie vertreten ja auch die von vornehmen Dilettanten, überhaupt der feinen Gesellschaft bevorzugten Kunstzweige. Der belletristische Schriftsteller wird hingegen heute nicht mehr so umschwärmt, wie in den litterarisch gefärbten vormärzlichen Tagen; und der Journalist, der moderne „Litterat", der in Frankreich und England eine große Rolle spielt, hat bei uns auch sonst vielfach den Makel einer verlorenen Existenz, dem Schauspieler ähnlich, der nur in der Großstadt eine gesellschaftliche Rolle spielt. Ihnen, aber noch mehr berühmten Schriftstellern und Künstlern begegnen vor allem die Kreise der Geldaristokratie mit offenen Armen. Diese Geldaristokratie hat sich namentlich in Frankreich zur Spitze der Gesellschaft herausgebildet, in Deutschland ist sie erst neuerdings mächtig geworden. Sie sucht sich mit der Bildungs- und Geburtsaristokratie nach Möglichkeit zu verbinden, besitzt aber nicht die geistigen Vorzüge jener, und nicht die gesellschaftliche Bildung und das Ehrgefühl dieser. Diese Schicht hat einen Typus ausgebildet, der für die Gegenwart recht charakteristisch ist, den Parvenü, in gewissem Sinne freilich „ein Produkt des Kulturfortschritts", trotz seiner unangenehmen und lächerlichen Seiten. Das Aufsteigen ist eben heute sehr erleichtert:

Geld kennt keinen Stammbaum. Der Parvenü entstammt zum Teil ganz niederem Stande, zum Teil jener anständigen und fleißigen kleinbürgerlichen Schicht, die die kleinen Kaufleute und Gewerbetreibenden, Subalterne u. s. w. umfaßt, die heute nach Möglichkeit den gesellschaftlichen Allüren der gebildeten „Gesellschaft" sich anzupassen sucht, sonst aber nach alter Weise ihre hergebrachte kleinbürgerliche Geselligkeit pflegt. Unter ihnen wieder hat sich heute der „vierte Stand" als eigene Klasse, gegen die auch die schärfste Schranke seitens des Bürgertums aufgerichtet ist, entwickelt, der im gesellschaftlichen Leben der Vergangenheit eine Rolle überhaupt nicht spielte, der aber heute im Bewußtsein seiner Macht die alte Gesellschaft hart bedrängt, und namentlich in der öffentlichen Geselligkeit, in den Wirtshäusern und Vergnügungslokalen, sich zuweilen durch unerhörte Verschwendung und Genußsucht bemerkbar macht. Die Gesamttendenz der modernen Entwickelung zeigt trotz aller dieser Unterschiede doch im ganzen eine immer stärkere Ausgleichung der Klassenunterschiede. — Dieser immer geringeren Sonderung der Stände ist nun für Deutschlands geselliges Leben noch eine geringer gewordene Sonderung der Geschlechter zur Seite zu stellen. Die gesellschaftliche Stellung der Frau hat sich, nachdem ihr einmal von der französischen Gesellschaft und nach ihrem Beispiel bei allen Nationen der einstige gesellschaftliche Nimbus wieder verliehen war, in diesem Jahrhundert im allgemeinen wenig geändert, am meisten aber in Deutschland. Eine Beherrscherin der Geselligkeit wie in Italien, die Königin der Salons wie in Frankreich, war die deutsche Dame zu Anfang des Jahrhunderts nur selten, so in jenen geistreichen Kreisen Berlins, auf die ich noch kommen werde. Die sehr ausgebildeten gesellschaftlichen Vereinigungen dienten vorzugsweise der Männergeselligkeit. Auch in den Salons jener geistreichen Frauen waren wesentlich nur Männer zu finden. Es gab bis zur Mitte des Jahrhunderts bei uns eine Frauen- und eine Männergeselligkeit neben einander. Die Frauen des Bürgertums zeigten sich öffentlich fast nur auf dem Markt und in der Kirche. Die letztere war daher die Stätte, wo man namentlich neue Kleider und Hüte zeigte, wo man infolgedessen viel häufiger erschien als heute. Im Sommer sah der Kaffeegarten beide Geschlechter zwar vereint, aber steif neben einander. In Süddeutschland gingen übrigens auch feinere Damen mit ihren Männern in die Biergärten. Dazu kamen dann im Winter die zahlreichen Bälle und Maskeraden, aber die rauschenden Vergnügen konnten doch an dem steifen, konventionellen Verkehr beider Geschlechter wenig ändern. Sonst gingen die Frauen in ihre häufigen Kränzchen, in denen Kaffee und Chokolade und lebhaftes Gespräch Genuß genug boten, und die Männer in ihre Klubs und Vereinigungen. Dort herrschte der Strickstrumpf, hier die Pfeife. Ganz richtig sieht Weber hierin einen Grund der gesellschaftlichen Ungewandtheit der Deutschen: „Auf die Art gelangen wir nie zu dem artigen und feinen Benehmen, das die Franzosen so aimabel macht." Er findet die Gewohnheit, „das weibliche Geschlecht aus unsern Cirkeln auszuschließen", übrigens dem Süden Deutschlands besonders eigentümlich, namentlich Schwaben und der Schweiz.*) Auch ein späterer Beobachter, Riehl, meint: „In Norddeutschland, wo der Theekessel die gesamten Familien vereinigt, ist der Einfluß der Frauen auf das gesellige Leben überwiegend; in Süddeutschland hingegen, wo die Bier- und Weinkollegien einerseits, die Kaffeekollegien andererseits die Geschlechter auseinanderhalten, ist das Eingreifen der Frauen in das gesellige Leben ungleich geringer." Auch in den Rheinlanden zeigte sich die Trennung besonders stark, „bis zu den wohlhabenderen Bauern herunter".

Im Laufe des Jahrhunderts hat sich das alles wenigstens etwas geändert. Die ästhetischen Thees, die

---

*) Dazu paßt nicht ganz die Erzählung Menzels, daß in der Schweiz junge Mädchen und junge Leute ohne Zulassung von Verheirateten zu gemeinschaftlichen Partien, Bällen u. s. w. sich zu vereinigen pflegten.

litterarische Geselligkeit, die an vielen Orten gepflegt wurde, wirkten doch schon sehr günstig. Von gewissem Einflusse ist dann auch die fortschreitende Emancipation der Frauen gewesen. Sie knüpft zum Teil an die vormärzliche Pflege litterarischer Interessen an. In Litteratur und auch in der Kunst traten Frauen außerordentlich hervor. Welcher Kultus wurde mit der Henriette Sonntag getrieben! Dann kamen die Scharen von Schriftstellerinnen in den dreißiger Jahren. Um 1848 griffen die Frauen dann auch auf das Gebiet der Politik über: es kam die Zeit, in der manche Frauen sich ganz wie Männer gebärdeten. „Wir sehen," sagt Riehl, „nicht bloß in Paris, sondern auch in norddeutschen Städten, namentlich in den Jahren 1842—1848, Damen in Männerrock und Hosen, mit Sporen und Reitpeitsche, die wogende Feder auf dem Hut, die brennende Cigarre im Mund, durch die Straßen stolzieren und in den Bierkneipen zechen." Die „Emancipierten" blieben seitdem, wenn auch nicht in solchen Extremen, lange Mode und sind es zum Teil heute noch. Zu ihnen kommen dann die „Blaustrümpfe", die Frauenrechtlerinnen u. s. w. Beide Klassen haben unzweifelhaft eine engere Berührung der männlichen und weiblichen Geselligkeit herbeigeführt; indessen hat Hillebrand doch Recht, wenn er die Geselligkeit dadurch „ungeheuer gefälscht", den Verkehr „unnatürlich" nennt. Der Einfluß der Emancipierten auf die Frauen überhaupt äußert sich andererseits in dem heute sehr freien Benehmen der meisten jungen Damen jungen Herren gegenüber.

Daß wir aber heute eine stärkere Mischung beider Geschlechter in der Geselligkeit finden, liegt doch noch an etwas anderem. Die starke Geselligkeit außerhalb des Hauses ist, wie wir noch sehen werden, zurückgegangen, und diejenige im Hause wird heute mehr gepflegt. Riehl rühmte schon vor 40 Jahren einen geselligen Brauch, der damals von Norddeutschland aus die Runde durch die gebildeten Kreise machte, den der „offenen Abende", weil eben diese Art Geselligkeit ihren Schwerpunkt in der Familie, im Hause hat. Und so ist es

natürlich, daß, sobald die Geselligkeit wieder mehr im Hause
wurzelt, der natürliche Mittelpunkt derselben, die Frau,
stärker hervortritt. Immerhin muß zugegeben werden,
daß auch heute noch der Deutsche im Gegensatz zu dem
Franzosen oder Engländer häufig die Männergeselligkeit
vorzieht, daß nicht bloß in den Wirtshäusern die Männer
zusammenkommen, sondern auch in den Gesellschaften sich
alsbald wie eine feindliche Partei ins Spiel- und Rauch-
zimmer zurückziehen. Auch in gebildeten Kreisen sitzen sich
junge Mädchen und junge Männer oft hilflos und steif in
langen Reihen gegenüber. Nach wie vor ist der ungünstige
Einfluß dieser Sonderung auf die Formen der Männerwelt,
zum Teil auch der Damen bei uns bemerkbar.

Es spielt in allen diesen Dingen die gesellschaftliche Anlage, die aber doch wieder sehr von der ge-
schichtlichen Entwickelung des einzelnen Volkes abhängt,
wesentlich mit. In der lebhaften, mit reizenden gesellschaftlichen Talenten begabten, aber anspruchsvollen, von
Bällen, Konzerten, Theatern nie ermüdeten Französin, in
der stolzen Spanierin, in der leidenschaftlichen, aber faulen
Italienerin, in der steifen, langweiligen Engländerin, in
der etwas ungewandten, zum Teil hausbacknen Deutschen
spiegelt sich die gesellschaftliche Höhe der Nation selbst.
Gegenüber dem Eldorado gesellschaftlichen Lebens, gegenüber Frankreich mit seinen freien, natürlichen Sitten, seinem
Witz und Esprit, seiner höflichen Aufmerksamkeit und Ge-
wandtheit, seiner Galanterie, seinem erfinderischen Geschmack
in Äußerlichkeiten, gegenüber England mit seinem ruhigen,
selbstbewußten, geregelt-höflichen Wesen und seiner Neigung
zu Komfort und Bequemlichkeit, gegenüber Italien mit
äußerem Glanz und innerem Schmutz, mit ungezwungensten
Manieren und großer Unterhaltungslust bietet Deutschland
auch heute noch nicht einen fest ausgebildeten gesellschaftlichen Charakter, wenn man nicht eine gesellschaftliche Talent-
losigkeit als charakteristisch bezeichnen will. Das Fehlen
eines Mittelpunktes, die große Stammesverschiedenheit —
neben dem freien Berliner der steife Breslauer, neben dem

gemessenen Norddeutschen der fahrige, angeblich gemütliche, in Wahrheit grobe Süddeutsche, neben dem formlosen, kleinbürgerlichen Thüringer der formelle Hannoveraner, neben dem lebhaften Rheinländer der schwerfällige Vorpommer — erklärt diesen Mangel zum Teil. Man kann behaupten, daß ein höheres gesellschaftliches Leben mit bestimmtem Charakter in Deutschland bisher nur episodenhaft vorgekommen ist. Einen „Salon", der nur und ausschließlich der neutralen, edleren gesellschaftlichen Unterhaltung dient, hat Deutschland, wie Ehrlich richtig hervorhebt, bis heute nicht, ebenso wenig wie einen „fest geformten Lebensstil." Man müßte denn das Wirtshausleben als das gesellschaftliche Ideal der Deutschen hinstellen. Den Anforderungen und Interessen des gesellschaftlichen Lebens steht der Gebildete in Deutschland traditionell mit einer gewissen Verachtung gegenüber, die aber zum großen Teil aus einer außerordentlichen gesellschaftlichen Ungewandtheit entspringt. Der herkömmliche, salopp gekleidete Gelehrte mit ungeschickten Manieren ist heute noch nicht ausgestorben, freilich hat sich neben ihm in Gelehrtenkreisen ein weltmännischer Typus entwickelt. Der Mittelstand, auch der reiche, hat bei uns noch viel zu viel Kleinbürgerliches, am allermeisten in Süddeutschland, aber auch in Mitteldeutschland. Der Süddeutsche Riehl giebt die „Thatsache" zu, „daß in Oberdeutschland häufig noch der Kleinbürger da den Ton der Sitte angebe, wo in Niederdeutschland längst nur noch die Sitte der vornehmen Welt entscheide." Der Teil des Mittelstandes aber, der in der mehr oder minder geschickten Nachahmung der Vornehmen aufgeht, bietet auch wieder kein natürliches Bild. Und selbst die vornehme Welt, die zwar einen festen gesellschaftlichen Stil pflegt, ist doch wieder nur die Schülerin Frankreichs. Seit über zwei Jahrhunderten ist der gesellschaftlich anscheinend wenig begabte, gedrückte und unselbständige Deutsche in diese Schule gegangen: die vornehme Schicht hat sie mit Erfolg absolviert, die andern weniger. Aber das Schlimme ist, daß man nicht weiter gekommen ist, daß man der französischen nicht eine nationale gesellschaftliche Bildung aufgepfropft hat.

Freilich sind auch die anderen Nationen in die französische Lehre gegangen: im 18. Jahrhundert finden wir die ganze vornehme Welt Europas französiert. Und wenn wir die innere Organisation des modernen gesellschaftlichen Lebens, insbesondere die Umgangsformen betrachten, so kommen wir doch immer wieder zu der Grundlage der französischen Gesellschaft des 17. Jahrhunderts, die ihrerseits wieder vieles der hohen gesellschaftlichen Kultur des Italiens der Renaissance, wie auch derjenigen Spaniens verdankt. Es ist dadurch schon früh eine gewisse internationale Gleichheit der höheren Gesellschaften aller Nationen geschaffen worden, die bis zum Ende des 18. Jahrhunderts andauerte, bis zum Sturz der alten Gesellschaft. In unserem Jahrhundert aber hat sich eine erhebliche Änderung dieses französierten Charakters vollzogen. Zu Anfang desselben zeigt ihn in Deutschland die gebildete Gesellschaft, insbesondere der Adel, der alles Französische sklavisch nachahmte, außerordentlich stark. Französische Konversation, französische Briefe gehörten noch sehr zum guten Ton; noch lange wurde in vornehmeren Familien den Kindern die französische Sprache schon im Hause gelehrt, vielfach durch Maîtres und Gouvernanten. Mancher Fürst, wie der Herzog Karl Wilhelm Ferdinand von Braunschweig, sprach sehr elegant französisch. Alles das hat doch sehr abgenommen, auch die vielen französischen Floskeln, die früher allgemein üblich waren, verschwinden mehr und mehr, wie Bon jour, Merci u. a. Die Formen des geselligen Verkehrs — zu der Anmut seines französischen Vorbildes hatte sich der Deutsche freilich mit wenigen Ausnahmen auch damals nicht emporgeschwungen, er zeigte noch sehr viel Steifheit, er hing an Ceremonien und Titeln, wie noch heute — haben auch manchen Wandel erlebt, zum Teil durch englischen Einfluß, z. B. in den Grußformen, zum Teil durch die Demokratisierung unserer Gesellschaft. Lange Komplimente, zierliche Redeweise, tiefe Verbeugungen, auch der Handkuß sind immer mehr geschwunden. Man läßt sich mehr gehen als früher; mehr und mehr greift Regellosigkeit um sich. Auch der Franzose selbst hat sich in der neueren Zeit von der früheren zierlichen Grazie seiner Umgangsformen etwas entfernt. Immerhin ist er für den Deutschen das Muster geblieben. Wie dieser noch immer nach französischen Romanen greift, an französischen Lustspielen und Operetten sich mit Vorliebe ergötzt und sich in der Mode der Kleidung nach Frankreich richtet, so ist nach wie vor der französische Konversationston, die französische Umgangsform für ihn wesentlich maßgebend. Er hat sich noch nicht nationale Formen erobert, wie der Engländer.

Die Durchschnittsunterhaltung der guten Gesellschaft hat selten auf einer besonderen Höhe gestanden: immerhin ist jedoch der Zeitgeist darauf von Einfluß. Der litterarisch-ästhetische Charakter der ersten Jahrzehnte unseres Jahrhunderts z. B., den, wie wir oben gesehen haben, auch das Familienleben nicht verleugnet, trat auch in der gesellschaftlichen Unterhaltung hervor. Wenn es gegen Ende des 18. Jahrhunderts in der Selbstbiographie v. Halems über Oldenburg heißt: „Statt daß sonst nur Prozesse, Familienvorfälle und Schwächen des Nächsten Gegenstände gesellschaftlicher Unterhaltung waren, sprach man jetzt von Schauspielen und andern Gegenständen der Litteratur. Alles fing an zu lesen; 1778 waren schon vier Büchergesellschaften im Gange," so gilt ähnliches auch noch für den Anfang unseres Jahrhunderts. Theater, Kunst und Litteratur bildeten die Hauptgegenstände der Unterhaltung. Bei dem Auftreten der Henriette Sonntag in Berlin wurde es selbst den Zeitgenossen zu viel, von nichts als der Sonntag zu hören, und einzelne Gesellschaften kamen überein, ihren Namen nicht zu nennen. Lesegesellschaften gab es in Deutschland in ungezählter Menge. Als Beispiel für diese Art von Geselligkeit diene, was Eilers über diejenige in Kreuznach mitteilt: „Die Gesellschaften fanden jede Woche an einem bestimmten Abend bei einer der Familien nach festgesetzter Reihenfolge statt ... Man versammelte sich unter herzlichen Begrüßungen und genoß den Thee unter allerlei flüchtigen Mittheilungen und Fragen, während die Frauen sich von ihren Kindern und Mägden unterhielten. Dann wurden ausgesuchte dramatische Stücke rollenweise gelesen, auch wohl bessere belletristische Schriften, z. B. Novellen von Tieck und die „Vier Norweger" von Steffens, von guten Lesern vorgelesen. Freien Lauf ließ man zum Schluß bei Tische, wo der jedesmalige Gastgeber für gute Weine zu sorgen nicht unterließ, allen anständigen Auslassungen der Heiterkeit und des Witzes." Ganz ähnlich schildert Eilers seinen Koblenzer Freundeskreis, der ein außerordentlich reges geistiges Leben zeigte. Mit wie lebhaftem Interesse wurde in solchem Kreise eine Erscheinung wie der zweite Teil des Faust aufgenommen! „In unserm Koblenzer Freundeskreise entstand eine Mischung Wißbegierde und Neugierde von so erregender Intensität, daß man die Zeit des gegenseitigen Austausches über Sinn und Bedeutung des neuen Stücks kaum erwarten konnte. Wie viele Abende der gemeinsamen Lektüre und Besprechung gewidmet wurden, weiß ich nicht mehr; ich erinnere mich nur noch, daß vier davon allein auf mein Haus kamen." So ging es an vielen Orten zu: in Celle las selbst ein Jurist geistreichen Frauen Goethes Iphigenie vor, nämlich Strombeck. Aus Kassel berichtet das Journal für Luxus und Mode 1815, daß in kleineren Zirkeln Musik mit Deklamation wechsele, oder die Lektüre eines Stückes unserer Lieblingsdichter den Abend angenehm ausfülle. Man lese Hauffs „Die letzten Ritter von Marienburg", um sich die Rolle, die das Vorlesen in Gesellschaften damals spielte, anschaulich zu machen. In den „ästhetischen Thees" war das Vorlesen selbstverständlich von größter Wichtigkeit.

Nur damals konnte es auch geschehen, daß auf einem größeren Ausfluge zur Neubelebung der ermüdeten Jugend deklamiert wurde. „Wenn diese," erzählt Schleiden aus seinem Ascheberger Leben, „auf der Bank vor dem Wirtshause am Markt saß und schon etwas ermüdet war, wurde sie durch Silkrodts Recitation des „Peter in der Fremde" oder durch den von der freundlichen Tante Leonore vorgetragenen „Abt von St. Gallen" neu belebt. Dieses Interesse ging herunter bis zur Geselligkeit der Kleinbürger. Bekannt ist die Schilderung Hauffs von dem „ästhetischen Bier" einiger Schuhmachergesellen und Bürgermädchen.

Eine sehr beliebte Gesellschaftsunterhaltung waren daher in jener Zeit auch theatralische Aufführungen, die ja auch heute noch ebenso wie die Lesegesellschaften vorkommen, ja häufiger als diese, aber doch für die heutige Geselligkeit nicht besonders charakteristisch sind. Überdies liegt die Anziehungskraft derartiger Aufführungen heute weniger im litterarischen Element als in dem Reiz der Kostüme, in kleinen Liebeleien und ähnlichen Dingen. Das war allerdings bei der vornehmen Gesellschaft auch schon früher so. Komödienspielen war z. B. in der feinen französischen Welt zu Anfang des Jahrhunderts sehr beliebt: die Herzogin von Abrantes erzählt wiederholt davon. In ihren Memoiren wird auch als ein beliebter Zeitvertreib das Aufführen von Charaden erwähnt. Auch in Deutschland finden wir die Theaterspielerei bei der feinen und weniger feinen Welt, ebenso die Mode, Sprichwörter oder auch Charaden aufzuführen. Für letztere schwärmte z. B. noch Bluntschli, der in den fünfziger Jahren in seinem Münchener Heim gern solche Aufführungen arrangierte. Alles das ist für den erwähnten litterarischen Zeitgeist nicht weiter charakteristisch, wohl aber solche Aufführungen, wie sie z. B. Schleidens Mutter aus ihrer Bremer Geselligkeit erwähnt. Ihre Freitagsgesellschaft wagte sich u. a. abgesehen von musikalischen Aufführungen, wie die des „Titus", an „Emilia Galotti" heran. Bei der Frau v. Lenthe in Celle wurde, wie Strombeck erzählt, Schillers „Braut von Messina" gegeben. Bevorzugt wurde aber meist das Lustspiel. Kotzebues „Die Zerstreuten" und ähnliche Stücke waren sehr beliebt. —

In den fünfziger Jahren war übrigens nach der ersten politisch aufgeregten Zeit eine Art litterarische Geselligkeit wieder häufiger, insbesondere in Kreisen, in denen Dichter und Schriftsteller verkehrten. So erzählt Luise v. Kobell von mehreren Münchener Lesekränzchen: „Wir lasen u. a. bei uns „Iphigenia auf Aulis". „In unserem englischen Kränzchen lasen wir Shakespeare, welchen uns Bodenstedt in anziehender Weise erläuterte. Im Geschichtskränzchen mit den Familien Thiersch und Siebolds lasen wir damals Macaulays Essays und Häussers „Deutsche Geschichte im Zeitalter der Revolution". In ähnlichen Kreisen mag man auch heute noch ähnliches finden. Ja es giebt auch Häuser der hohen Finanz, in denen wohl ein bekannter Dramatiker seine noch nicht aufgeführten Stücke vorliest. Aber in letzterem Falle ist das in der Regel Dekoration; ein Dichter und eine Dichtung können in der heutigen gesellschaftlichen Atmosphäre höchstens im Vorübergehen eine Rolle spielen.

An die Stelle der Litteratur ist heute vielmehr die Musik getreten. Natürlich wurde auch früher in der Gesellschaft musiziert. Nicht nur dort, wo Musiker einen geselligen Mittelpunkt hatten, wie im Mendelssohnschen Hause, sondern überhaupt in geistig angeregten Zirkeln, wie in demjenigen Elise Stägemanns in Berlin oder auch in den „ästhetischen Thees". Und auch in den bescheideneren Kreisen fand die schöne Kunst gute Pflege. Man war in solchen Darbietungen aber harmloser als jetzt. Da setzte sich ohne weitere Aufforderung plötzlich ein Jüngling ans Klavier und sang z. B. Adelaide, ohne gewissermaßen eine gesellige Programmnummer zu bilden. Heute spielt die Musik eine ganz andere gesellschaftliche Rolle. Heute ist die musikalische Unterhaltung als die die Nerven am meisten erregende geschätzt: sie kann oberflächlich, man kann sagen sinnlich genossen werden. Ehrlich hat ihre heutige Wertschätzung ferner nicht unrichtig auf den Einfluß Schopenhauers und Wagners zurückzuführen gesucht. Wichtig ist indessen vor allem die schon oben berührte Zunahme des Klavierspielens. Über diese klagt Heinrich Heine schon 1843. Heute wird es in jedem Hause ausgeübt, und zwar oft in ziemlicher

Vollendung. Gerade auch die Kreise des Hochadels, die doch vielfach noch den Ton in der Gesellschaft angeben, pflegen die Musik häufig sehr eifrig, so daß sie leicht auch zur Unterhaltung in größerem Kreise dient. Dazu kommt dann noch ein zweites, auch schon von Heine hervorgehobenes Moment, die Vermehrung des Virtuosentums. Heine findet beide Momente für unsere Zeit charakteristisch, sie „zeugen ganz eigentlich von dem Sieg des Maschinenwesens über den Geist". Jenes Virtuosentum spielt heute namentlich in der großstädtischen Geselligkeit eine große Rolle. Um die Virtuosen reißen sich Adel und Haute finance gleichmäßig. Und gerade die großstädtische Geselligkeit zeigt auch eine starke Pflege der Musik viel mehr, als die der mittleren und kleinen Städte. — —

Die Zeit der Restauration und Reaktion, der Romantik und des Mystizismus äußerte sich in der Gesellschaft nun nicht nur in der einseitigen Pflege des litterarischen Elements, in der Verbannung des politischen Gesprächs, vielmehr auch in der Rolle, welche Geisterseherei und Somnambulismus damals spielten, beides ein Erbe des achtzehnten Jahrhunderts. In der Litteratur fand diese Richtung bekanntlich eine Hauptvertretung durch Justinus Kerner: sie äußerte ihren Einfluß auch auf die Gesellschaft. Eifrig wurden „famöse Geschichten" kolportiert, wie in Paris 1805 die „mit den Bouteillen, die in einem Keller tanzten und den Leuten um die Köpfe flogen". Dort wie in Berlin war der Mesmerismus neu belebt trotz aller Einwendungen. „Der Aufschwung desselben in Berlin," berichtet Varnhagen, „dauerte viele Jahre fort, die vornehme, zum Theil die gelehrte Welt beugte sich diesem Einflusse, besonders die Frauen, Hardenberg ließ sich magnetisch behandeln, Schleiermacher und sogar Erhard gestanden manche Thatsache zu, nur nicht die Folgerungen, die man damit verknüpfen wollte. Zuletzt erlosch die Theilnahme an der Übersättigung und an einigen ärgerlichen Vorfällen." Somnambulen gab es damals überall — Eilers erzählt z. B. einen merkwürdigen

Fall aus der Bremer Gesellschaft —, und man kann sich denken, wie alle Welt sich damit beschäftigte. Nebenbei darf hier auf die Bedeutung hingewiesen werden, die für den Gesprächsstoff der Gesellschaft zu Anfang des Jahrhunderts Galls Schädellehre hatte. Galls Vorlesungen, die zum Teil auch in hohen Privatzirkeln gehalten wurden, erregten ungeheures Aufsehen; sie waren ein sensationelles Ereignis ersten Ranges. — In den fünfziger Jahren waren übrigens wieder occultistische Neigungen so stark, daß das gesellschaftliche Leben aufs neue von ihnen beeinflußt wurde. Der Einzug des Spiritismus in die Familie und die Geselligkeit geschah durch das Tischrücken, das durch einen Artikel der Allgemeinen Zeitung 1853 allgemeiner bekannt wurde; es hat übrigens kaum eine ernste Seite gehabt, vielmehr nur der Unterhaltung gedient. Damals konnte man fast nie gesellig zusammenkommen, ohne daß man mit dem Tischrücken begann, das man wesentlich als Orakelspiel benutzte. Die Epidemie ging indessen nach einiger Zeit vorüber.

Im allgemeinen trug doch die gesellschaftliche Unterhaltung in den ersten Jahrzehnten des Jahrhunderts einen entschieden blasierten Charakter. Geistig so belebte, heitere Kreise wie der im Hause der Gräfin Rantzau auf der Seeburg oder im Schleidenschen Hause auf Ascheberg oder wie in einzelnen Berliner Zirkeln waren nicht die Regel: das lag wesentlich an der Verbannung der realen, praktischen Interessen, insbesondere an der Versumpfung des politischen Lebens. Seume schildert gelegentlich die übergroße Ängstlichkeit in dieser Beziehung in Wien: das gilt für die sonstigen deutschen Städte nicht minder. Wenn z. B. religiöse Gespräche immer aus dem gesellschaftlichen Gespräch wegen des darin liegenden Zündstoffes verbannt waren und wenn auch heute bei Anwesenheit politischer Gegner politische Themata möglichst vermieden werden, so ist das alles doch nicht mit der politischen Interesselosigkeit jener Tage zu vergleichen. Unmittelbar vor den Freiheitskriegen hatte allerdings das vaterländische

Interesse, das aller Herzen mächtig bewegte, auch die gesellschaftliche Unterhaltung beeinflußt. „Man konnte," wie Henriette Herz sagt, „den gesellschaftlichen Ton jetzt einen vorherrschend deutschen nennen, während er früher die kosmopolitische Färbung oder eigentliche Farblosigkeit trug, welche der Salonkonversation in den Zeiten der Stockung des politischen Lebens eigen ist." Aber diese Farblosigkeit trat sehr bald wieder ein. In München unterhielt man sich z. B. 1818 — diese Hauptgesprächsstoffe teilt Luise von Kobell mit — über die Catalani, das Fest des Fürsten Kaunitz in Rom, die Bauplätze in der Schwabingerstraße und ähnliche Dinge. Menzel hat über diese ganze Zeit sehr scharf geurteilt: „Es herrschte damals eine fürchterliche Gemeinheit in der Welt, eine Flucht vor allem Heiligen, Großherzigen und Schönen, jenes „gespenstige Philistertum", vor dem sich Callot-Hoffmann bis zum Wahnsinn entsetzte und Lord Byron lieber in den barbarischen Orient flüchtete." Gegenüber der allgemeinen „Gleichgültigkeit, Frivolität und dem Partikularismus" schildert er den freilich französisch gefärbten Liberalismus als einzigen Trost, als einzig treibende Kraft.

Mit den dreißiger Jahren setzt der Umschwung ein. Zunächst litt darunter allerdings die Harmonie der Gesellschaft. „Die Trübsal der politischen Conversation," sagt wieder Henriette Herz, „war nicht mehr aus den Gesellschaftszimmern zu bannen." Anfangs beschränkten sich diese Gespräche noch auf kleine Gruppen; dann wurde das Interesse stärker und stärker. Aus einer kleinen ostpreußischen Stadt berichtet Boyen 1834: „Die mit jedem Tage sich vermehrende Zeitungs- und Journal-Lektüre zog in den sonst sehr lokalen Gang der Unterredung unvermerkt auch die Ereignisse anderer Länder und die neugeweckten Zeitansichten." Aus den Rheinlanden haben wir die Schilderung, die Eilers von den belebten politischen Gesprächen „in den höhern sowol als den untern Sphären der Gesellschaft" gegeben hat, und die alle die "bessere Gestaltung des öffentlichen Wesens" zum Ziele hatten. Dieser Zug wurde dann immer stärker, bis nach den politischen Umwälzungen in der Mitte unseres Jahrhunderts wieder ein Rückgang der politischen Konversation eintrat. Heute, nachdem wir ein kräftiges nationales, öffentliches Leben errungen haben, ist die Unterhaltung nicht mehr von einem einzigen Interesse besonders beherrscht, abgesehen von zufälligen Einflüssen. Das Niveau der Unterhaltung richtet sich ganz nach den Teilnehmern. Die feine Gesellschaft bewahrt einen konventionellen, unanstößigen, glatten Ton der Unterhaltung; Tiefe ist wenig erwünscht; es herrscht ein gewisser Gesinnungszwang; man setzt voraus, daß der andere "wohldenkend", "gutgesinnt" ist. In den Kreisen der geistigen Elite herrscht ein freieres, belebteres Wesen; zu frei wird die Unterhaltung wieder in gewissen Kreisen der Geldaristokratie. Im allgemeinen nehmen aber die kleinen Interessen und Verhältnisse des Daseins, das Persönliche und Lokale naturgemäß einen breiten Raum ein, und die Unterhaltung sinkt nicht selten zum öden Klatsch herab. Aber diese sehr unerfreuliche Seite des gesellschaftlichen Lebens, der Klatsch, zeigte sich früher doch noch entschieden stärker. Es erklärt sich das aus den kümmerlichen und kleinlichen Verhältnissen jener Zeit, die ein öffentliches Leben nicht kannte. Was Freytag vom 18. Jahrhundert sagt, gilt auch noch für diese Periode: "Der Klatsch war unaufhörlich, erbittert und bösartig. Jedermann wurde durch solch Persönliches afficiert; was man mit angenehmem Schauder vom lieben Nächsten hörte, trug man eifrig weiter." Der Rat Gottschalk in Ballenstedt machte damals eine Preisaufgabe bekannt: "Welches sind die zweckmäßigsten Mittel, Klätschereien in kleinen Städten abzustellen?" Über die 64 eingelaufenen Arbeiten entschied die Akademie zu Erfurt. Die Zeitung für die elegante Welt knüpft daran eine Betrachtung "über Klätschereien". Alles das zeigt, wie sehr die gesellschaftlichen Verhältnisse unter dieser unedlen Neigung damals litten. Zum Teil hing sie übrigens mit dem damals noch allzu wenig befriedigten

Neuigkeitsbedürfnis zusammen. Es waren die Tage, in denen nach Fritz Reuters Worten die Neuigkeiten sich bei uns noch wie im Morgenlande von Mund zu Mund verbreiteten, in denen einem Fremden in dem Wirtshause mit seinem Mantel auch die Neuigkeiten ausgezogen wurden. Tägliche Zeitungen mit Lokalnachrichten und Vermischtem gab es noch nicht in der Ausbildung wie heute, und so mußte das mündliche Gespräch vielfach Ersatz bieten; auch die damalige große Neugierde der Frauen erklärt sich so. Ganz hat sich, wie gesagt, die deutsche Geselligkeit auch in der Gegenwart nicht von der Neigung zum Klatsch freigemacht, weder in den oberen noch in den unteren Regionen. Der kleinliche, mißgünstige Zug im Deutschen, seine ewigen Vorurteile sind entschieden ein Haupthinderungsmoment für das Entstehen einer großen und freien Geselligkeit, wie sie andere Nationen besitzen.

Wir kommen zu jener Sphäre gesellschaftlicher Unterhaltung, die eben nur den Zweck der Unterhaltung hat. Man hatte früher noch eine größere Freude an harmlosem Scherz als heute. So erzählt die Herzogin von Abrantes, daß die Mode des Mystificierens, die im 18. Jahrhundert manchmal zu einer förmlichen Wut ausartete, noch von Zeit zu Zeit in fröhlicher Gesellschaft wiederkehrte: denn man foppte nur gar zu gern. Überraschungen, die eine leichte Verlegenheit herbeiführten, gemütliche Neckereien waren überall beliebt. — Weit geringer ist heute ferner die Freude an kleinen Kunststücken und Taschenspielereien, die früher zur Unterhaltung auch der feinsten Gesellschaft dienten. Auch solche Dinge, wie Nachahmungen von Tierstimmen, des Summens einer Fliege u. s. w. fanden durchaus Beifall. — Die Gesellschaftsspiele, die der Erwachsenen wie die der Jugend, haben sich wenig geändert: witzige Spiele waren seltener als harmlose Pfänderspiele und dergleichen. An Blindekuh, Kämmerchenvermieten, Motierstuhl hatten auch Erwachsene ihre große Freude. Schleidens Mutter erzählt, daß man gerne Schreibspiele trieb. Figuren- und Würfelspiele sind auch ziemlich dieselben geblieben. Eine Annonce der Oberpostamtszeitung von 1818 zeigte z. B. neben „Apollos Musentempel, einem Orakelspiel zur Unterhaltung für Erwachsene" und anderen das „neueste" Post- und Reisespiel an. — Bedenklich war dagegen im Anfang des Jahrhunderts die Manie des Kartenspiels. Die erwähnten Partieen in der Familie waren davon nur ein geringes Zeichen. Das gesellschaftliche Leben zeigte eine wahre Spielwut. Das Spiel gehörte zu den unerläßlichen Beschäftigungen und — Künsten des feinen Weltmannes. Auch das war der Nachklang des 18. Jahrhunderts. Man hat treffend bemerkt, daß dadurch mehr alte Vermögen zu Grunde gerichtet wurden als durch den dreißigjährigen Krieg. Die ganze vornehme Gesellschaft huldigte dem Hazardspiel. Nicolai spricht 1781 von dem zunehmenden schädlichen Einfluß desselben auf Europa und meint, daß in Wien dieser Spielgeist am höchsten in Deutschland gestiegen sei. Aber dem österreichischen Adel stand der französische und der englische mit seinen Spielklubs sicher nicht nach. Wie leidenschaftlich wurde in deutschen Bädern, z. B. in Pyrmont, gespielt, wie leidenschaftlich auch in kleinen und Mittelstädten. 1792 erließ die Gießener Obrigkeit eine Verordnung gegen die „ganz unsinnige Spielsucht in denen hiesigen Wein- und Bierschenken." Das Bild ändert sich mit dem neuen Jahrhundert nicht. „Es ist ein Spiel, nämlich das Kartenspiel," heißt es in den Briefen über die Höflichkeit und den Anstand für Jünglinge der gebildeten Stände, „welches unsere Gesellschaften fast ausschließlich beschäftigt." 1806 fügt die Zeitung für die elegante Welt der Notiz über den Tod eines Lieutenants, der sich in Berlin wegen Spielschulden erschossen hatte, Klagen über die täglich mehr überhandnehmende Spielwut der Jugend hinzu; in München klagt Westenrieder über die vielen Hazardspiele; über die Pharaobanken der Bäder lamentieren die Zeitschriften, so das Journal für Luxus und Mode 1815 über die in Aachen und Spaa. Selbst über die Spielsucht der Bauern wird geklagt, vom Domherrn Meyer z. B. über die der holsteinischen also: „Von den reichen Süddithmarser Bauern wird erzählt, daß sie in der Schwindelzeit des Güterwesens sich nicht scheueten, auf die Dreikarten drei Last Getreide zu setzen; und höher auf, unter den Güterbesitzern Holsteins hat man bekannte Beispiele, daß in den Lust- und Badeorten jenseits der Elbe an einem Abend der Werth eines Guts von 80 bis 100000 Thalern auf dem Molochstisch des Pharo geopfert ward". Unglaubliches leistete in dieser Beziehung auch der slavische Adel: man setzte zuweilen die Dukaten in Gläsern auf die Karte, also ungezählt. In manchen Städten herrschte natürlich ein maßvollerer Geist, so z. B. in Münster, wo nach den Erinnerungen von Heinrich Berghaus die Spielleidenschaft Blüchers „nicht geringes Mißfallen erregte". Ein ganz unentbehrliches Unterhaltungsmittel war das Kartenspiel aber durchweg! „Was würde wohl," beginnt ein satirischer Artikel in der Zeitung für die elegante Welt von 1805, „aus vielen unserer Gesellschaften werden, wenn den Spieltischen nicht mehr der Rang und der Platz eingeräumt werden sollte, der ihnen bisher zugestanden wurde?" Allmählich tritt das Spiel als gesellschaftliche Unterhaltung aber doch zurück. „Es ist ein schöner Zug der neueren Zeit," heißt es in Hauffs Bettlerin vom Pont des Arts, „daß man in den größeren Zirkeln eingesehen hat, daß das Spiel eigentlich nur eine Schulkrankheit oder ein modischer Deckmantel für Geistesarmuth sei. Man hat daher Whist, Boston, Pharao und dergleichen den älteren Herren und einigen Damen überlassen, die nun einmal die Conversation nicht machen können." Das eigentliche Hazardspiel flüchtete sich aus der Gesellschaft in die Kavalierklubs der feinen Welt, in denen es noch heute geübt wird, und in die öffentlichen Spielsäle der Bäder, die in Deutschland freilich bald nur in wenigen Orten geduldet wurden. Auch sie erlagen dann schließlich dem Ansturm der öffentlichen Meinung; ihr Eingehen ist ein neuer Beweis für die Besserung der öffentlichen Moral durch das einflußreich gewordene Bürgertum.

Eine Hauptwürze der gesellschaftlichen Unterhaltung, der Tanz, zeigt in der Entwickelung während dieses Jahrhunderts einige bemerkenswerte Wandlungen — von den eigentlichen Nationaltänzen, wie etwa den Castagnettentänzen der Spanier und dem Schuhplatteln der Oberbayern sehe ich hier natürlich ab. Das beginnende Jahrhundert weist zunächst einen großen Unterschied gegen das vorige auf. Allgemein spricht man von einem Niedergang der Tanzkunst. Die Zeitung für die elegante Welt erörtert 1805 die allgemeine Klage, daß die Grazien unsere Tanzsäle verlassen haben und rohe Wildheit an die Stelle des schönen, sittlichen Anstandes getreten sei. „Zu Ludwigs XIV. Zeiten," heißt es an einer anderen Stelle desselben Organs, „strich man eine steife Preis-Menuet, bei der man sich kaum die gegenseitigen Fingerspitzen berührte. Jetzt umfaßt der Chapeau die Dame mit beiden Händen und rast mit ihr die Eccosaisen-Kolonnen hinunter, so zucht- und sittenlos, daß das Liebliche, das Gefällige des Tanzes, was vor ungefähr zehn Jahren noch die fröhlichen Reihen belebte, ganz und gar von unsern Ballsälen gewichen ist." Das Feierliche und Langsam-zierliche der Tänze des 18. Jahrhunderts, der Menuett, der Sarabanda, der Musette war allerdings geschwunden; auch hier ist der Geist der französischen Revolution wirksam gewesen. Auf der anderen Seite aber zeigt sich ein plötzliches Vordringen der Volkstänze: so drang der Walzer, der eigentlich deutsche Nationaltanz, der z. B. bei den Kirchweihen getanzt wurde, in die feineren Salons, ja auch in die Gesellschaft des Auslandes; ebenso der schottische Tanz. Die Pariser Tanzmeister waren entsetzt über den Einfluß dieser Tänze auf den zierlichen französischen Tanz. Der Walzer wurde aber als l'Allemande in Frankreich rasch beliebt. In Deutschland war die gesittete Welt anfangs über ihn auch sehr empört. „Die Walzer," heißt es in Hoches Reise in das Saterland, „oder wollüstigen Schleifer kennen die Saterländer noch nicht, aber in dem übrigen nördlichen Westphalen sind diese Würger der Moralität und Keuschheit durch die Soldaten eingeführt und finden leider viel Beifall." Bald fand alles die früheren Tänze langweilig. Als auf dem Wiener Kongreß wieder mehr feierliche Tanzarten bevorzugt wurden, äußerte sich Rostiz: „Der Tanz ist langweilig und verändert, wie ganz Wien. Sonst schwebte Alles im Taumel des Walzers bunt durcheinander, und man erholte sich nur an Quadrillen und Ecossaisen; jetzt fast nichts als Polonnaisen, die von alten Damen mit den großen Herren durch die Reihen der Zimmer abgetanzt werden." In Wien war übrigens der Walzer, den man auch deutscher Tanz nannte, schon im 18. Jahrhundert, nach einem Urteil in der „Reise eines Liefländers", „der Lieblingstanz aller Stände" gewesen. Er eroberte auch, wie gesagt, das Ausland. So spricht 1833 eine Engländerin, Mstrs. Trollope, von „dem deutschen Nationaltanz, der bei uns ebenfalls anfängt einheimisch zu werden." Einen noch größeren Gegensatz zu der früheren Feierlichkeit boten dann die Galoppaden. Viele eiferten gegen sie wegen ihrer Gefahr für die Gesundheit. „Durch die Galoppade auf dem letzten Ball im hiesigen Kasino," heißt es 1825 im Tilsiter Wochenblatt, „sind 6 Individuen invalid geworden. Zwölf noch, behauptet man, werden die Schwindsucht bekommen. Die Ärzte haben daher wohl recht, wider das unmäßige Tanzen zu eifern." Noch 1856 eifert in der Zeitschrift für deutsche Kulturgeschichte der Verfasser eines Aufsatzes über das Tanzen der Deutschen über die „heutigen Sturm- und Barricaden-Galoppaden", die „so viele junge Mädchen dem Tode in die Arme lieferten (wie ich nur in einer gewissen Stadt deren fünf aus den höheren Ständen in einem Jahre benennen könnte)" und ruft den Schutz der Obrigkeit dagegen an. Die Beliebtheit dieses Tanzes scheint fast die politisch aufgeregte Zeit wiederzuspiegeln. Um diese Zeit waren dann auch die Polka, die Mazurka, die Slowanka aufgekommen. Mit Recht betont übrigens Riehl, daß diese Tänze, auf die scharfe, originale Rhythmik nationaler Tänze-

basiert, wieder ein Gefühl für feinere Rhythmik zeigen, das die flachen Tanzweisen der zwanziger Jahre sehr vermissen lassen. Die Gegenwart hat ihre Walzer, Polkas, Galopps, Mazurkas, so gut wie Polonnaisen, Quadrillen und Contres. Ja in neuerer Zeit hat die Hofgesellschaft — es erinnert an die Zeit des Wiener Kongresses — zu älteren Tänzen zurückgegriffen, so vor allem zur Menuett, die heute wieder in immer weitere Kreise bringt. —

Der Tanz stand und steht im Mittelpunkte des geselligen Hauptfestes, des Balles. Er hat im allgemeinen, wenn wir eben von dem Wandel der Tänze selbst absehen, sich wenig geändert. Vielfach herrschte ja früher eine größere Einfachheit. Ein Souper gab es dabei selten; und von den heutigen Cotillonfinessen hatte man noch keine Ahnung: es genügten kleine Sträußchen und Bänder. Aber auch heute giebt es sehr einfache Bälle; Tischzeug, Geschirr, Stühle und Lampen sind geborgt, und das Essen ist fast so schlecht wie in der Regel der Wein oder die Bowle. Daneben giebt es wieder Bälle bei Börsenfürsten oder in der Hofgesellschaft, die an Glanz alles übertreffen. Sonst gilt von Bällen das Urteil, das schon Heine fällte: „Alle Bälle der vornehmen Klasse streben mit mehr oder minderm Glücke, den Hofbällen oder fürstlichen Bällen ähnlich zu sein. Auf letztern herrscht jetzt fast im ganzen gebildeten Europa derselbe Ton, oder vielmehr sie sind den Pariser Bällen nachgebildet." Übrigens belegte man die großen Winterbälle zu Anfang des Jahrhunderts vielfach mit der Bezeichnung Maskenbälle. Andererseits waren aber auch die wirklichen Maskenbälle damals weit häufiger als jetzt; auch außerhalb des Carnevals. Selbst aus der kleinen Stadt Stavenhagen berichtet darüber Reuter: „Diese Art Erheiterung verschaffte sich Stavenhagen in meinen Kinderjahren ziemlich oft." Es herrschte damals noch eine große Vorliebe für Mummereien, die auch viel mehr an die Öffentlichkeit traten, nicht immer zur Freude derselben. So unternahmen im Jahre 1805 die Gens d'Armes-Officiere in Berlin eine Maskerade zu Schlitten, die nachher wegen ihrer Anstößigkeit auch in kirchlicher Beziehung strenge Untersuchung zur Folge hatte. Auf den Maskenbällen wurden meist wie heute Kostümquadrillen getanzt; oder es wurden bestimmte Ideen durchgeführt. So berichtet die Zeitung für die elegante Welt 1806 aus Kassel von einem Maskenjahrmarkt. Die Buden enthielten Kupferstiche zum Verkauf, die „Wunderwerke" der Laterna Magica zum Schauen; da waren Marktschreier mit Apotheken, Bijoutiers, die mit Kammerherrenschlüsseln und Orden handelten, Wachsfiguren, die sich schließlich belebten und mit einander tanzten, Seiltänzer, Juden, Obstfrauen, „Teppichmänner", Schuhputzjungen u. s. w. Das Journal für Luxus und Mode berichtet 1815 von einem Leipziger Maskenball, auf dem ein Minnesänger um ein Ritterfräulein warb und dann Ritter und Ritterfräulein tanzend das Hochzeitsfest feierten, auf dem Nonne, Mönch, Tempelherr und Knappe eine Pantomime tanzten, Tell und sein Weib, Faust und Gretchen, Zigeuner und Astrologen auftraten u. s. w. — Die Vorliebe für öffentliche Bälle scheint aber mehr und mehr in der besseren Gesellschaft abzunehmen. Man bevorzugt die Hausbälle,*) die sich, wenn der Geber stark zu repräsentieren hat, freilich oft zu „Völkerfesten" gestalten. Daneben sind jene großen Bälle sehr beliebt, die von bestimmten Schichten, Juristen, Kaufleuten, Künstlern, Schriftstellern, ausgehen. In Berlin haben namentlich die Künstler- und Schriftstellerbälle durch ihre glänzende und originelle Gestaltung große Beliebtheit errungen. Erwähnung verdient sodann, daß die Kinderbälle früher weit häufiger waren als jetzt. Am Berliner Hofe kamen sie gerade zu Anfang des Jahrhunderts auf; die Beschreibung eines 1803 beim Hofmarschall v. Massow veranstalteten Maskenkinderballs ging durch viele Zeitungen und wurde begierig ge-

---

*) Über die früheren Hausbälle und zwar über die Wiener macht die Zeitung für die elegante Welt von 1805 einige Mitteilungen, die keine großen Unterschiede von der Art der heutigen erkennen lassen. Zu erwähnen ist nur, daß „auf diesen Hausbällen oft Tanz und bloße Musikpartien abwechseln."

lesen. Auch um die Mitte des Jahrhunderts waren diese Bälle noch sehr beliebt. Wir finden sie in Erinnerungen häufig erwähnt, so bei Reuter, Ebers, Luise von Kobell. Seit der Mitte des Jahrhunderts machte sich eine Opposition bemerkbar. So meinte Riehl, daß ihn die Kinderbälle an ein niederdeutsches Bild vom Totentanze erinnerten. Auf diese Äußerung mag dann ein Bild der „Fliegenden Blätter" jener Zeit zurückgehen, das ich später einmal gesehen habe und das, so weit ich mich erinnere, die gesundheitlichen Folgen solcher Mode durch die Darstellung des Todes, der einen Kinderball leitet, abschreckend schildert.

Der Ball hat uns zu den Formen geführt, unter denen man zu gesellschaftlicher Unterhaltung zusammenkam, das heißt eben zu den „Gesellschaften". Von sonstigen Veranstaltungen der Gesellschaft zur Unterhaltung, von „Picknicks" — sie waren auch schon früher eine Spezialität Berlins —, von Schlittenfahrten — sie waren früher gerade auch bei der Hofgesellschaft sehr beliebt —, von Corsos — ein sehr glänzender fand z. B. 1846 in Berlin statt —, will ich hier absehen.

Die Geselligkeit im Hause wurde früher weniger gepflegt als heute. Die Einleitung zu einem gesellschaftlichen Verkehr dieser Art machte damals wie heute der Besuch. Die Visitenkarten waren nicht selten geschrieben. Die luxuriösen Diners und Soupers von heute waren noch nicht Mode: die bevorzugte Form der Hausgesellschaft war vielmehr der Thee. „Man versammelt sich," berichtet Reinbeck z. B. aus Heidelberg, „gegen sechs Uhr und geht um neun Uhr aus einander. Thee, Kuchen und allenfalls einige Früchte, auch wohl für die Herren ein Glas Wein, darin besteht die ganze Collation. Wie es dabei zugeht, leidet große Verschiedenheit. In manchen Häusern gar steif und langweilig, in andern herrscht ein freier und doch anständiger Ton. In der schönen Jahrszeit denkt man dabei seltener ans Spiel, als es im Winter natürlich der Fall ist . . . Wer einen Garten hat, woran es aber im Ganzen hier sehr fehlt, gibt im Sommer seine Theegesellschaften dort; wer keinen hat, wählt gemeiniglich den Schloßgarten dazu." Diese Thees, die namentlich auch unter Damen beliebt waren, zeigten zum Teil den ästhetischen Charakter der Zeit auch außerhalb Berlins, das, wie wir gesehen haben, darin excellierte: Musik und Lektüre traten an Stelle der freien Konversation, das Spiel wurde aber selten vergessen. Für die Frauen war die Handarbeit in Gesellschaften allgemeine Regel. Vor der Besuchsstunde pflegte man die Zimmer durch Räucherpulver, Essenz oder Räucherkerzchen mit angenehmem Dufte zu erfüllen. — Natürlich kamen früher auch Mittagsgesellschaften oder Abendgesellschaften mit Tanz, also Hausbälle, vor. Die Bewirtung war einfach, ein Braten und gewöhnlicher Tischwein die Regel. Indessen machte Stand und Vermögen, weiter aber auch die lokale Sitte Unterschiede. Berichtet Klemm z. B., daß im Königreich Sachsen Champagner ein unerhörter Luxus war, so erzählt Menzel in seinen Denkwürdigkeiten, daß er in seiner schlesischen Vaterstadt „nicht selten die stolzen Kaufmannsfrauen beim Champagner lustig werden" gesehen hat. Tischkarten gab es noch nicht.

Häufig war ein Zusammenschluß von mehreren Familien zu wöchentlichen Kränzchen, bei denen keinerlei Zwang herrschte, äußerst frugal gespeist und früh nach Hause gegangen wurde. Überhaupt war die Lust an besonderen Tafelfreuden in dem größten Teil Deutschlands, wie ich oben bei der Schilderung des Haushalts ausgeführt habe, sehr gering: die Folge war eben die einfache und wenig kostspielige Form der Geselligkeit. So erzählt einmal Schleiden von der verhältnismäßigen Einfachheit seines überaus gastlichen Elternhauses: „Hätte schon vor siebenzig Jahren ein auch nur annähernd gleicher Luxus wie heutigen Tags geherrscht, so würde eine so großartige Gastlichkeit wie auf Ascheberg, wenn sie überhaupt durchführbar gewesen wäre, der Hausfrau jedenfalls unendlich viel größere Sorgen und Mühen bereitet haben. Das Leben war damals noch überaus einfach. Auch dem verwöhntesten Gaste genügten das Wildpret, welches Wald und Feld, die berühmten Brassen, Hechte, Spickaale und andere Fische, welche der Plöner See, die frischen Gemüse und schönen Früchte, welche der große Garten im Überfluß lieferten, die Meierei-Produkte, das im Hause bereitete Brod und Backwerk, sowie eine einzige Sorte Tischwein."

Aber wieder muß hervorgehoben werden, daß die feine Welt des Auslandes auch hier nicht den gleichen Charakter zeigt. Ich kann mir nicht versagen, hier die Beschreibung einer Pariser Mittagsgesellschaft, wie sie die Zeitung für die elegante Welt von 1805 bringt, anzuführen. „Auf der Mitte des Tisches steht die Suppe, in einer eleganten Porzellan-Terrine, umgeben von acht bis zwölf Assietten mit Oliven, Butter, Anchovis, Zungen, feinem Zervellat u. dergl., die beiden Enden des Tisches sind im Viereck, je nach dem die Service groß sind, entweder mit acht Schüsseln an jeder Seite, oder mit zwölf an jeder Seite besetzt. Zu diesen gehören alle die zum ersten Servize gewöhnlichen Sachen, welche meist aus gekochtem Geflügel, Ohren, Koteletten, Farcis, marinirtem und geräuchertem Fleische, Feigen, Melonen u. s. w. bestehen. Sobald die Suppe serviert ist, wird sie ausgehoben und an ihrer Stelle erscheint das Rindfleisch, mit grünen Kräutern zierlich besteckt; jeder Herr serviert die Schüssel, die vor ihm steht, die Bedienten jeder Person stehn hinter dem Stuhl derselben und verlangen für ihre Herrschaft von den verschiedenen Speisen, die sie derselben überreichen. Jedes der Gerichte ist durch zierliche Anordnung in irgend eine Form gebracht und hat Farbe und Ansehen, sodaß man im Leben nicht weiß, was man vor sich hat, man müßte denn in den Registern der Küchenmeister wohl bewandert sein. Der erste Servize ist im Nu abgehoben, und kaum ist eine kleine Pause zum Atemholen so erscheint der Haushofmeister mit dem Hauptgericht, einem großen Braten, vorangehend, ihm folgt der erste Kammerdiener mit der andern Hauptschüssel, und dann die andern alle in Ordnung hinterdrein. Im Nu ist wieder

der Tisch besetzt. Der Braten ist von Gemüsen, Fischen, gebratenem Geflügel, kleinem Wildpret, Pastetenwerk, Eyer und Mehlspeisen, Sallaten u. dergl. so umgeben, wie vorher die Suppe war, und an jedem Ende der Tafel zeigt sich ein zierlicher Aufsatz von gezuckertem Pastetenwerk, hoch und bunt. Der dritte Servize aber, das Dessert, gibt den zierlichsten Anblick von allen. Der Hauptaufsatz ist gewöhnlich hoch, von weißem Bisquit-Porzellan, mit Spiegeln, Säulen und Vasen, die auf das anmuthigste und mit den auserlesensten Blumen*) in der farbenreichsten Fülle prangen, und auf deren Kapitälen und Stufen rothes, gelbes, blaues, grünes Zuckerwerk in den verschiedensten Formen liegt. Acht bis zwölf kleinere Schüsseln derselben Art sind symmetrisch umher auf den Tisch geordnet. Nun noch die Menge der Assietten, wo Ananas, Orange, Erdbeeren, Himbeeren, Kirschen, Granatäpfel, Pfirsichen, und die auserlesensten Früchte aller Gattung, nebst den leckersten Kompoten und Konfituren auf das artigste in den Tellern mit grünen Epheublättern geordnet prangen. Das Ganze ist wirklich zum Malen, und für mich bei Tische immer der interessanteste Moment, mit all den mit Juwelen und Gold geschmückten Damen umher, und wegen des Gesprächs, das vorher abgerissen und zerstückt war, nun aber in das Allgemeine übergeht, und den ganzen Tisch auf einmal belebt. Oft wird auch ein großer Korb mit den auserlesensten Blumensträußen vor die Hausfrau gesetzt, welche jeder Dame einen Strauß sendet, sodaß Blumen- und Fruchtduft und allgemeine Fröhlichkeit, mit den geistigen Dünsten der feinsten Weine vereinigt, eine Art angenehmer Trunkenheit verbreiten, die jedoch keineswegs die Schranken des guten Tons überschreitet.

Bei jedem Servize werden andere Weine herum-

---

*) An einer anderen Stelle berichtet dieselbe Zeitschrift aus Paris, daß man „auf den Plateaux zum Desert nicht mehr Blumenkörbe und Vasen oder verzuckerte Fruchtschalen u. dergl., sondern Ansichten von Rom, Ägyptische Tempel, Griechische Monumente u. dergl." erblickte.

gegeben, gleich nach der Suppe Madera, dann Burgunder u. bergl. Die feinsten und köstlichsten Weine aber kommen zum Dessert. Die Hausfrau rückt mit dem Stuhl, und alles folgt ihr nach in den Sallon, wo ein Tisch steht, besetzt mit Tassen und Kaffeegeschirr. Oben in der Mitte des Tisches erhebt sich ein rundes dreifaches Gestell mit Gläsern und auserlesenen Liqueurs. Die Bedienten reichen zuerst der Dame vom Hause, dann der vornehmsten eine Tasse, und schenken ein, nachdem sie den Zucker genommen, den sie in der Hand präsentiren; wer von den Herren galant seyn will, der reicht den andern Damen den Kaffee, nimmt ihnen die Tasse ab 2c."

Man sieht, auch damals gab es schon luxuriöse Gesellschaften. Heute sind solche, wie schon oben hervorgehoben ist, sehr allgemein geworden. Die Zeiten des Thees und der Butterbrote sind vorüber, heute findet man namentlich in den Kreisen der Haute Finance, aber auch, wie gleichfalls oben gesagt, schon bei Gelehrten und Künstlern auserlesene Tafelgenüsse. Es erinnert an das Kaiserliche Rom, wenn ein reicher Mann für eine Wintergesellschaft von 400 Personen Erdbeeren aus Paris kommen ließ, von denen das Stück 2 Francs kostete. Nicht bloß bei Soupers und Diners, auch bei Empfängen, wo Buffets aufgestellt sind, ist ein größerer oder geringerer Luxus heute durchaus guter Ton. Ebenso muß das Tafelgerät, die Ausstattung der Tafel mit Blumen u. s. w. möglichst glänzend sein, und den Teller des Gastes muß eine Unzahl von Trinkgläsern umgeben.

Von Tischsitten sei übrigens noch erwähnt, daß die Mode, bei Soupers an kleinen Tischen zu speisen, die am Berliner Hofe zu Anfang des Jahrhunderts der Graf Wengerski einführte, allgemeiner nie geworden ist. Ganz charakteristisch ist, daß sich heute eine immer stärkere Vorliebe für Diners, eben wegen des stärkeren Luxus, zeigt. Die Stunde des Diners hat aber beinahe die des früheren Soupers erreicht. Ein englisches Diner nimmt um acht Uhr seinen Anfang. Abendgesellschaften begannen in feinen Kreisen

von jeher spät, jetzt beginnen sie aber in Großstädten immer
später, oft erst um ¹/₂11; namentlich in Petersburg —
in Frankreich und England herrschte immer eine späte
Stunde — soll in dieser Beziehung unglaubliches geleistet
werden. Das Zuspätkommen ist übrigens eine Sitte,
in der einzelne Protzenkreise etwas suchen; wirklich vornehme Leute halten auf Pünktlichkeit. Eine gesellschaftliche,
ursprünglich höfische Sitte, die heute allgemein ist, war
auch früher schon nicht unbekannt, die nämlich, am
Schluß der Gesellschaft dem Gesinde Trinkgelder zu geben.
In Süddeutschland*) war sie aber und ist heute noch
nicht so üblich wie in Norddeutschland, insbesondere in
Berlin. Sie konnte übrigens früher schon deshalb nicht
so allgemein sein, weil die Geselligkeit im Hause bei
weitem nicht so groß war, wie heute.

Die Hauptstätten der Geselligkeit waren damals die Räume
jener zu Zwecken der geselligen Erholung überall existierenden
Kasinos, Klubs u. s. w. An sich war zu Anfang des Jahrhunderts das Vereinswesen ja nicht entfernt so ausgebildet
wie heute; politische Vereine namentlich gab es garnicht und
gemeinnützige sehr wenig; auch gab es nicht die zahllosen
Stiftungs- und ähnlichen Feste, die heute jeder Verein
für unumgänglich notwendig hält. Hingegen hatten sich in
jener Zeit die Vereinigungen zur Erholung und
Geselligkeit stark entwickelt. Meist fanden sie sich nach
verschiedenen Schichten, wie Honoratioren, Beamte und
Offiziere, Kaufleute u. s. w., zusammen. Das „Casino" war
meist die Gesellschaft der ersten Kreise. Andere beliebte
Namen waren Harmonie, Concordia, Societät, Ressource.
Insbesondere entstanden solche Gesellschaften, die natürlich
auch ein eigenes Lokal hatten, in Kaufmannsstädten und
in Kaufmannskreisen anderer Städte. Sie dienten in erster
Linie der Männergeselligkeit, wie denn auf ihre Entstehung auch die Rauchsitte, weiter die Spielsucht einen

---

*) In Basel lernte Jhering 1845 die Sitte kennen, das Trink-
geld nach dem Mahle unter den Teller zu legen.

weſentlichen Einfluß geübt haben; die meiſten veranſtalteten aber auch im Winter Bälle und Abendfeſte, im Sommer Gartenfeſte und Ausflüge. Dieſe Geſellſchaften nahmen immer zu: es gab ferner Leſegeſellſchaften, Spielgeſellſchaften, bald auch Geſang- und Muſikvereine u. ſ. w. In Berlin war der vornehmſte Kreis dieſer Art das Kaſino an der Ecke der Linden und der Wilhelmſtraße, in dem es manchmal bedenklich herging; Vereinigungen der gebildeten Kreiſe waren z. B. die Palmiéſche und Georgeſche Reſſource. In München hießen die Hauptgeſellſchaften Muſeum, Harmonie und Frohſinn. In Stuttgart umfaßte das „Muſeum" faſt die ganze „gute" Geſellſchaft; ihm gehörten ein großes Haus mit Sälen für Konzerte, Bälle u. ſ. w., mit vielen Leſezimmern und Spielzimmern, mehrere kleinere Häuſer und ein großer Garten vor der Stadt; der kleine Bürger verkehrte im ſogenannten Bürgermuſeum. In Danzig gab es neben dem Kaſino der höheren Beamten und Offiziere die „Concordia" für die reichen Kaufleute und die „Geſelligkeit" für den beſcheideneren Mittelſtand. In Hannover beſtand eine ſehr ausgedehntes Klubleben. Für den Adel exiſtierte ein beſonderer Billardklub; die beſuchteſte Vereinigung der Herren der oberen Stände war das „Muſeum". In Kaſſel gab es den namentlich aus den höheren Kaufleuten beſtehenden „Abendverein", weiter die „Euterpe", ſpäter das „Leſemuſeum", das die höheren Beamten umfaßte; in Dresden die „Societät", die meiſt aus Adligen beſtand, die ſeceſſioniſtiſche „Reſſource", mit der ſich die Reſte der Societät ſpäter vereinigten, die „Harmonie", die den Adel anfangs ausſchloß, die „Converſation" u. a.; in Nürnberg das urſprünglich nur für Kaufleute beſtimmte „Kolleg" und die „Harmonie", die an jedem erſten Dienſtag des Monats einen Ball veranſtaltete; in Naumburg, um auch kleinere Städte zu nennen, die „Erholungsgeſellſchaft", die „Harmonie", den „Bürgerverein". Aus Münſter berichtet die Zeitung für die elegante Welt: „Wir haben mehrere Klubbs: einen adelichen, einen bürgerlichen, einen für Kaufleute, einen für größtentheils junge Leute, und noch andere, deren Namen ich nicht weiß. Das schöne zweckmäßig eingerichtete Kasino wird meistens nur von Preuß. Officieren besucht." Dieselbe Zeitschrift beschreibt die drei geschlossenen Gesellschaften in Warschau, „die sogenannte große Ressource (eine aus den ersten Honoratioren der Stadt bestehende Gesellschaft), den Kaufmannsklub und die Harmonie". „In den Zimmern der Harmonie ist täglich Gesellschaft von Mitgliedern. Es wird Karten und Billiard gespielt, es wird über das Beste des gemeinen Wesens berathschlagt und überhaupt konversirt, es werden Zeitungen und Journale gelesen; alle vier Wochen ist in der Regel Ball; mitunter wird von den Männern ein bischen zu viel getrunken und von den Weibern zu viel mit dem Anzuge geprunkt." Man sieht, wie allgemein die Sitte dieser Gesellschaften damals war; gleichwohl fehlten sie doch hie und da. Aus Heidelberg berichtet z. B. Reinbeck: „Es gibt keine Ressourcen oder Klubben(!)" Daß ihm aber der Mangel gerade auffällt, ist charakteristisch. Vielleicht sind auch später — Reinbeck schreibt 1807 — dort solche gegründet worden. Die Neigung zu solchen gesellschaftlichen Vereinigungen ist nun im Laufe des Jahrhunderts in der gebildeten Gesellschaft mehr und mehr zurückgegangen. Aus dem besseren Mittelstande halten mit Vorliebe nur die Kaufleute an ihnen fest, die auch überall noch ihre Ressourcen u. s. w. nicht bloß für die Männergeselligkeit, sondern auch zur Veranstaltung von Bällen, Aufführungen und dergleichen haben. Während aber diese Klasse daneben die Geselligkeit im Hause pflegt — und zwar eine sehr üppige —, befriedigt der kleinere Mittelstand auch heute noch seine geselligen Neigungen lediglich in jenen Vereinigungen; nur die Frauen pflegen auch in diesen Kreisen eine Art häusliche Geselligkeit durch Kaffee-Kränzchen. Die Ausbildung des modernen Vereinswesens hat die außerhäusliche Geselligkeit dieser Leute noch sehr gefördert. Die Gesang-, Turn-, Handwerker-Vereine, ja auch zum Teil die politischen Vereine, namentlich die der Socialdemokraten, sehen einen Hauptteil ihrer Aufgabe auch in der Pflege der Geselligkeit von Männlein und Weiblein. So geht der kleine Mann heute seinen geselligen Freuden fast nur außerhalb des Hauses nach.

Früher aber war, wie gesagt, diese Geselligkeit außerhalb des Hauses allgemeiner derjenigen im Hause vorgezogen. Ein Wirtshausleben nach Art der Gegenwart gab es freilich nicht, zumal es keine Restaurants und Bierhäuser, wie wir sie haben, gab.*) Zu Hause blieb der Mann jedoch nicht: dafür sorgten die bereits geschilderten zahlreichen Erholungsgesellschaften in eigenen oder gemieteten Lokalen. Auch der Besuch der Weinhäuser war abends rege und bei dem besseren Bürger Sitte, wie der der Schänken für den Kleinbürger. Kaffeehäuser gab es ebenfalls. Die Konditoreien ferner wurden damals von Männern mehr besucht als heute. Sie waren „der Hauptsammelplatz der jungen Stutzer". Mit dem erwachenden Interesse an der Zeitungslektüre wurden sie dann seit den zwanziger Jahren stärker von der geistigen Elite besucht, insbesondere in Berlin, wo die Konditoreien von Stehely und Josty von Zeitungslesern überfüllt waren und reiche Gelegenheit zum Gedankenaustausch boten. Auch von Offizieren wurden in vormärzlicher Zeit die Konditoreien stärker frequentiert: denn ihnen war der Besuch von Wein- und Bierhäusern verboten. — Wie unfein es überhaupt damals war, Bierhäuser, die eben nur Schänken waren, zu besuchen, zeigt z. B. die Rolle, die der „Entenzapfen" in Hauffs Letzten Rittern von Marienburg spielt. Einen größeren Aufschwung

---

*) Für den Mittags- und Abendtisch der Junggesellen sorgten „Tratteurs"; die Gourmands trafen sich in den Italienerkellern, die zugleich Weinstuben waren. „Des Morgens", klagt v. Coelln, „werden die Italiener besucht, die Delicatessen des Auslandes nach den verschiedenen Jahreszeiten recht frisch verschlungen, die feinsten Weine aus den heißen Zonen dabei genossen." Das Table d'hôte-essen in feinen Gasthäusern war früher übrigens sehr beliebt, in Deutschland wenigstens, nicht allerdings in Wien. Man vergleiche die Schilderung Hauffs von der belebten Table d'hôte im Gasthof zu den drei Reichskronen in Mainz (Memoiren des Satans).

nahm das Wirtshauswesen erst mit der Verbesserung und der Verbreitung des Biers — ich habe davon schon gesprochen. Gleichwohl meinte man vielfach schon in den zwanziger Jahren ein Übermaß des Schankbetriebes zu bemerken. So gab es in der That 1822 z. B. in Naumburg 69 Schankwirte. Der Magistrat machte daher, wie es auch in anderen Städten geschah, die polizeiliche Erlaubnis zum Schankbetriebe obligatorisch, um „einem Unwesen mit allem Nachdrucke zu steuern, das immer weiter um sich greift, Sittenverderbnis verbreitet, den häuslichen Frieden stört, Unlust zur Arbeit erzeugt, den Wohlstand ganzer Familien untergräbt und am Ende zur gänzlichen Erschlaffung und Verarmung führt. Es ist schon so weit gekommen, daß ganze Gewerbe das Schankwesen als ein mit ihrem Hauptgewerbe notwendig verbundenes Nebengewerbe betrachten und betreiben, ja es ist fast zur Gewohnheit geworden, daß diejenigen Einwohner, welche sich auf ihr erlerntes Handwerk nicht mehr fortzukommen getrauen, weil sie entweder keine Lust zu anhaltender Arbeit haben oder ihre Nebenbedürfnisse nicht einschränken wollen, ihre letzte Zuflucht zur Schankwirtschaft nehmen, um bei einem gemächlichen Leben des Nichtsthuns von ihren Mitgenossen gleicher Sinnesart Erwerb zu ziehen und am Ende mit ihnen zugleich unterzugehen." Es wurde auch ein Rückgang der Schänken erreicht. Heute üben in Deutschland die Bierhäuser, die „Gambrinustempel", die denkbar größte Anziehungskraft. Die wachsende Zahl der „Bräus" scheint noch die Zahl der Besucher zu vermehren: der Wirtshausbesuch ist zu einer Gewohnheit aller Kreise, insbesondere des Mittelstandes, geworden, die sicherlich das häusliche und gesellige Leben nicht günstig beeinflußt und Ausgaben verursacht, die besser zu anderen Zwecken verwendet würden. In Großstädten sind neuerdings auch die Wiener Cafés, die sehr luxuriös ausgestattet sind, Mittelpunkte eines lebhaften Treibens, namentlich auch des großstädtischen Nachtlebens, geworden. Auch in ihnen wird aber vielfach Bier genossen. Biergärten haben auch die früheren Kaffeegärten verdrängt.

Diese waren noch ein Erbstück aus dem 18. Jahrhundert, das dieses bescheidene Vergnügen besonders geschätzt hat. Auch im 19. Jahrhundert war es für den Bürger eine trauliche Gewohnheit, außerhalb der Stadt seinen Kaffee zu trinken. Auch die feine Gesellschaft kam in solchen Gärten zusammen und verschmähte es nicht, Kuchen und Zwieback selbst mitzubringen. In Kassel war der Vereinigungspunkt z. B. der Henkelsche Garten. „Um einen Rasenplatz herum," erzählt Bähr, „war eine Anzahl Lauben, in welchen die Honoratioren der Stadt, namentlich an Sonntagen, ziemlich steif dasaßen und Kaffee oder Thee tranken." In Berlin war der Tiergarten der Ort, wo sich die meisten Kaffeegärten, wie die von Richard und Tarone, befanden, in denen natürlich auch damals nicht nur Kaffee genossen wurde. Berghaus erzählt in seiner Wallfahrt von den Kaffeegärten von Kemper, dem Hofjäger und den Zelten, wo von den Gästen Kaffee und Weißbier getrunken wurde: „dabei ließen sie sich, gegen Erlegung von vier guten, nicht Münz-Groschen à Person aufs Notenblatt das musikalische Gehör martern von einem Orchester, das aus Geige, Baßgeige, Flöte und Clarinette bestand." In den Zelten war das regste Leben: hier veranstaltete auch zu Anfang des Jahrhunderts ein Wirt alle Sonntage Frühkonzerte, die Damen und Herren aller Stände anzogen. Übrigens war das Äußere der Zelte „so geschmacklos, wie nur irgend möglich." Gegenüber den Zelten, im Zirkel, hatte sich bis zur Wende des Jahrhunderts die feine Welt ihr Rendezvous gegeben. Hier zeigte sich gegen Abend zu Fuß, zu Pferde und zu Wagen die ganze fashionable Gesellschaft. Nach der napoleonischen Zeit zog sich der Verkehr nach der Südseite des Tiergartens in die dortigen eleganten Kaffeegärten oder die schattigen Alleeen des Parks. Einen Sammelpunkt der Berliner Gesellschaft bildeten später die Militärkonzerte in Möwes Blumengarten vor dem Potsdamer Thor, namentlich am Mittwoch. „Gewisse Beschränkungen", erzählt Kossak, „hielten alle mißliebigen Gäste fern. Das

Hauptgetränk des Berliners der dreißiger Jahre (das Weißbier) war ausgeschlossen und mit ihm Jeder, der seinen Durst nicht in Zuckerwasser, Limonade oder Kaffee zu löschen im Stande war." In Dresden war der Hauptpunkt die berühmte Brühl'sche Terrasse. Auch hier Musik und lebhaftes Treiben, aber alles mit einem bescheidenen Anstrich. „Während man in den öffentlichen Gärten der Donaustadt," urteilt 1853 Schönbein, „Kapaunen und sonstige habhafte Speisen verzehren und guten Wein trinken sieht, scheint man auf der Brühl'schen Terrasse mit Butterbrod und Schinken, mit Weißbier und Kaffee sich zu begnügen." In München traf sich die „schöne Welt", wie Luise von Kobell berichtet, im Glasgarten, im Neudeckergarten, im Löwen-, im englischen Garten, vor allem namentlich zu Anfang des Jahrhunderts im Hofgarten. Er „glich in der Zeit Max Josephs einem Salon im Freien". Von den Wiener Gärten hörten wir eben schon Schönbein sprechen. In aller Welt berühmt war und ist vor allem der Prater. Der „Nobelprater" ist der Sammelpunkt der feinen Gesellschaft, der Volks- oder Wurstlprater der der Kleinbürger und des Volks. Es hat sich hier ein Stück altes Wien noch in die Gegenwart hinübergerettet: in dem dortigen Volksleben wenigstens hat sich erst in neuester Zeit ein Niedergang bemerkbar gemacht.

Unter den öffentlichen Vergnügungsorten nahmen zu Anfang des Jahrhunderts noch die „Vauxhalls", die nach dem Londoner Muster überall in größeren Städten nachgeahmt wurden, eine besondere Stelle ein. In Berlin kannte man „diese beliebte Abendunterhaltung aller reichen Städte" allerdings nicht. Wie schon erwähnt, wurde auch früher die öffentliche Geselligkeit durch Musik belebt. Mehr noch aber als heute scheinen damals, wie im achtzehnten Jahrhundert die Feuerwerke geschätzt gewesen zu sein. Sehr berühmt waren z. B. diejenigen des Wieners Stuver. Von den Praterfeuerwerken, „den ersten Schauspielen dieser Art in ganz Europa", erzählt auch einmal der Fürst Pückler. Doch meinte die Zeitung für die elegante Welt schon 1805, daß man nicht mehr viel Geschmack daran fände: „das Wiener Feuerwerk dürfte bald der begrabenen Hetze, vielleicht in kurzem, nachfolgen". Großartig war übrigens das Feuerwerk, das der Zar 1835 in Kalisch dem König von Preußen zu Ehren veranstalten ließ. „Ich habe," erzählt Louis Schneider, „in Paris bei der Krönung Karls X., in London die grandiosen Feuerwerke von Vauxhall gesehen — alles das war kleinlich gegen dies Feuerwerk bei Kalisch. Es bestand aus drei Abtheilungen, deren letzte das Beschießen und Verbrennen einer Festung bildete."

Doch ich will auf die Veranstaltungen zur öffentlichen Unterhaltung der hohen wie der niederen Gesellschaft, auf Theater, Konzert ꝛc. hier nicht weiter eingehen und nur erwähnen, daß die öffentlichen Tanzlokale heute nur von den niederen Klassen oder leichtsinnigen Leuten besucht werden. Doch bestehen auch da Unterschiede, zwischen Süden und Norden, zwischen Berlin und Wien, wo der Besuch derselben früher wenigstens auch bei dem kleineren Mittelstande nicht anstößig war. Solche Stätten der öffentlichen Geselligkeit ferner, wie die „Tingel-Tangel", die übrigens allmählich zurückgehen, sind früher wenig verbreitet gewesen.

Konzert und Theater sind diejenigen Vergnügungen, die am meisten Leute aus verschiedenen Ständen vereinigen. Sonst kann man von wirklichen **Volksfesten**, von geselligen Unterhaltungen des ganzen Volkes heute kaum noch reden. Wenn gelegentlich im Prater zu Wien noch der Hochadel mit dem „Volk" fraternisiert, so ist dergleichen doch fern von einer wirklichen Volksgeselligkeit. Die heutigen „Volksfeste" sind Feste des Kleinbürgertums und der niederen Klassen. Die Trennung hat in erster Linie die neufranzösische Bildung der vornehmen Gesellschaft herbeigeführt, schon im achtzehnten Jahrhundert; damit hängt die Absonderung auch der heutigen gebildeten Gesellschaft, die den Widerwillen gegen alles „Unfeine" nicht minder zeigt, zusammen. Der Gebildete von heute kann kaum mehr volkstümlich reden und empfinden. Dazu kommt, daß die Zeitverhältnisse selbst, die bessere Volksbildung, die größeren Ansprüche, der Einfluß modernen städtischen Lebens, das Eingreifen der Obrigkeit und anderes ungünstig auf die Volksfeste eingewirkt haben. Sie verschwinden deshalb auch immer mehr. Schon zu Anfang des Jahrhunderts hatten sich in der Zeit der schweren Not viele Volkslustbarkeiten verloren. Aber auch Feste, die noch um die Mitte des Jahrhunderts existierten, sind heute vergessen oder ausgeartet. Lokale Feste, wie das erst in der Neuzeit entstandene Oktoberfest in München und das Brigittenaufest in Wien, haben trotz der volkstümlichen Neigungen auch der besseren Kreise in Süddeutschland doch wesentlich verloren. Aber was ist z. B. aus dem Stralauer Fischzuge in Berlin geworden! Noch 1839 schrieb Reimann in seinen „Deutschen Volksfesten": „Kein Tag ist den Berlinern merkwürdiger, kein Tag wird heißer ersehnt, als der 24ste August ... Elegants laufen in die Pfandleihen, versetzen Uhren und Ringe, um heute das lustige Volksfest mitmachen zu können ... Hausfrauen eilen in die Läden, um die trocknen und nassen Bedürfnisse des Magens zu besorgen, ja selbst die Droschken bewegen sich heute schneller als je." Das ist freilich anders geworden. Das einzige Fest, das sich noch überall in den Städten gehalten hat, ist das Schützenfest, Vogel- oder Königsschießen. Doch ist gerade das belebende Element des Festes, das Schießen, eben nur auf die Schützen selbst beschränkt: alles übrige ergeht sich lediglich in den zweifelhaften Genüssen, die die Spiel- und Würfelbuden, Trinkzelte, mitunter auch die Tingel-Tangel und die oft schwindelhaften Schaustellungen bieten. Daß diese Feste meist eine Woche dauern, trägt sicher nicht zu ihrer Veredelung bei. Immerhin bietet der Rückhalt, den sie an dem gewerbetreibenden Bürgertum haben, eine Gewähr für eine längere Dauer, aber auch ihnen halten sich, was früher nicht der Fall war, die höheren Klassen völlig fern. Was diese Feste bieten, entspricht nicht mehr ihrem Geschmack. Harmloser erfreuen sich noch die niederen Stände an den Buden und Caroussels, die auch sonst die Volksfeste beglücken, in Berlin z. B. ständig die Hasenhaide, in Wien den Prater bevölkern. Der neuerdings gemachte Versuch der Neubegründung allgemeiner Volksfeste wird ohne Erfolg bleiben, so lange jene Kluft zwischen den Gebildeten und dem Volk besteht, die dem Mittelalter, der Blütezeit der Volksfeste, fremd war.

Unter den Gründen des Niederganges der Volksfeste stehen zweifellos auch die geschärften sittlichen Anschauungen der Gegenwart obenan: das führt uns zu einer kurzen Betrachtung der sittlichen Entwickelung des geselligen Lebens. Es zeigt zu Anfang unseres Jahrhunderts noch sehr die Nachwehen jener Zeit, in der die Sittenlosigkeit einfach zum guten Ton gehörte. Man braucht nur an die Memoiren Casanovas zu erinnern, um den Grad derselben zu begreifen. Der Einfluß der bürgerlichen Moral wurde erst nach der französischen Revolution allmählich mächtiger. Aber welche Bilder frivolster Genußsucht zeigt auch noch das neunzehnte Jahrhundert. Schon beim Familienleben sahen wir solche Gebrechen hervortreten. Welch ein Typus dieses Sybaritentums ist nicht jener Gentz, der „liebe, alte, dicke Gentz", der so gern „rasend gut lebte", materielle Genüsse, Hazardspiel, feine Einrichtungen, Parfums über alles liebte und dabei ein Don Juan ersten Ranges war. Hören wir nur zwei freche Stellen aus seinem Tagebuch über sein Weimarer Leben 1802: „Den 21. Februar, als ich um 2 Uhr Morgens nach Hause komme, finde ich einen Brief von meiner Frau „qui a décidé du sort de ma vie". „Et le lendemain — notre résolution a été prise." Vermuthlich die, uns scheiden zu lassen. Das hinderte mich jedoch nicht, des Abends auf einen Ball zu Pourtalès zu gehen, Trente-et-Quarante zu spielen ꝛc. März. Obgleich ich äußerlich mit meiner Frau gut blieb, mit ihr bei Prillwitz aß, ins Theater ging ꝛc., so hebt doch jetzt die Liaison mit Christel Eigensatz recht ordentlich an; zwischen dem Prinzen Louis, Rahel und Anderen." Und: „Endlich

Abends ein herzzerreißendes Gespräch mit meinem Vater, welches damit schließt, daß er, als wir uns verlassen, einen Anfall von Schwindel bekommt, fällt (ich mit ihm) und sich am Kopf verwundet. — Und nach solcher Scene konnte ich von Gott Verlaßner noch den Abend mit Christel, Zinnow und Bohlen zubringen!" — Auf die Zustände in Berlin, Wien und andern großen Städten warf schon die Schilderung des Familienlebens bezeichnende Streiflichter. Man lese nur, was Coelln über die Verdorbenheit „vornehmer" Damen in Berlin erzählt, über ihre ausschweifenden Orgien und Bacchanalien, über die Liederlichkeit des Adels, der Offiziere und Beamten. In der Franzosenzeit 1806 nahm die Sitten- und Schamlosigkeit noch zu: eine Schilderung dieses galanten Lebens unterdrücke ich. Der schlimme Ruf Berlins hielt sich weiter. „Berlin ist wegen Galanterie gewaltig verschrien," heißt es bei Weber. Aber mit Recht macht dieser auf derartige Begleiterscheinungen fast aller großen Städte aufmerksam. Überdies hält er „Wien noch für schlimmer und in ganz Deutschland ist bestimmt immer noch weniger schwelgende Sinnlichkeit als in London, Paris und jenseits der Alpen". Was Wien betrifft, so entwirft ein Brief eines Russen in Hormayrs Lebensbildern 1804 ein unglaubliches Bild: „Der schlechte Ton, der hier herrscht, ist unbegreiflich; alles das, was man sich mit den Frauen erlaubt, übersteigt die Vorstellung. Kein einziger junger Mensch, der nur einen Schatten von Erziehung hat . . ." weiteres übergehe ich. Von der „vorherrschenden Sinnenlust" in München hörten wir schon durch Fleck. Der Ritter von Lang erzählt von den eigentümlichen Lüsten der Münchener Damen, hübsche Tirolerbuben in ihren Schlafzimmern zu empfangen. Und hören wir Menzel über die schlesischen Bäder: „Im nahen Bade Altwasser gab es Scenen, welche heutzutage in keinem Bade Europas mehr vorkommen könnten, ohne daß die muthwilligen Beleidiger jeder Scham gesteinigt werden würden." Über den pommerschen Adel mag ein Bild orientieren, das Eilers von einem jungen Manne entwirft: "Er erzählte mir Geschichten von dem Verhältniß der Junker zu den Fräuleins in Pommern und recitirte Leberreime, mit denen sie sich gegenseitig bei Tische amüsirt, die mir Schamröthe ins Gesicht trieben." Von den Zuständen in Frankreich und Italien würde ähnliches zu berichten sein. Ich begnüge mich mit Anführung einer vielleicht schroffen Äußerung Flecks: "Das sittliche Element ist in der Jugend Italiens sehr gesunken. Doch möchte sie noch etwas höher stehen, als die Jugend Frankreichs, welche oft im fünf- und zwanzigsten Lebensjahre schon alle Lebensfreuden erschöpft hat und mit Selbstmord endiget." Mit solcher Haltung stimmte übrigens die damalige Tracht. "Die Damen," sagt Menzel, "gingen sehr frei gekleidet. Die halbnackte, s. g. griechische Tracht der französischen Revolution behauptete sich mit nur geringen Modificationen bis zum Sturze Napoleons." Es gilt allerdings eins, was Geiger für Berlin bemerkt, auch für andere größere Städte, daß nämlich das heutige Nachtleben der großen Städte damals noch unbekannt war. Im übrigen ist es aber ganz unzweifelhaft, daß sich seitdem die sittlichen Zustände des geselligen Lebens ganz wesentlich gebessert haben. Die Freiheit, die auch noch in der Mitte des Jahrhunderts in diesen Dingen vielfach herrschte — mündlich ist mir z. B. vieles höchst Bedenkliche aus der abligen wie städtischen Gesellschaft Vorpommerns berichtet — ist heute nur noch in Großstädten denkbar. Schon 1858 meint G. Brückner in einem Artikel über die Entwickelung des Familienlebens, daß sich das sittliche Leben der höheren Stände gegen früher gebessert habe. So richtig es ist, daß sich in dem gesellschaftlichen Leben der Großstadt heute sehr schlimme Seiten zeigen, so wenig darf man diese als typisch für unser heutiges geselliges Leben hinstellen, das im allgemeinen sittlich gesund ist. — —

Die Darstellung, die ich von der allgemeinen Entwickelung des gesellschaftlichen Lebens gegeben habe, würde unvollständig sein, wenn ich sie nicht zur Kennzeichnung der lokalen Besonderheiten durch eine Schilderung des gesellschaftlichen Lebens an den verschiedenen Höfen und in den verschiedenen Städten ergänzen wollte.

Die Hofgesellschaft war im 17. Jahrhundert und im größten Teil des 18. die maßgebende gesellschaftliche Schicht gewesen. Für das politische und geistige Leben der Nationen war der Hof ebenso der Mittelpunkt wie für das gesellschaftliche. Das Lebensideal der Zeit war das: ein „vollkommener Hofmann" zu werden. Das hatte sich schon zu Anfang des Jahrhunderts sehr geändert. Weber macht einmal die charakteristische Bemerkung, daß die Reisebeschreibungen des 18. Jahrhunderts ihr Hauptaugenmerk auf die Höfe gerichtet hätten: der neuere Reisende spreche davon wenig oder gar nicht. Auch für das gesellige Leben war der Hof, der in einer Residenzstadt natürlich nach wie vor der Mittelpunkt blieb, nicht mehr der Ort, der allgemein den Ton angab. Und auch die Art der höfischen Geselligkeit selbst hatte sich sehr geändert. Die raffinierte Geselligkeit, wie sie etwa der Versailler Hof unmittelbar vor der Revolution ausgebildet hatte, das blendende Treiben der weltmännisch vollendetsten Hofaristokratie, das Übermaß der Jagden, italienischen Opern, Bälle, Maskeraden, Paraden, Feuerwerke, luxuriösen Diners und Soupers, die ruinierende Verschwendung in Toiletten und Schmuck u. s. w., alles das war doch sehr anders geworden. Zunächst in Frankreich selbst. Freilich, die durch die Revolution vernichtete Hofgesellschaft suchte Napoleon schon als Konsul, noch mehr als Kaiser wieder herzustellen. Er wollte den Hof Louis XV. neu beleben: er benutzte geeignete Damen der Aristokratie zur Durchführung seiner Absicht; er zog alles, was Namen hatte, zur Bildung eines Hofstaates heran; er befahl allen Würdenträgern, viele Gesellschaften zu geben; seine Schwestern mußten regelmäßige Bälle veranstalten; viel Luxus wurde entfaltet; zahllose Feste folgten einander — und es gelang ihm in der That, den kaiserlichen Hof zu einem glänzenden zu machen. Der Winter des Jahres 1809 zeugt davon. Aber der Glanz blieb doch künstlich. Napoleon selbst, der in der großen Gesellschaft nie gelebt hatte, war in allem, was ihn persönlich anging, immer einfach. Das äußerte doch zum Teil auch auf das Hofleben seinen Einfluß. Von dem französischen Hof bringt die Zeitung für die elegante Welt eine Korrespondenz vom 18. Dezember 1804, in der es heißt: „Seit einiger Zeit lebt man hier am Hofe weit weniger fatigirend, als in der Stadt, wo man aus dem Tag Nacht macht und umgekehrt. Der Kaiser dinirt regelmäßig um 2 und soupirt um 8 Uhr." Von einem Balle bei der Prinzeß Karoline habe der Kaiser, der mit seiner Gemahlin sehr zeitig erschienen sei, sich bald zurückgezogen, weil er nicht auf das späte Souper warten wolle. „Es wäre sehr gut," heißt es am Schluß, „wenn das Beispiel des Hofes allgemeine Nachahmung fände; denn bei der Verkehrtheit, mit welcher man lebt, muß das Geschäft der Männer leiden und die Gesundheit der Weiber zu Grunde gehen." Über den Wiener Hof berichtet Carl Julius Weber: „Kein deutscher Hof lebt so einfach als der Kaiserhof, denn Franz ist ein Zögling Josephs, des Unvergeßlichen. Mancher Magnat lebt glänzender und man kann Wochen lang durch die Burg gehen, ohne zu bemerken, daß hier der Beherrscher einer mächtigen Monarchie wohnet." Fürst Pückler berichtet 1807, daß der Hof nur bei großen Gelegenheiten Gesellschaften gebe und sogar die Zirkel aufgehört haben. Von dem Hof zu München urteilt derselbe 1808: „Es wird schwer sein, einen Hof zu finden, der mit so viel wahrem Anstand und Liebenswürdigkeit weniger Etikette verbindet." Der Ritter von Lang erzählt auch von der Ceremonielosigkeit der Münchener Audienzen, der aus Mangel an Aufsicht sehr schlecht bestellten Hoftafel, dem geringen gesellschaftlichen Leben. „Da der König nichts las und keine besondere Liebhaberei für irgend einen Zweig der Künste oder Wissenschaften hegte, so wenig als für Jagd und Reiterei, dabei auch kein Schwelger oder Trinker war, so blieb es eine schwere Aufgabe für die Höflinge, den Tag mit Spazierengehen, Liebeleien, verkappten Hofnarren, Stadthistorien und Kleinigkeitskrämereien aller Art auszufüllen." Ein Mann wie König Max, der sich auf der Schranne gern mit Bauern und Bäuerinnen über ihre Angelegenheiten unterhielt, konnte nicht der Mittelpunkt eines glänzenden Hoflebens sein. "Einen solchen weit offenen, gutmüthigen, unbegehrlichen, anspruchlosen, hausväterlichen König hab' ich mir nie gedacht," schreibt Jean Paul, und Nostiz nennt ihn in seinem Tagebuch über den Wiener Kongreß "den bürgerlichsten König". Von der Einfachheit des Preußenkönigs ist schon bei der Schilderung des häuslichen Lebens die Rede gewesen. Unter Friedrich Wilhelm II. hatte in Berlin noch ganz das frivole Hofleben des 18. Jahrhunderts geherrscht. "Der Hof," sagt der Kriegsrat von Coelln, "ging in allem, was nur Luxus, Verschwendung, Üppigkeit, Liederlichkeit und Hintenansetzung aller Sittlichkeit genannt werden konnte, voran." Friedrich Wilhelm III. aber liebte weder den Hoftrubel noch die Hofetikette; die alte Oberhofmeisterin v. Voß, die die Etikette immer zu erhalten wußte, wurde öfter von ihm bespöttelt. Gleichwohl war natürlich die Hofgeselligkeit nicht ausgestorben. Die Königin Louise hatte an den Festlichkeiten ihre Freude: es ergab sich so ein zwangloses und anmutiges Hofleben. Maskeraden — besonders Kostümquadrillen waren beliebt —, Bälle, Musikaufführungen waren zahlreich; auch nach dem Tode der Königin. Wo Glanz nötig zu sein schien, wurde er entfaltet. Aber von der Glanz- und Prachtliebe, von der Vergnügungssucht des 18. Jahrhunderts war man sehr entfernt. Auch der Hof zu Dresden unter dem gewissenhaften, arbeitsamen und gerechten Friedrich August zeigte ein einfaches Aussehen. Zwar der sächsische König hatte einen viel größeren Hofstaat als der preußische. An der alten sächsischen Hofetikette wurde auch im neuen Jahrhundert streng festgehalten, und die servile Hofgesellschaft trug vielfach den Stempel des 18. Jahrhunderts. Aber dem üppigen und schwelgerischen Leben, das einst zu Dresden geherrscht hatte, war ein Ende gemacht. Ein wenig freier vom Zwang der Etikette lebte der Hof übrigens in Pillnitz. Übertrieben prunklos zeigte sich der Hof zu Kassel. Hier war weniger Abneigung gegen Üppigkeit, veränderte Lebensanschauung und Sitte die Ursache, als der außerordentliche Geiz Wilhelms IX. Unter König Jérôme zeigte der Kasseler Hof freilich ein anderes Bild. Die Feste, glänzenden Bälle und Mahle jagten einander, bis der Üppigkeit ein jähes Ende gemacht wurde.

Am wenigsten gilt das, was wir bisher über die Änderung der Hofgesellschaft gegenüber dem 18. Jahrhundert bemerken konnten, von dem Hofe zu Stuttgart, insbesondere seitdem Württemberg durch Napoleon zum Königreich erhoben war. Den Glanz, den schon der Herzog Friedrich entfaltet hatte, verstand der König Friedrich noch zu steigern: er schuf einen gewaltigen Hofstaat — bei seinem Tode gab es 293 Kammerherren —; unglaubliche Summen mußte das Land für den Hof aufbringen. Berühmt waren die Jagdfeste, bei denen eine kolossale Pracht entfaltet wurde, wie bei der Anwesenheit König Jérômes 1812 in Bebenhausen — kurz, hier sehen wir noch den typischen Hof des 18. Jahrhunderts. Aber er war nicht mehr typisch für das neue Jahrhundert. Es gab freilich noch manche Duodezfürsten, die gern die alte Weise in die neue Zeit hinübergerettet hätten, aber hier thaten die politischen Umwälzungen ihr Gutes. Gar mancher dieser kleinen Herren stürzte von der Höhe seiner „Souveränität" herab und wurde mediatisiert. Berghaus erzählt in seiner „Wallfahrt durchs Leben" ein bezeichnendes Beispiel. Der Reichsgraf von Bentheim-Steinfurt spielte noch 1805 so sehr den großen Herrn, daß er sich lächerlich machte, er geberdete sich „als stehe der Anfang des neunzehnten Jahrhunderts noch im Zeitalter Ludwigs des Vierzehnten, von dem alle deutschen Fürsten ihr Vorbild entnommen, die meisten aber doch in der Epoche, von der die Rede ist, es verständiger Weise schon zur Rüste gelegt hatten." Das nahm nun nach 1806 ein Ende: „Von dem Hofhalt von 1805 und seinem damaligen Glanze war nichts mehr zu sehen: Beamten- und Hofdienerschaft, Hofkapelle und Hofmarstall und die martialischen Fünfzig-garden, alle waren sie zerstoben und verflogen in alle Winde, und die gräfliche Familie hatte sich auf ein Minimum des dienenden Personals beschränkt. Sie sah keine der vornehmen Gäste mehr bei sich, die sonst durch Prachtfeste erfreut und belustigt worden waren, und die, wenn sie sich bei dem reichsgräflichen Wirte verabschiedet hatten, ihn wegen seiner absonderlichen und abnormen Ergötzlichkeiten auch wohl zu verspotten und zu verlachen pflegten." — Von den ausländischen Höfen sei außer dem bereits geschilderten französischen noch der russische erwähnt. Hier wurde der Glanz, wie er zur Zeit Katharinas der Zweiten geherrscht hatte, ebenso wie die genußsüchtige Liederlichkeit von dem Kaiser Paul energisch bekämpft. Mit dem Kaiser Alexander aber begann wieder ein heiteres gesellschaftliches Leben, das sich jedoch von dem des 18. Jahrhunderts vorteilhaft unterschied. Höchst nüchtern und moralisch war der Hofhalt des Britenkönigs Georg III., der „sich nach Herzenslust an Hammelcoteletten satt aß und Abend für Abend in demselben steifen Kreise sich züchtige Bücher lesen oder Händel vorspielen ließ."

In der Geschichte der höfischen Geselligkeit jener Zeit, deren Wandel nunmehr genugsam charakterisiert ist, darf indessen eine Glanzzeit nicht vergessen werden, die an die Vergangenheit doch stark erinnerte, die Zeit des Wiener Kongresses. Sie führte noch einmal die ganze vornehme Welt des 18. Jahrhunderts zusammen. Der Zusammenfluß so vieler Monarchen und Mitglieder der höchsten Gesellschaft hatte ein Übermaß festlicher Geselligkeit zur Folge, und der sonst einfache Kaiser von Österreich that, trotzdem es ihm nicht immer behagen mochte, sein Möglichstes als Gastgeber, nicht minder wieder die Gäste, die Diplomaten und der Wiener Hochadel. Von größeren geselligen Festen — von Paraden u. s. w. abgesehen — seien die des Monats Oktober 1814 nach Vehse angeführt: 2: Hofredoute in der Winterreitschule. 5: Große Jagd, Abends

Ball. 6: Volksfest im Augarten. 8: Fahrt nach Lachsenburg und Diner daselbst. 9: Großer Bal paré von 4000 Personen in der Winterreitschule, ein besonders glänzendes Fest. 10: Besuch des Schlachtfeldes bei Aspern, Diner in Enzersdorf, Abends Oper. 11: Große Hoftafel, Spazierfahrt nach Schönbrunn, Oper, dann Ball im Orangeriegebäude bei illuminiertem Garten. 12: Jagd, dann Diner in Lachsenburg. 13: Großer Hofball in der Burg. 16: Große Musikaufführung in der Reitschule. 17: Diner von 700 Gedecken beim Russischen Kaiser. 18: Erinnerungsfest an die Schlacht bei Leipzig im Prater, Abends Ball beim Fürsten Metternich. 24.—29: Reise der drei Monarchen nach Ofen. Später gab es noch Maskenbälle, Karoussels, Jagden, Feuerwerke, Diners, Galabälle, Schlittenfahrten u. s. w. in Hülle und Fülle. Dazu kamen noch für das Gros der Gäste die zahllosen Feste der Wiener Gesellschaft, auch der reichen Juden. „Bei einem Feste, das der Baron Arnstein dem Congresse gab, waren alle Säle mitten im Winter mit Bäumen geschmückt, von denen man Kirschen, Pfirsichen und Aprikosen pflücken konnte." „Alles schwamm in Glanz und Festlichkeit," sagt Varnhagen. „Der Gesellschaftssäle waren unendlich viele eröffnet, sie alle zu besuchen, hätte auch der ausgemachteste und müßigste Visitenheld nicht unternehmen können." Konnte dieses leichtsinnige Freudenleben in seiner Übertreibung wieder an das 18. Jahrhundert erinnern, so zeigte auch innerlich der Wiener Kongreß ein Aufflackern des alten Zeitgeistes. „Die Intrigue," sagt Luise v. Kobell, „war der Sauerstoff in der dortigen Luft, die Reaktion der Boden, auf dem man sich bewegte, das „bonmot" übertönte die weltbewegenden Fragen." „Wie die Würmer nach dem Regen" war, nach Heinrich v. Treitschkes Ausdruck, alles, was einst eine Rolle gespielt hatte oder gespielt zu haben glaubte, aus seinem Versteck gekrochen. Aber der Ton der Geselligkeit erinnerte trotz aller Zierlichkeit und Künstlichkeit doch zuweilen an die freier gewordenen Anschauungen: die alte Unbefangenheit des Leichtsinns war dahin. —

Die große Einfachheit einer Reihe von Höfen hat sich nun im Laufe des Jahrhunderts doch wieder sehr gemindert, was ja auch nur der allgemeinen Steigerung der Lebenshaltung entspricht. Auf Max I. von Bayern folgte z. B. der für alles Schöne begeisterte Ludwig, der der Geselligkeit alsbald einen glänzenderen Charakter gab, freilich mit einem durchaus romantischen Anstrich. „Ludwig I. zu Gefallen," schreibt Luise von Kobell, „entstanden die weltberühmten Künstlerbälle, bei welchen ein früheres Jahrhundert mit Musik und lustigem Gepränge den von Leo von Klenze erbauten, mit Kaulbachs Fresken geschmückten Odeonssaal bezog. Sich selbst in die Vergangenheit zurückversetzend, sprach Ludwig mit den Männern und Frauen ihre damalige Sprache und tauschte Scherz um Scherz." In ähnlicher Weise änderte sich die Hofgeselligkeit in Preußen mit der Thronbesteigung Friedrich Wilhelms des Vierten, des Romantikers auf dem Throne. Auch er suchte, wie wir noch weiter unten sehen werden, dem Glanze einen poetischen Charakter zu geben. Raffiniert wurde aber die Pracht der Hoffeste, wie des Hoflebens überhaupt in Frankreich unter dem zweiten Kaiserreich. Als z. B. der Zar und der König von Preußen den Pariser Hof zur Zeit der Ausstellung besuchten, häuften sich die prunkvollen Festlichkeiten fast wie zur Zeit des Wiener Kongresses. Schon vor 1870 war aber trotz allen äußeren Glanzes in diesem Treiben ein starker innerer Niedergang und eine gewisse Unlust bemerkbar, zumal der kranke Kaiser an der Geselligkeit immer weniger teilnahm. Um diese Zeit sah die Welt auch staunend am bayerischen Hofe den Versuch, den höfischen Glanz des siebzehnten und achtzehnten Jahrhunderts wieder hervorzuzaubern, aber auf die Gestaltung der Geselligkeit hatte derselbe wenig Einfluß. So glänzend die offiziellen Feste waren, so sinnberückend insbesondere diejenigen im Wintergarten — bei einem Feste im Mai 1873 „glich er mit seinem Rosenpavillon, aus dem weiße Tauben flatterten, mit den über grüne Hügel und Blumenbosquete schwebenden Genien in kunstvoll magischer

Beleuchtung einem Feenhain" —, so episodenhaft war das Ganze. Bald beschränkte sich aller Glanz lediglich auf die Person des kranken Königs, der seine phantastischen Ideen in die Wirklichkeit zu übertragen suchte. Endlich ist in neuester Zeit eine stärkere Neigung, glanzvoll aufzutreten, am Berliner Hofe bemerkbar. Eine gewisse Großartigkeit, eine würdige Entwickelung von Pracht war dem preußischen Hofe seit Friedrich Wilhelm IV. geblieben. Jetzt tritt das ein, was Gustav Freytag von dem neuen Kaisertum vorausgesagt hat, das Bestreben, auch durch äußeren Glanz die neue Würde zu repräsentieren. Erwähnt sei dabei die Neubelebung der Hoftracht.

Im übrigen ist selbstverständlich, daß an den Höfen überhaupt bei großen Festlichkeiten Glanz und Prunk entfaltet wird. Bei den Hofbällen herrscht das herkömmliche Ceremoniell, wenn auch in diesem Jahrhundert mancherlei von der alten Etikette gefallen, in Österreich z. B. mit der altspanischen Grandezza erheblich aufgeräumt ist. Erst nach dem feierlichen Eintritt und Umzug des Hofes beginnt der allgemeine Tanz, wenn ihm nicht noch besondere Aufführungen voraufgehen. Das war und ist insbesondere bei den Kostümfesten der Fall. Diese glänzenden Feste haben denn auch ihre Beliebtheit bis heute nicht eingebüßt. Sie kamen auch in den einfacheren Zeiten zu Anfang des Jahrhunderts — ich erinnere an das Festspiel Lalla Rook im Berliner Schloß 1824 — vor. In den vormärzlichen Tagen waren sie dann besonders häufig. Charakteristisch ist für diesen Zug z. B. die originelle Tafelrunde des Königs Artus, der der Herzog Maximilian in Bayern in den dreißiger Jahren vorstand. Die Ritter, die übrigens keineswegs nur der Hofgesellschaft entstammten, trieben Kurzweil, veranstalteten humoristische Umzüge und Tuniere, tranken, dichteten und schwelgten. Von eigentlichen Hofkostümfesten will ich einige erwähnen. So das glänzende Hoffest von Ferrara 1842 am Berliner Hof. 1846 wurde an demselben Hof ein Kostümfest mit dem Titel: „Musäus' Teutsche Volksmährchen. Maskenzug im Königl.

Schloſſe zu Berlin" veranſtaltet. Es verſetzte, wie Vitzthum berichtet, Berlin „in unbeſchreibliche Aufregung". Es bildeten ſich acht Märchen darſtellende Koſtümgruppen; „drei glänzende Quadrillen, eine mittelalterliche deutſche, eine griechiſche und eine ſpaniſche bildeten den Schluß". Vitzthum tadelt übrigens manches, ſo findet er die ſpaniſche Quadrille „denn doch etwas zu wild". Der König war nicht recht in Stimmung, und ſehr bezeichnend ſchreibt Vitzthum: „Mir kam alles dies wenig zeitgemäß vor." In Dresden fand 1852 erſt beim Miniſter von Beuſt, dann noch einmal bei Hofe ein Bal costumé: Der Zug der Königin von Navarra aus der Oper „Die Hugenotten" mit vier Quadrillen ſtatt. In demſelben Jahre gab der Kaiſer in der Hofburg ein Koſtümfeſt, bei dem eine Komödie aufgeführt und vier große lebende Bilder geſtellt wurden. Koſtümbälle mit Quadrillen fanden auch an den kleineren Höfen, z. B. in Hannover ſtatt. In München rief 1863 Max II. durch ein Koſtümfeſt als Karnevalsſchluß den Hof des Kurfürſten Max Joſeph „im Jahre 1753" wieder ins Leben: „wohin ſich der Blick wandte, ſah er gepuderte Geſtalten in gold- und ſilbergeſtickten Stoffen, mit blitzenden Edelſteinen geſchmückt." Auch am kaiſerlichen Hofe in Berlin hat dann die Gegenwart ſolche Koſtümfeſte feiern ſehen: noch zu Anfang dieſes Jahres erging ſich der Hof in den Koſtümen des Jahres 1797, des Geburtsjahres des alten Kaiſers. —

Ich komme von der Hofgeſellſchaft auf die „gute Geſellſchaft" überhaupt. Die Entwickelung des Lebens der faſhionablen Geſellſchaft in allen maßgebenden Kulturländern im einzelnen zu verfolgen, muß ich mir verſagen. Eine eingehendere Geſchichte der franzöſiſchen „Geſellſchaft", die durch die Revolution völlig erſchüttert, durch die Bemühungen Napoleons nur künſtlich wieder hergeſtellt, doch nach dem Ausdruck Varnhagens „genug reizende Geſelligkeit" in ſich barg, um auf das Ausland durch glänzende Winter wieder Eindruck zu machen, die dann nach der Periode des Bürgerkönigtums unter dem zweiten

Kaiserreich sich zu einer sehr zweifelhaften Höhe emporschwang, um unter der Republik wieder in eine ganz anders geartete Epoche einzutreten, eine solche kann ich hier nicht geben; auch nicht eine solche der englischen Gesellschaft, die sich von dem rohen Luxus und den derben, sittenlosen Manieren der Vergangenheit erst in den zwanziger Jahren unseres Jahrhunderts zu feinerem, eleganterem Wesen erhob, aber doch eine ausgeprägt nationale Färbung behielt, wie sie durch ein kaltes, reserviertes Benehmen, durch ein oft tölpelhaftes Selbstbewußtsein, durch das einseitige Klubleben, durch gewisse merkwürdige Arten gesellschaftlicher Unterhaltung, durch das pflichtmäßige Durchmachen der unglaublich anstrengenden, formellen und langweiligen Londoner „Season" charakterisiert wird; eben so wenig endlich eine Geschichte der russischen, schwedischen, italienischen, spanischen, amerikanischen Gesellschaft: ich beschränke mich wieder auf Deutschland.

Man darf nun freilich für das Deutschland jener Zeit weniger als für irgend ein anderes Land die lokale Verschiedenheit außer Acht lassen. Außerordentlich einflußreich waren in dieser Beziehung die vielen Hofhaltungen in dem zersplitterten Deutschland doch gewesen: sie hatten auch zahlreiche kleinere Orte zu Mittelpunkten eines glänzenden Lebens gemacht. Es mochte sein, daß sich auch in dieser Zeit noch gewisse Traditionen davon erhielten. Die großen Hauptstädte unterschieden sich natürlich wieder außerordentlich von den kleinen. Die großen Höfe hatten einen zahlreichen Konflux genußsüchtiger, erwerbslustiger oder abenteuersuchender Menschen zur Folge gehabt: es ergab sich in ihnen vielfach ein ausschweifendes Freudenleben. Groß war aber wieder der Unterschied zwischen den Hauptstädten, die durch wirtschaftlichen Aufschwung oder durch wichtige geistige Elemente ihre Bedeutung auch im neunzehnten Jahrhundert bewahrten, und denjenigen, die nach Verfall des glänzenden Hoflebens künstlich als große Städte weiter vegetierten. So macht Carl Julius Weber auf den großen Unterschied zwischen Berlin und Dresden aufmerksam, wozu allerdings wieder Stammesunterschiede kommen. „Der Berliner ist ein Mann für Welt und Leben, der Dresdner für Familie und Haus." Das gesellige Leben der früheren Reichsstädte hatte auch sicherlich manche Eigentümlichkeiten bewahrt, ebenso wie dasjenige in den großen Handelsstädten. Allen diesen Unterschieden und Nuancen hier gerecht zu werden, ist nicht die Aufgabe. Nur mag daraus die Erlaubnis hergeleitet werden, einige lokale Schilderungen zunächst aus den ersten Jahrzehnten des Jahrhunderts hier zu geben.

Das materiell genußsüchtigste Leben führte man unzweifelhaft in Wien wie im privaten, so auch im gesellschaftlichen Leben — ganz abgesehen von der oben geschilderten Sittenlosigkeit. Das war schon so im achtzehnten Jahrhundert gewesen. Nicolai spricht 1781 von dem „unseligen Hang der Wiener zur Lustbarkeit, Zerstreuung und Gemächlichkeit". „Besonders zur Faschingszeit taumelt alles von rauschenden Vergnügungen." Mit diesem und ähnlichen Urteilen kontrastiert freilich der Eindruck, den der Engländer Moores von dem dortigen Leben in derselben Zeit gewann: in keiner Hauptstadt könnte man weniger Beispiele von hohem Spiel sehen oder weniger Gelegenheiten zu verderblichen Spielen, zu öffentlicher Liederlichkeit oder grober Üppigkeit finden. Man sieht daraus, wie vorsichtig Urteile von Reisenden hingenommen werden müssen, wieviel von den persönlichen Erlebnissen und Eindrücken abhängt. Zweifellos hat der Engländer, der für Wien sehr eingenommen ist und dort sehr gut aufgenommen wurde, Unrecht. Das bestätigen uns die Urteile über das Wiener Leben zu Anfang unseres Jahrhunderts. Auch Fürst Pückler spricht von dem unersättlichen Durst der Wiener nach Zerstreuung. Wesentlich gilt das allerdings vom Mittelstand und dem gemeinen Mann. Aber auch der gesellschaftliche Trubel der großen Welt hörte nicht auf. Freilich war um diese Zeit schon eine Abnahme gegen das 18. Jahrhundert, sicherlich durch den Einfluß des Hofes, bemerkbar. „Um Gesellschaften und Einladungen," urteilt Fürst Pückler, „ist man nicht ver=

legen, sobald man einmal eingeführt ist, wiewohl auch
hierin, wie man mich versichert, kein Vergleich mit ehemals
zu ziehen ist." Und Gentz schreibt über den Karneval 1811
an Goethe: „An großen glänzenden Festen, wie wir sie
sonst zu sehen gewohnt waren, ist Wien diesmal allerdings
weniger reich, die Privatgeselligkeit aber hat offenbare
Fortschritte gemacht. Man hat jeden Tag die Wahl
zwischen drei oder vier vortrefflich ausgestatteten Häusern,
wo sich vierzig bis funfzig und mehrere Personen versammeln und wobei das Spiel eine sehr untergeordnete,
die Musik schon eine bedeutendere, eigentliche Unterhaltung
und Gespräch aber die Hauptrolle spielt... Man berechnet auf vierzehn Tage hinaus die Reihe vortrefflicher
Diners, worin die Palffy und Schönborn und Kinsky und
Lichnowsky und Liechtenstein u. s. f. mit einander wett-
eifern. Es ist im Grunde ein Schlaraffenleben, welches
man hier führt." Freilich war die feine Gesellschaft
Wiens sehr exklusiv. Die Gesellschaftsschichten waren streng
getrennt; Fremde werden nur wenig zugelassen, dann aber
intim behandelt, daher auch ein Mann wie Fürst Pückler
den Vorwurf, der Wiener Adel sei stolz gegen Fremde,
nicht gelten lassen will. Man wollte nicht geniert sein:
das war die Hauptsache. Der Charakter der Geselligkeit
war daher in Wien ein höchst angenehmer. Weber rühmt
die großartige Zwanglosigkeit im Verkehr, weiter auch die
außerordentliche Artigkeit des eigentlichen Adels. „Aus-
länder, die noch von deutscher Geschmacklosigkeit, deutscher
Steifheit und deutschem Ernste träumen, mögen nach Wien
reisen." So erzählt auch Varnhagen von den Mittags-
mahlen bei dem Fürsten von Schwarzenberg in Paris:
„Waren einmal, was selten genug vorkam, nur Oesterreicher
oder andere Deutsche zugegen, so herrschte die vertraulichste
Mittheilung, der freieste Ton, man sprach deutsch, und die be-
haglichste Fröhlichkeit beherrschte den ganzen Kreis, der
dann wirklich ein Familienkreis zu nennen war." Auf
der anderen Seite heben die Beobachter freilich die starke
Geistlosigkeit der Wiener Gesellgkeit hervor, die ja häufig

mit dem Hang zu materiellem Genuß verbunden ist. Gentz behauptet in dem erwähnten Brief freilich, daß „weit mehr Geist als sonst in diese sinnliche Masse gedrungen sei." — Auf den Geist that sich nun gerade ein Teil der Gesellschaft von Berlin etwas zu Gute, von „Berlin mit seinem dicken Sande und dünnem Thee und überwitz'gen Leuten." Auf diese Seite des Berliner gesellschaftlichen Lebens komme ich sogleich zurück: sie kann uns zum Teil für die dortige Geselligkeit überhaupt als typisch gelten. Zunächst zeigt dieselbe aber zu Beginn des Jahrhunderts einen teilweise üppigen und frivolen Charakter. Die Periode Friedrich Wilhelms II. hatte eine starke sinnlich-materielle Genußsucht gezeitigt, die nicht so bald zu verdrängen war. Der neue einfache Hof gefiel nicht. „Die Nation ist schon zu sehr verdorben," sagt der Kriegsrat v. Coelln, „die Schlemmer in Berlin spotten über die Nüchternheit des Königs . . . das ist der langweiligste Hof, der Berliner, sagen sie, den es giebt . . . In der Residenz hat man die physischen Genüsse so verfeinert, daß das Leben bei Hofe damit recht grell absticht. Es giebt hier eine Menge von Leuten aus dem Militär-, Civil- und Handelsstande, die ein wahres Studium daraus gemacht haben, das Leben zu genießen." Gleichwohl darf man sich von dieser Genußsucht keine zu übertriebenen Vorstellungen machen: es urteilt hier der Mann einer genügsamen Zeit. In Wirklichkeit zeigte das Berliner gesellige Leben auch der großen Welt damals sehr häufig sogar Mangel an Aufwand und Luxus. Von übertrieben glänzenden, üppigen Festen ist nicht die Rede. Im übrigen war dieses Leben dasselbe, wie das der Residenzstädte überhaupt, und natürlich daher auch äußerst rege. Hingegen herrschte eine außerordentliche Zersplitterung. „Es ist hier ungemein viel geselliges Leben," schreibt Heine 1822, „aber es ist in lauter Fetzen zerrissen. Es ist ein Nebeneinander vieler kleiner Kreise, die sich immer mehr zusammen zu ziehen, als auszubreiten suchen. Man betrachte nur die verschiedenen Bälle hier; man sollte glauben, Berlin bestände aus lauter

Innungen. Der Hof und die Minister, das diplomatische Korps, die Civilbeamten, die Kaufleute, die Officiere ꝛc. ꝛc. alle geben sie eigene Bälle, worauf nur ein zu ihrem Kreise gehöriges Personal erscheint." Dieses Urteil trifft nun für einen Teil der Gesellschaft, die geistige Elite, nicht zu. In diesen Kreisen herrschte vielfach eine freie und schöne Gastfreundschaft, die Staatsmänner und Schriftsteller, Buchhändler und Künstler, Gelehrte und distinguierte Fremde zwanglos vereinigte. Den Anstoß für die Bildung einer solchen höheren Gesellschaft hatte zum Teil der Salon der bekannten Gräfin Lichtenau, der Geliebten Friedrich Wilhelms II., die eine freie und edle Geselligkeit pflegte, zum Teil der litterarische Salon jener geistreichen Jüdinnen um die Wende des Jahrhunderts gegeben, als deren Haupttypen die schöne, aber gemachte und eigentlich unbedeutende Henriette Herz und die viel höher stehende Rahel bekannt sind. Die reichen Juden Berlins, damals noch keineswegs ihren Mitbürgern gleichgestellt, zeichneten sich seit den Tagen Moses Mendelssohns durch ein eifriges Streben nach höherer Bildung aus: seit den siebziger Jahren des achtzehnten Jahrhunderts pflegte man in diesen Häusern insbesondere auch die schöne Litteratur, führte Schauspiele auf, las solche mit verteilten Rollen und zeigte überhaupt ein reges Interesse an den Produkten der damals immer herrlicher aufblühenden deutschen Litteratur. Andererseits studierte man ebenso eifrig die fremden, namentlich französischen Autoren. So ergab sich, zumal sich eine Reihe junger Ehepaare eng einander anschlossen, eine originelle, geistig belebte Gesellschaft, der in Berlin sonst nichts gleichstand. Es schloß sich diesen Kreisen trotz aller Vorurteile eine große Reihe geistig interessierter Männer, vor allem jüngere, an. „In diesen Kreis," heißt es in den Erinnerungen der Henriette Herz, „war nach und nach wie durch einen Zauber Alles hineingezogen, was irgend Bedeutendes von Jünglingen und jungen Männern Berlin bewohnte oder auch nur besuchte. Denn Selbstbewußtsein und Lebensfrische duldeten nicht, daß das einmal angesteckte Licht unter den Scheffel gestellt würde, und schon leuchtete es in weitere Fernen. Auch geistesverwandte weibliche Angehörige und Freundinnen jener Jünglinge fanden sich allgemach ein. Bald folgten auch die freisinnigen unter den reiferen Männern, nachdem die Kunde solcher Geselligkeit in ihre Kreise gedrungen war. Ich meine, pour comble wurden wir zuletzt Mode, denn auch die fremden Diplomaten verschmähten uns nicht. Und so glaube ich nicht zu viel zu behaupten, wenn ich sage, daß es damals in Berlin keinen Mann und keine Frau gab, die sich später irgendwie auszeichneten, welche nicht längere oder kürzere Zeit, je nachdem es ihre Lebensstellung erlaubte, diesen Kreisen angehört hätten. Ja die Grenze ist kaum bei dem Königlichen Hause zu ziehen; denn auch der jedenfalls geniale Prinz Louis Ferdinand bewegte sich später viel in denselben." Es war in der That „eine Gesellschaft in großem Stil", wie sie Berlin nie wieder gesehen hat. Man hat sich viel mit den Hauptfiguren beschäftigt, zuletzt Geiger in seinem „Berlin", man hat diese Damen auch lange sehr überschätzt. Der Einfluß der Rahel, der späteren Frau von Varnhagen, war übrigens der am längsten dauernde. Daß freilich eine besonders reine Sitte in diesen Kreisen gepflegt wurde, kann man nicht sagen: unter den gefälligen und feinen Umgangsformen verbarg sich häufig eine starke Frivolität. Das gilt nicht von allen, z. B. nicht von dem Kreise der edlen Elise Stägemann. Denn diese feinere Geselligkeit dehnte sich immer weiter über Berlin aus; bekannter sind das Haus des Buchhändlers Reimer, das der Amalie von Helvig, die wie das Stägemannsche Mittelpunkte der geistigen Elite waren. Die Rahel meint einmal von „unserm Alles in Allem geltenden Geheimen Staatsrath Stägemann (bel esprit)": „um dessen Haus und ihn reißt, drängt, schiebt sich die Stadt." — Daneben bestand dann die einfache, bürgerliche Geselligkeit der Gelehrten und Beamten, eine durch große Gastmähler und Feste sich hervorthuende, üppigere Geselligkeit der reichen Kaufleute und die hergebrachte Festfolge der

Hofgesellschaft unbeeinflußt fort. Erst allmählich machte sich dann wieder eine neue Spezialität der Berliner Geselligkeit geltend, die doch zeigt, daß die schöngeistigen Interessen der oben erwähnten Salons breitere Schichten zur Nacheiferung anregten. Der sogenannte „ästhetische Thee" wurde Mode. Über ihn ist oft gespottet worden, am bekanntesten ist die Schilderung, die Hauff von ihm in den Memoiren des Satans giebt. Er führt uns in einen eleganten Salon, in dem bereits ein großer Kreis versammelt ist und die Theelöffel — den Thee bereitet die jüngere Tochter an der massiven silbernen Theemaschine — rasseln. Eben hat ein junger Dichter einige Dutzend Stanzen aus einem Heldengedicht vorgelesen; dann wird das neueste Produkt von Johanna Schopenhauer von einer ältlichen Dame hervorgeholt, natürlich um es vorlesen zu lassen. Die Tassen werden wieder gefüllt und die zierlichen Brötchen umhergereicht, und eine Stunde lang wird wieder gelesen 2c. Zum Vorlesen und zu dem „gebildeten", d. h. schöngeistig-litterarischen Gespräch kam dann noch das Musizieren, dem natürlich andachtsvoll gelauscht wurde. Dazu „ein laulich Gebräue mit Zucker und Sahne, und immer aufs Neue die schwache Tisane, und Kuchen und Backwerk, und Backwerk und Torte . . ."

Mit diesen ästhetischen Genüssen war Berlin aber nicht für alle norddeutschen Städte typisch. Der reichen Stadt Hamburg z. B. hat man von jeher eine Neigung zu materiellem Wohlleben nachgesagt, und diesen Hang verleugnete sie auch in dieser Periode nicht. Die Hauptsache bei der Hamburger Geselligkeit war eine gute Bewirtung. „Hamburg," sagt Weber, „ist eine wahre Stadt des Genusses, wie Wien, nur in derberer Manier . . . Wer sollte nicht in Hamburgs Vorrathskammern — Bauch werden? Schmaus auf Schmaus und Einladungsbillette vier Wochen voraus, wie die Engagements auf Winterbälle. Bourienne in seinen Memoiren spricht gar von einer Einladung von sechs Monden voraus." Das gesellschaftliche Gespräch trug übrigens in Hamburg einen offenen und freien Charakter.

Städte wie Lübeck zeigen wieder eine einfachere Art: streng wird an alter Sitte festgehalten, Mäßigkeit im Genuß ist die Losung. Weber erzählt von den wöchentlichen Winterbällen, "wo um zehn Uhr Alles zu Ende sein mußte, daher sie mit Recht — Gesundheitsbälle hießen." Ein gewisser Hang zum Materiellen war übrigens all den alten Reichsstädten eigen, auch den süddeutschen, z. B. Nürnberg.

Auch die Residenzstadt München, die damals noch eine stille Stadt war, zeigte wie in ihrer Geselligkeit viel Vergnügungssucht, so in der Art derselben eine stark materielle Genußsucht. ""Zur Vereinfachung der Sitten und aus Liebe zur Mäßigkeit,"" erzählt Luise von Kobell, "stiftete mein Großvater Ägid, ""die löbliche Gesellschaft zu den sechs Schüsseln"", weil zu einem ""ehrenvollen Gastmahle eigentlich dreißig, auch noch mehr Speisen gehörten"". Diese "Einfachen" nahmen ihr wöchentliches Diner in einer Villa oder in einem Sommerschlößchen eines Gesellschaftsmitgliedes ein, und der dabei eingeführte Strafkodex erhöhte nur die Lustbarkeit der Tafelnden. Von der Färbung, welche das feinere gesellige Leben Münchens unter Ludwig I. durch das Künstlerelement erhielt, ist schon oben bei der Hofgeselligkeit gesprochen. Lebhafte Geselligkeit herrschte auch in Residenzstädten, wie Kassel. 1815 wird von dort im Journal für Luxus und Mode von zahlreichen öffentlichen Thees mit Tanz, Privatbällen und öffentlichen Maskenbällen berichtet.

Von dem Leben der "Gesellschaft" in Städten von geringerer Bedeutung als der der eben erwähnten ließen sich viele Einzelheiten geben. Natürlich spielt auch hier die lokale Verschiedenheit eine große Rolle. Von einer Charakterisierung aller dieser Unterschiede muß hier abgesehen werden. Die kleinen Städte kommen für uns überdies überhaupt nicht in Betracht: eine Geselligkeit in größerem Stil ist in ihnen nicht recht möglich und fehlte besonders in jener Zeit durchaus. Bogen spricht in seinen Erinnerungen z. B. von dem damaligen "einfachen und wenig geselligen Leben einer ostpreußischen Landstadt". Wo in einem solchen Städtchen Mitglieder der höheren Stände durch das Amt festgebannt sind, findet man meist eine völlige Isolierung dieses Kreises. Die Klagen über "Mangel an Geselligkeit" begegnen häufig. Diesen Mangel zeigen die mittleren Städte nicht: in ihnen finden wir regelmäßig ein sehr reges, hie und da wohl etwas künstliches Gesellschaftsleben. In der "Reise eines Liefländers von Riga nach Warschau" wird über den Adel und die höheren Beamten und Offiziere der preußischen Provinzialstädte gesagt: "Thee, Spiel und Tanz sind ihre Erholung". Eine geistig belebtere Gesellschaft mochte sich hie und da in Universitätsstädten finden, doch nicht als Regel. Aus Heidelberg berichtet Reinbeck z. B. von einer großen Einförmigkeit des geselligen Lebens. In Jena herrschte hingegen eine sehr lebhafte Geselligkeit. Alle vierzehn Tage fand in der "Rose" ein Universitäts- und Honoratiorenball statt. Um einen Einblick in das gesellschaftliche Treiben einer Mittelstadt zu gewähren, führe ich die Schilderung des geselligen Winters in Paderborn an, welche die Zeitung für die elegante Welt im April 1806 bringt: "Der Winter ist hier, wie in dem übrigen nördlichen Deutschland, lang und traurig, aber man versteht ihn zu verkürzen. Schon um Michaelis beginnen die eleganten Thees, welche fast wöchentlich unter den Familien, die daran Theil nehmen, wechseln, und wozu auch Männer und junge Leute, die kein Haus machen, Zutritt haben. Ein bestimmter Tag in der Woche ist dem Konzert gewidmet. Sonntags Abends wird der Klub von Damen besucht; auch der Donnerstag ist dazu bestimmt, wird aber nur selten benutzt. Tiefer in den Winter hinein wechseln öffentliche und Privatbälle mit den Theegesellschaften ab, bisweilen bleibt auch die Gesellschaft nach geendigtem Konzert ohne große Vorbereitung zum Tanz versammelt, und diese animirten Impromtus dauern nicht selten bis tief in die Nacht. Diese privat- und öffentlichen Bälle drängten sich im vorigen Winter dergestalt aneinander, daß in zwei verschiedenen Perioden sieben nach einander folgende Tage, oder vielmehr Nächte bald in öffentlichen, bald in Privathäusern eine Kette von Vergnügen bildeten ... Der erste glänzende öffentliche Ball fand, wie gewöhnlich alle Jahr, am Sonntage nach heil. Dreikönige statt ... Dieser sogenannte h. Dreikönigsball ist gleichsam die Losung zu den nun beginnenden Karnevals-Belustigungen, welche von da an bis Fastnacht fast ununterbrochen fortdauern. Besonders findet man hier ein Vergnügen daran, des Abends maskirt privat- und öffentliche Häuser zu besuchen und unter allerlei Gestalten verkleidet Bekannte und Unbekannte zu necken. Gewöhnlich vereinigen sich mehrere Personen, Freunde und Freundinnen, zur Ausführung eines launigten Einfalls, zu diesen gesellen sich zufällig auf der Straße andere Gruppen, ohne sich zu kennen, und bilden so einen Zug von Masken, der bis spät in die Nacht in den Häusern herumschwärmt, in welchen er mit zuvorkommender Höflichkeit aufgenommen wird, ohne daß man jemals nur von dem kleinsten Exzeß gehört hätte. Das Vergnügen am Fastnachtsspiel wird in Paderborn ansteckend, selbst die beiden Generale, Graf von Kalkreuth und v. Arnim, öffneten jeden Abend ihre Zimmer bereitwillig den Maskenbesuchen und fanden Vergnügen an einer Unterhaltung, welche durch die Neuheit der Sitte und schnelle Abwechselung der Gruppen belustigte. Ja, der Kommandeur des Regiments v. Lettow, Obrist v. Oertel, trieb die Gefälligkeit und Gastfreundlichkeit so weit, daß in seinem geräumigen Quartier jeden Abend Tanzmusik und Erfrischungen für die Masken bereit waren. ... Am zahlreichsten und glänzendsten waren, wie gewöhnlich, auch dieses Jahr die Bälle am Fastnachts-Abend und Sonntags vor Fastnacht, auf welchen sich unter den Masken eine Quadrille von spanischen Cavalleros, Sennoras und Hidalgos, ein Aufzug, die Nacht mit ihrem Gefolge vorstellend, auszeichnete. Am Aschermittwoch macht eine Spazierfahrt nach Neuhaus den Beschluß der Fastnachtslustbarkeiten."

Den Höhepunkt des gesellschaftlichen Lebens, das sich überhaupt naturgemäß besonders im Winter rege zeigte — in England begann schon damals wie heute die eigentliche Saison erst im Frühjahr und dauerte bis in den Juni — bildete weit mehr wie heute, wie man aus dem eben angeführten Beispiel sieht, die Faschingszeit. Insbesondere waren zu dieser Zeit die Maskeraden noch ganz allgemein. Sehen wir uns wieder verschiedene Städte in dieser Beziehung an. Aus Wien berichtet eine Korrespondenz der Zeitung für die elegante Welt vom 26. Januar 1805: „Obgleich die Theurung aller Lebensbedürfnisse noch immer steigt oder sich wenigstens nicht im geringsten vermindert, so hat doch der Fasching wieder sehr lebhaft begonnen. Die ersten Redouten pflegen gewöhnlich unbedeutend zu seyn, sie waren es auch diesmal; man hält es für einen Fehler gegen den guten Ton, den ersten oder zweiten Maskenball zu besuchen. Erst die dritte Sonntagsredoute war glänzend, man traf viele Pracht, besonders vielen Luxus in Spitzen und Diamanten. Masken trifft man nur wenige. Frauenzimmer aus besseren Ständen wählen gewöhnlich nur eine geschmackvolle Veränderung des modernen Anzugs oder der idealisirten Bauerntracht. Karaktermasken sind sehr selten und verunglücken besonders bei Männern, oft auf eine recht arge Weise . . . Die Sonntage bleiben von jetzt an schon größtenteils den Redouten gewidmet, welche dagegen an den Mittwochen ganz glanzlos sind. Die Wochentage werden größtenteils zu Hausbällen und Tanzgesellschaften verwendet. Es sind nicht allein junge Leute, sondern der ganze Zirkel der näheren Bekannten, welche sich an einem solchen Abende versammeln. Die älteren Damen sind im größten Putze, Atlas und Diamanten, die jüngeren sind leichter zum Tanz gekleidet." Berlin zeigte ein sehr flottes Karnevalsleben, auch an dem sonst einfachen Hofe, an dem, wie gesagt, namentlich Kostümquadrillen beliebt waren. Dann gab es die großen Maskenredouten im Opernhause; weiter die privaten Maskenbälle und diejenigen an öffentlichen Vergnügungsorten. Der

Ton bei diesen Masferaden wird nicht als ein besonders sittlicher bezeichnet. Aus Kassel berichtet die Zeitung für die elegante Welt 1805: „Der Januar hat die Redouten gebracht — zahlreiches Gewühl, Karaktermasken aller Art." Aus Nürnberg werden ausgelassene Fastnachtslustbarkeiten gemeldet; für die bessere Gesellschaft gab es sechs große Redouten. Am größten ist die Faschingslust heute bekanntlich am Rhein, insbesondere in Köln. Gerade zu Anfang des Jahrhunderts waren aber, wenigstens was die Tollheiten des öffentlichen Treibens anbetraf, diese Freuden erheblich eingeschränkt. Der Rat hatte von jeher Verfügungen über Verfügungen gegen den Mummenschanz erlassen; auch die französischen Machthaber wandten sich gegen ihn. 1795 waren „alle Masferaden, alles Hin- und Herlaufen auf den Gassen in Masken oder in Verkleidungen, wie diese immer seyn mögen, einzeln oder zusammen, verboten"; ebenso sogar die Bälle, wenn der Stadtkommandant dazu nicht die Erlaubnis gegeben hatte. Dagegen waren 1804 und in den folgenden Jahren von der Mairie die öffentlichen Masferaden während der Fastnacht unter Beschränkung auf unbewaffnete, anständige, religiös oder politisch nicht anstößige Masken gestattet. Unter derselben Beschränkung blieben sie unter der preußischen Regierung erlaubt. Aber die Lust am öffentlichen Maskentreiben hatte abgenommen: man feierte, wie in anderen Städten, den Fasching wesentlich nur in den Ballsälen. Erst 1823 wurden die öffentlichen Maskenzüge durch organisierte Gesellschaften neu belebt und haben seitdem wieder einen Aufschwung genommen. Auch in Mainz kam die Faschingslust wieder stärker in Schwung, erreichte aber auch nicht den heutigen Grad. Corvin, der 1830 in Mainz stand, schreibt: „Der Carneval hatte zu jener Zeit in Mainz sich noch nicht so ausgebildet, wie es später der Fall war." Er findet aber als Neuling doch das Leben und Treiben der drei letzten Tage des Carnevals ganz besonders interessant: die drei Tage hinter einander im Theater stattfindenden Maskenbälle schienen ihm der Gipfel des Vergnügens, er kam während der drei Tage auch nicht ins Bett. Aber „pomphafte Aufzüge, wie sie später in Mainz stattfanden, kamen damals noch nicht vor." —

Dem Bilde, das ich soeben von dem geselligen Leben in den verschiedenen Teilen Deutschlands zu Anfang des Jahrhunderts zu geben versucht habe, entspricht zum Teil noch dasjenige, das die Mitte des Jahrhunderts, sehr wenig aber dasjenige, das die Gegenwart bietet. Abgesehen von den Wandlungen der Art der Geselligkeit ist zunächst die führende Rolle wichtig, die Berlin heute gewonnen hat. Das Wiener Leben hat seinen Einfluß auf das eigentliche Deutschland völlig verloren, im übrigen aber den Charakter froher Genußsucht noch lange bewahrt. Noch 1848 zieht bei Vergleichen mit Wien Berlin häufig den kürzeren. Der sächsische Graf Vitzthum rühmt 1847 begeistert „die aristokratische, großstädtische Atmosphäre, in der man lebt". „Da werden die Neuigkeiten des Tages und der Litteratur mit jener Grazie besprochen, die von dem kleinstädtischen Berliner Professorenton fast ebenso weit entfernt ist, als die Sonne von der Erde," „kurz die hiesige Welt ist Geist und Herz anregend, und ich bedaure jeden, der sich hier nicht bald heimisch fühlt." Bald nach 1848 urteilte von Sternberg so: „Ueber Litteratur ist es mauvais ton zu sprechen; über Politik flüstert man in den Fensternischen; Theater ist ein vormärzlicher Conversationsstoff und deshalb bald abgethan. Es ist lächerlich, aber es ist buchstäblich wahr, man spricht vom — Wetter." Trotzdem sei in Wirklichkeit große Belesenheit und ein Reichtum an Kenntnis moderner Sprachen vorhanden. Des weitern hebt Sternberg ähnlich wie später Gentz eine starke Gesellschaftssucht hervor: „Man braucht nur die Liste der Bälle und Gesellschaften anzusehen, die in einer Woche in Wien stattfinden, und sie mit der, die in Berlin im ganzen Jahre gegeben werden, zu vergleichen." Beide Beurteiler sprechen übrigens nur von der Aristokratie, die in einer gewissen trägen Exklusivität und Einseitigkeit beharrte. Die unteren Klassen waren nicht viel in Bewegung und ohne physischen Genuß nicht fröhlich; auch äußerten die Zeitverhältnisse auf die frühere sorglose Fröhlichkeit ihren Einfluß. Immerhin ist diese bis heute nicht ausgestorben; sie bildet vielmehr auch jetzt noch den charakteristischen Zug des Wienertums. In diesem Wienertum, in dessen Pflege sich übrigens Adel, Bürger und Volk begegnen — wie denn auch trotz der Exklusivität des Hochadels ein eigentümlich gemütliches Verhältnis desselben zu dem Volk besteht — steckt aber auch eine starke Einseitigkeit. Wien hat daher noch heute etwas Kleinstädtisches. So besitzt es kein Nachtleben, das sich wie in Paris, so jetzt in Berlin so außerordentlich entwickelt hat.

Wie war doch das Urteil jenes Grafen Vitzthum 1845: „Die gute Stadt Berlin imponirt mir nicht. Es ist eine kleine Stadt auf einer großen Fläche. Die Straßen sind breit, aber todt." Und doch entwickelte sich schon damals aus der litterarisch gefärbten Geselligkeit eine mehr weltmännische. „Die Berliner Gesellschaft dieser Jahre (1843—46)," schreibt Alfred von Reumont, „war glänzend, mannigfaltig und angenehm. Noch war die Zeit nicht da, in welcher die völlige Umgestaltung der öffentlichen Dinge im Verein mit der außerordentlichen Erleichterung der Verkehrsmittel einen großen Theil der Aristokratie sowie eine Menge bedeutender Männer aus den Provinzen nach der Hauptstadt rief, aber die Vorboten dieser Zeit waren erschienen, und wenn die Politik nicht dominirte, was eben kein Unglück war, hatte sie doch ihr berechtigtes Theil. Die Mischung der einheimischen mit den fremden Elementen war eine fruchtbringende. Viele Häuser so der hohen Beamten wie des Adels waren geöffnet." Zur Belebung des geselligen Lebens trug insbesondere das Haus des Grafen Pourtalès bei. In vielen Häusern war die Hofgesellschaft, die zum Teil auch litterarische und wissenschaftliche Interessen pflegte, und die Künstler- und Gelehrtenwelt, aber nicht die eigentliche Literaturwelt, vertreten. Dann kam die neue Zeit, von deren Vorboten Reumont spricht: Berlin wurde Großstadt, wurde Weltstadt. Aber vielleicht war der Übergang doch zu schnell. Die Berliner Geselligkeit hat noch nicht die Physiognomie, die die weit älteren Schwesterstädte Paris oder London zeigen. Das neue Element, das gegen früher heute dominiert, ist die Geldaristokratie, die auch die Geselligkeit lebhaft beeinflußt. Daneben bestehen gesellige Sitten und Gewohnheiten des alten Berliner Bürgertums unverändert fort. Eine besondere Physiognomie erhält aber die Berliner Gesellschaft auch in ihrer großstädtischen Form durch den militärischen Beisatz, der ihr inne wohnt. Früher namentlich in Süddeutschland oft bespöttelt, ist heute diese militärische Färbung der Berliner Geselligkeit ein wichtiger Faktor: vielleicht bildet er den Ausgangspunkt einer nationalen Färbung unserer gesamten Gesellschaft.

Auch eine Stadt wie München hat in seinem geselligen Leben gegen den Anfang des Jahrhunderts außerordentliche Umwandlungen erlebt. König Ludwig I. hatte ihr ein neues, großartiges Kleid gegeben und das weitere Aufblühen vorbereitet: aus einer spezifisch altbayerischen Stadt wurde mehr und mehr eine belebte Großstadt, in der insbesondere Kunst und Wissenschaft reiche Pflege fanden. Die fremden Elemente, die schon Ludwig I. und dann Maximilian berufen hatten, trugen wesentlich zu dieser Umwandlung bei, aber die unter Maximilian „Berufenen" schlossen sich doch gegen das heimische Element ziemlich ab, so daß das an sich lebhafte gesellige Leben wenig einheitlich war. Den geselligen Mittelpunkt der Fremden bot das Haus des Legationsrats v. Dönniges, das insbesondere an den Montagen geöffnet war. Ein sehr großes Haus machte Dingelstedt, namentlich aber Liebig. „Diners," schreibt Luise v. Kobell, „gaben Liebigs in Hülle und Fülle, und an Tanzgesellschaften mangelte es auch nicht. Ihre Geselligkeit war so groß, daß Baron Völderndorff mit mir wettete, sie würden es garnicht merken, ob Einer eingeladen oder uneingeladen zu Tisch käme." Äußerst belebend wirkte seit Ludwig I. das Künstlerelement auf die Geselligkeit: den Höhepunkt bildete

in dieser Hinsicht der „Künstlerball". Alles in allem
herrschte aber eine harmlos-gemütliche Geselligkeit. „Versteht sich von selbst," berichtet z. B. aus dieser Zeit
Schönbein, „daß wie überall so auch in München es
dasjenige giebt, was man geschlossene Gesellschaften nennt,
in welchen jedoch nur die Männer erscheinen. Durch
Fremde in einige solcher Kreise eingeführt, sah ich gar
bald, daß behaglichster Frohsinn da hause und eine
München eigenthümliche Gemüthlichkeit herrsche." Jenes
Künstlerelement giebt der Münchener Geselligkeit auch heute
vielfach einen besonderen Charakter. Für die Geselligkeit
des geringeren Mittelstandes sind mehr als an irgend
einem anderen Ort die Biergärten und jetzt nach Erbauung großer Säle seitens der bevorzugten Brauereien
eben diese Biersäle, in die der Münchener mit Kind und
Kegel über die Maßen oft zieht, sehr bezeichnend.

Wie München, so haben auch die anderen großen
Städte im Süden, ebenso wie die am Rhein oder die
großen Hansestädte oder Breslau und Königsberg viel
Eigenartiges in ihrer Geselligkeit bewahrt. Der Einfluß
Berlins ist zwar im Wachsen, aber zunächst noch meist
auf den Norden und Osten beschränkt. Dieselbe Verschiedenheit zeigt sich in den mittleren und kleineren Städten —
auch abgesehen von dem Stammesunterschiede. In den
Universitätsstädten herrscht heute fast überall eine sehr lebhafte, aber doch wieder ganz anders geartete Geselligkeit,
als die nicht minder lebhafte in den Kaufmannsstädten,
von denen sich die Landstädte wieder sehr unterscheiden.
Solche Unterschiede zeigen sich, wenn sich auch die Art und
Weise der Geselligkeit der Gebildeten in vielen Dingen
überall gleicht, in Deutschland mehr als in irgend einem
anderen Lande: sie erklären sich aus seiner Geschichte so
gut wie aus dem Nationalcharakter. Und mancher mag
darin einen Vorzug deutschen Lebens erblicken.

Häusliches und geselliges Leben auf dem Lande.

Eine besondere Behandlung erfordert das Landleben. Land und Stadt repräsentieren im Grunde zwei ganz verschiedene Kulturformen, die erst in unserem Jahrhundert einander stärker genähert werden: ihr Unterschied zeigt sich in allen Lebensverhältnissen, aber auch in den Bildungszuständen. Die ländliche Bevölkerung ist unzweifelhaft hinter der städtischen in vielen Beziehungen zurückgeblieben. Für die niedere und abhängige Bevölkerung hatte in erster Linie der Jahrhunderte lange Druck, der auf ihr lastete, diese Folge gehabt, nicht bloß in materieller, sondern auch in geistiger und sittlicher Hinsicht. In elenden Dörfern, in unsauberen Wohnungen lebten diese Hörigen dahin. Die Schulen waren in traurigem Zustande, der Umgang mit seinesgleichen dumpf alltäglich, der Charakter verdorben, Aberglaube tief eingewurzelt, das Branntweintrinken einzige Erholung. Die ersten Jahrzehnte unseres Jahrhunderts haben in der Aufhebung des Herrendruckes reichen Segen gethan, aber dessen Folgen waren doch nicht so rasch zu beseitigen. Auch auf die unabhängigen Bauern und zum Teil auch auf den Landadel wirkte die früher durch die mangelhaften Verkehrsverhältnisse noch gesteigerte Abgeschlossenheit, die eine geregelte Schulbildung, wie ein Mitgehen mit der Entwickelung der Gesamtkultur außerordentlich erschwerte, in geistiger Beziehung ungünstig, obgleich damals, wie wir unten sehen werden, auf manchen Landsitzen geistige Interessen rege gepflegt wurden. Schlimmer stand und steht es da mit dem Osten, als mit dem Westen: aber im Laufe der letzten hundert Jahre haben sich doch gerade diese Zustände ungemein gebessert. Der freie Bauernstand hat sich nicht nur vermehrt, sondern auch aufgerichtet und geistige und materielle Fortschritte gemacht. Was hat der Landmann in den letzten Jahrzehnten nicht alles gelernt: wir haben jetzt einen gebildeten Landwirt. Auch der Osten hat in Wohnung und Haushalt nicht mehr die schlimmen Verhältnisse aufzuweisen wie früher. Freilich hat sich gleichzeitig damit eine Annäherung an die Stadt vollzogen, und in mancher Hinsicht ist das wieder bedauerlich. Der durch die allgemeine Wehrpflicht städtisch gebildete Bauer streift immer mehr an Volkssitten, Trachten u. s. w. ab. Und wo er gar schlechte städtische Eigenschaften angenommen hat, ist er verderbter als der Städter. Immerhin wird sich durch die dem Lande nun einmal eigentümliche Abgeschlossenheit die konservative Eigenart der ländlichen Bevölkerung, die in allen Gegenden ihre lokale Differenzierung bis heute bewahrt hat, noch lange weiter erhalten. Im allgemeinen kann man daher auch, abgesehen von der starken Hebung eines Teiles der ländlichen Bevölkerung, von einer geringeren Entwickelung der Verhältnisse auf dem Lande sprechen. So haben sich die Wohnungsverhältnisse doch nicht in dem Maße gewandelt wie in der Stadt. Schon das Bauernhaus als solches hat sich seit Urzeiten wenig geändert und zeigt seine verschiedenen Typen vom Alpenhaus bis zum niedersächsischen Bauernhaus vielfach noch heute in ihrer charakteristischen Eigenart. Freilich ist heute an Stelle des Fachwerkbaues mehr und mehr das Steinhaus getreten, das sich der städtischen Bauart stärker nähert. Ebenso findet man heute selten noch die kleinen, mit Blei gefaßten Fensterscheiben. Im Innern ersetzt den mächtigen Herd, dessen Rauch die an der Decke hängenden Würste und Schinken räucherte, meist die Küche. Verschwunden ist auch die Backstube. Eine Staatsstube existierte in den Häusern schon damals; außer ihr behalf man sich wie noch heute meist mit einer Wohnstube, die aber im Gegensatz zu den großen Wirtschaftsräumen oft eng und niedrig war. Die innere, nach den Gegenden verschiedene Einrichtung, beispielsweise in Niederdeutschland die großen Kleiderkasten und die oft interessant geschnitzten, großen

Wandschränke, die Fülle von Küchengerät, die altmodischen Tische und Stühle, der dicke Ofen mit der obligaten Ofenbank, die großen Familienbetten mit einer Fülle erstickenden Bettzeuges — in bestimmten Gegenden schläft man sogar in in die Wand eingelassenen, engen Kojen, d. h. mit Thüren versehenen Nischen, — alles das hat sich vielfach gehalten, vielfach, z. B. in Mitteldeutschland, mehr dem städtischen Habitus genähert. Ähnlich ist es mit der Kleidung. Zu Anfang des Jahrhunderts sah man nicht bloß die Frauen und Mädchen, sondern auch noch die Männer in ihren Volkstrachten: heute haben sich meist nur bei den ersteren Reste gehalten. Die Nahrungsweise entspricht noch heute der städtischen sehr wenig. Grütze, Klöße, Brei, Speck, geräuchertes und gesalzenes, selten frisches Fleisch, statt der Kartoffeln Pferdebohnen, Brot und Käse, diese und ähnliche, nach den Gegenden verschiedene Speisen, dazu Dünnbier waren für die Bauernnahrung charakteristisch. Unter den Gerichten eines Hochzeitsmahls nennt der Württemberger Reyscher „das auf dem Lande nie fehlende Sauerkraut mit Schweinefleisch", „ferner einen Brei von Meerrettig und Milch". In Schleswig-Holstein wieder überwogen die Mehlspeisen, „Klüten" u. s. w. Frisches Fleisch war, wie gesagt, selten, Gemüse trat sehr zurück. Gegen Neuerungen verhält sich der Bauer hier eben besonders skeptisch. Wat de Bur nich kennt, dat frett he nich: das Wort hat zum Teil heute noch seine Geltung. Immerhin machte sich im Laufe des Jahrhunderts die Annäherung an die Stadt auch in dieser Beziehung geltend; bei reichen Bauern findet man heute unter Umständen feine Delikatessen. Auch in der Eßweise zeigte der Landbewohner früher noch manche Spuren des Zurückgebliebenseins. Man aß vielfach noch ohne Gabeln, nur mit dem Messer und hölzernem Löffel. Hölzerne Bricken und zinnerne Teller waren ebenfalls noch allgemein. Aus Porzellan hatte man nur Tassen.

Auf der anderen Seite zeigte der Bauer, namentlich der reiche Bauer, wenn es darauf ankam, auch damals die althergebrachte Neigung zu quantitativem Aufwand. Bei Hochzeiten und Kindtaufen, bei Leichenschmäusen, bei der Kirchweih ging es hoch her. Schweinebraten, gebratene Gänse und Hühner gab es ebenso reichlich, wie Bier, Schnaps oder auch Wein. Im Vertilgen der Sachen wurde Unglaubliches geleistet. Auch dem Spiel wurde dabei ganz außerordentlich gehuldigt, in Holstein wie in Altenburg oder wo sonst reiche Bauern saßen. —

Das Familienleben zeigte feste Regelmäßigkeit, war und ist aber auch in der Regel außerordentlich einförmig, eng, geistes- und gemütsarm. Die Frau hat nicht den Nimbus, den ihr die gesellschaftliche Kultur in neuerer Zeit gegeben hat: sie hat vielfach eine sehr untergeordnete Stellung, ja sie wird nicht selten geschlagen. Der Bauer kennt meist nur Vernunftheiraten — man erinnere sich der „Erbtochter" in Westfalen — trotz aller sentimentalen Dorfgeschichten. Ebenso ist eine starke Gefühlsroheit in dem pietätslosen Verhalten der erwachsenen Kinder, die das Besitztum übernommen haben, gegen die Eltern, die auf dem „Altenteil" sitzen, zu bemerken. Immerhin darf man über dieses Leben nicht allzu ungünstige Vorstellungen hegen. Ich wies schon oben auf die Schilderung hin, die Eilers, der Sohn eines oldenburgischen Bauerngutsbesitzers, von der schönen Stellung seiner Mutter gab. Wie es früher mit dem häuslichen Leben bei diesen höheren Bauern stand, mag eine weitere Schilderung von Eilers lehren: „Das häusliche Leben bewegte sich in der festen Regel einer bestimmten Tagesordnung. Beim Aufstehen und Anziehen wurde kein Wort gesprochen. Wenn alle Glieder der Familie zum Frühstück versammelt waren, sprach der Vater mit entblößtem Haupte und gefalteten Händen: „Das walt' Gott Vater, Gott Sohn, Gott heiliger Geist" und betete das Vaterunser, die Kinder beteten die in Luther's Katechismus enthaltenen Gebete und zum Schluß sprach die Mutter: „Jetzt frisch und fröhlich zur Arbeit!" Während des Frühstücks, welches für die Kinder aus frisch gemolkener Milch und Butterbrot, für Vater, Mutter und

Oheim aus Kaffee bestand, wurden die Geschäfte des Tages kurz besprochen und angeordnet. Vor dem Mittag- und Abendessen wurden ebenfalls die von Luther angegebenen Gebete gebetet. Das Mittagessen bestand in der Regel aus Fleisch und Gemüse, des Sonntags aus Hühnersuppe und Pudding, das Abendessen aus Milchsuppe und Butterbrot. Alle Erzeugnisse des Guts: Mehlfrüchte, Gemüse, Schlachtvieh, Geflügel, Milch, Eier wurden in der Familie verbraucht, und selbst der Überfluß nie verkauft. So wurde es zur Zeit meiner Jugend in allen andern unabhängigen Bauernfamilien des Dorfs gehalten." Derselbe Eilers berichtet auch, wie man die Winterabende zu verbringen pflegte. Da versammelte sich die Familie am Feuerherde, dem eigentlichen Mittelpunkte des Hauses und des Familienlebens. Häufig kamen da auch Nachbarn und Freunde zusammen, weil der alte Eilers nie ein Wirtshaus besuchte. Zunächst um den Feuerherd saßen die Männer, vor jedem eine Zinnkanne mit Bier, zu beiden Seiten die Frauen und Mädchen mit ihren Spinnrocken. Das Gespräch drehte sich um Dorfneuigkeiten, Anekdoten u. s. w., nahm aber bald einen belehrenden Charakter an. Ein Kundiger erzählte aus der Geschichte des Landes oder von Friedrich dem Großen, der Schulmeister schilderte die Schrecken der französischen Revolution, auch gaben die Freimaurerverbindungen Stoff zu wunderbaren Märchen u. s. w.

Auf einer höheren Stufe natürlich als der dieser Bauern — daß die Eilerssche Schilderung typisch ist, wird sich bei der lokalen Verschiedenheit des ländlichen Lebens übrigens kaum behaupten lassen — stand dann das Leben des gebildeten Gutsbesitzers und des Adels. Im allgemeinen hat hier auch die Lebenshaltung sich, soweit es möglich ist, der Steigerung derselben in der Stadt anzupassen gesucht, sich sonst aber wenig geändert. Die Verwalter, die Dienerschaft, die Wirtschafterinnen, Knechte und Mägde, umgaben damals wie heute den engeren häuslichen Kreis, zu dem der Informator, die Gouvernante und die Gesellschafterin mehr oder weniger auch zählten. Der Herr war thätig je nach individueller Neigung, die Herrin früher noch häufiger eine Schloßfrau in altem Sinn, die auch gelegentlich ihre ärztliche Kunst zu zeigen verstand. Das war überhaupt auf dem Lande notwendig; der Arzt konnte der Entfernung wegen selten gerufen werden, und man begnügte sich vielfach mit Hausmitteln. Hausapotheken gab es überall. Häufig waren und sind auch größere Hausbibliotheken, um wenigstens für das Unterhaltungsbedürfnis an Winterabenden zu sorgen. An Unterhaltung für die Jugend fehlte es im übrigen nie. Die Jungen hatten Ponys zum Reiten, kleine Bockgespanne zum Fahren, sie bauten sich im Park oder im Feld Festungen und Burgen — die großen Gärten boten herrliche Spielplätze auch für andere Spiele —, unternahmen Wasserfahrten auf dem Teich, der im Winter wieder der Schauplatz des Schlittschuhlaufens wurde. Sie schossen im Walde auf Vögel und lernten die Anfangsgründe der Jagd, die den Erwachsenen ein Hauptvergnügen war, sie lernten auch gewissermaßen spielend das Wirtschaftswesen, in das sie fortwährend Einblick erhielten, oft vom Vater dazu angehalten. Allzuviel kümmerte man sich sonst um die Kinder nicht. „Man vertraut überhaupt," sagt Reyscher, „auf dem Lande mehr dem lieben Herrgott und läßt die Kinder durch Kinder oder auch garnicht hüten." Die ganze Familie unternahm häufig Spazierfahrten nach schönen Punkten des Besitzes und genoß das Abendbrot, das übrigens früher meist sehr einfach war, im Freien. — Doch alle diese Dinge haben sich wenig geändert, und ich brauche darauf nicht weiter einzugehen. Mehr aber als früher ist der Stadtbesuch nötig, um den Haushaltungsbedarf u. s. w. einzukaufen. Früher wurden dafür oft die Stadtbewohner von ihren ländlichen Verwandten in Anspruch genommen. Das erzählt z. B. der Feldmarschall v. Roon aus seinem Stargarder Leben. Der junge Lieutenant besorgte nicht nur „den Einkauf von Guitarrensaiten und Musikalien, sondern auch von Lichten und

Feuerzeug, ja sogar von einem Scheffel guter kleiner Rübchen oder einem guten Stück Rindfleisch von der Brust." Auch anderswo war der Verwandte in der Stadt derjenige, der namentlich für den weiblichen Teil der Landbewohner vielerlei besorgen mußte, Hauben, Bänder und dergl.; er wurde dann seinerseits mit gesalzener und eingeschlagener Butter, die oft sehr lange unterwegs war, und ähnlichen Dingen versorgt.

Nun hat gerade in dieser Beziehung die allgemeine Steigerung der Lebenshaltung in neuerer Zeit für das Land viele Unbequemlichkeiten und Schwierigkeiten zur Folge gehabt. Was man in der Stadt leicht und bequem haben kann, das muß man auf dem Lande oft entbehren. Eine luxuriöse Lebenshaltung ist auf dem Lande heute entschieden teurer als in der Stadt, ja sie wird vielfach unmöglich. Ich sehe dabei ganz von dem Rückgang des landwirtschaftlichen Einkommens ab, der sich gegenwärtig bemerkbar macht. Städtische Bedürfnisse sind auf dem Lande vielmehr überhaupt nicht leicht oder nur durch schweres Geld zu befriedigen. Man erhält selbst das Fleisch, ja auch das Gemüse besser und billiger in der Stadt als auf dem Dorf, zu schweigen von der Kleidung oder von Luxusgegenständen. „Kommen die städtischen Sitten in das Dorf," sagt Riehl, „dann schwindet auch hier die freie Wahl zwischen wirklichen und eingebildeten Bedürfnissen und eben in dieser freien Wahl lag die Wohlfeilheit." Wenn die reicheren Bauern, namentlich in Westfalen, sich trotzdem immer mehr der städtischen Lebensgewohnheiten befleißigen. so können das die ärmeren Landbewohner, insbesondere die Tagelöhner, die Arbeiter nicht. So kommt es, daß die Lebensverhältnisse dieser Kreise — und daraus, nicht bloß aus dem allgemeinen Zuge zur Stadt erklärt sich auch der Fortzug der Arbeiter vom Lande — sich bei weitem nicht in dem Maße gehoben haben, wie die der entsprechenden städtischen Klassen. Daß andererseits dem Landbewohner die städtische Kultur nicht unbekannt bleibt, dafür sorgen viele Strömungen und moderne Institutionen, z. B. die allgemeine Wehrpflicht. Kommt er mit städtischen Ansprüchen zurück, so empfindet er leicht die ländliche Lebenshaltung als eine schlechtere, als sie in der That ist. Entsprechendes gilt von den Gutsbesitzern. Gerade die Ansprüche an einen gewissen Luxus des Daseins, auch z. B. in hygienischer Beziehung, die heute dem gebildeten Städter in Fleisch und Blut übergegangen sind, kann man auch auf einem mittleren Landgut heutzutage nicht immer befriedigen. Anders natürlich auf einem vornehmen Landsitz! Insbesondere bieten die Edelsitze Englands die Möglichkeit einer so luxuriösen und dabei zugleich innerste Behaglichkeit atmenden Existenz, daß man dieses Dasein fast für ein ideales erklären möchte. Für den wohlhabenden Engländer ist es auch das Ideal. Ein Landhaus mit allem Komfort, mit reizenden Pleasuregrounds, mit Treibhäusern u. s. w. zu erwerben, ist das Ziel auch der rastlos arbeitenden städtischen Industriellen. Jagen, Rudern, Reiten, Cricket, Lawn Tennis, aller mögliche Sport, dazu verschwenderische Diners mit zahlreichen Gästen: dies und anderes sind die Dinge, die er dort nach Herzenslust genießen will, ohne dabei doch der Arbeit, zum mindesten der Arbeit um das Gemeinwohl zu entsagen. Wenn man diesen verbreiteten Zug zum Lande gerade bei einem industriellen Volke beobachten kann, wird man an die „Landflucht" als eine für unsere Zeit charakteristische Strömung nicht allzu trübe Befürchtungen zu knüpfen brauchen. Zuzugeben ist aber, daß eine derartige Gestaltung des Landlebens nur dem Reichtum — und auf englischen Edelsitzen kann man sehen, was Reichtum ist — möglich ist.

Ein weiterer Nachteil des fortschreitenden Einflusses der städtischen Kultur auf das häusliche Leben auf dem Lande ist die Verschlechterung des Verhältnisses zwischen Herrschaft und Gesinde. Hier ist von patriarchalischem Verhältnis, von einem Zusammenleben nicht mehr viel die Rede. Man darf übrigens nicht immer eine sanfte Behandlung des Gesindes, insbesondere der Knechte, in früherer Zeit voraussetzen. Man konnte dort oft rohe Scenen erleben. Auch die in der Gegenwart stärker gewordene Widersetzlichkeit der Knechte haben Einzelne manchmal durch brutale Strenge niederzuhalten gesucht; aber vergeblich. Der heutige Landwirt muß, um seine Arbeiter zu behalten, sie äußerst nachsichtig behandeln. —

Auch das gesellige Leben auf dem Lande ist von der modernen Kulturentwickelung nicht unberührt geblieben. Ein Landgut konnte früher auch dem Städter die gesellschaftliche Unterhaltung bieten, die er liebte. In der vormärzlichen Zeit sah man auf gastlichen Landsitzen viele Gebildete aus der Stadt, die sich an geistreicher Konversation, an gemeinsamer Lektüre, an Aufführungen mit dem Gastgeber erfreuten. Die gastliche Familie Schleiden in Ascheberg vereinigte einen ganz hervorragenden Kreis. Häufiger als heute, wo überall Gasthäuser oder Restaurants auftauchen, suchte der von den modernen materiellen Genüssen noch wenig ahnende Städter die Landbewohner selbst auf, um sich den einfachen Genüssen des Landlebens mit ihnen hinzugeben. Die Mangelhaftigkeit der Verkehrswege ferner hielt die benachbarten Landleute selbst noch enger zusammen als heute. So kam es, daß die großen Landsitze, aber auch z. B. die Pfarrhäuser, fast nie ohne Gäste waren. Es herrschte eine zum Teil sehr angeregte Geselligkeit. Aus Schlesien berichtet z. B. Menzel: „Der gesellige Verkehr und die Gastfreundschaft waren über jedes Lob erhaben. Die Liebenswürdigkeit der Menschen aus den gebildeten Ständen erschien um so glänzender, als sie sich durch äußere Eleganz nicht aufputzte. Denn mit ganz wenigen Ausnahmen waren die Edelsitze sehr bescheidene Bauten und die schlechten Zeitumstände erlaubten keinen großen Aufwand." „Unsere geselligen Kreise," heißt es weiter, „wurden auch häufig von Fremden besucht. Diese wurden zur Abwechselung sehr gern gesehen, und überdies hatte die uneingeschränkte Gastfreundschaft eine eigene Klasse sogenannter Krippenreiter geschaffen, in der Regel herabgekommene Edelleute, die von einem Hofe zum anderen zogen, zuweilen wochenlang blieben und sich für das Genossene durch kleine Hülfeleistungen und irgend ein geselliges Talent dankbar bezeugten." Bekanntlich ist auch heute noch die Gastfreundschaft der Gutsbesitzer eine große, und mancher Landwirt, der in der Nähe einer Garnison oder einer viele jagd- und tanzlustige Herren beherbergenden Stadt wohnt, ist auch heute selten ohne Gast. Ebenso kommen die Nachbarfamilien oft und gern freundschaftlich zusammen, wobei namentlich im Osten oft seitens der Männer weidlich gezecht wird. Ob nicht trotzdem ein Rückgang der ländlichen Geselligkeit gegen früher eingetreten ist, mag dahingestellt bleiben. — Um auch von den niederen Klassen der Landbewohner zu reden, so fand sich die für die ländliche Geselligkeit so überaus charakteristische, uralte Spinnstube (Rockenstube), die das Dorf wie eine große Familie vereinigte, schon um die Mitte des Jahrhunderts nur noch selten. Kamen auch viele Unsittlichkeiten und viel Unfug namentlich zur Fastnacht dort vor, weswegen die Obrigkeit seit dem 16. Jahrhundert gegen diese Zusammenkünfte auftrat, so waren diese Abendgesellschaften im Herbst und Winter doch auch die Stätten vergnügten Scherzes, harmloser Freude an Gesang und Erzählung, sowie die Mittelpunkte ländlicher Tradition von Sagen und Liedern, von Neckereien und Spielen.

Wenig verändert haben sich auf dem Lande die Feste. Die Kirchweihen oder Kirmsen werden in einem großen Teil Deutschlands, trotzdem schon Luther gegen „solch säuisch Gefräß und unordentlich Leben" eiferte, noch heute mit Schmäusen, Musik und Tanz gefeiert, ebenso wie in Norddeutschland die Erntefeste. Auf den Gütern beteiligt sich noch heute die Herrschaft fast regelmäßig am Erntefest der Leute, wenn auch die große Zahl der fremden Erntearbeiter schon früher ein näheres Verhältnis zwischen Herrschaft und Gesinde teilweise aufhob, z. B. schon zu Anfang des Jahrhunderts in Schleswig-Holstein. Andere Feste wieder sind heute allerdings völlig verschwunden: auch hier macht sich also der Rückgang der Volksgeselligkeit.

ben ich oben besprach, bemerkbar. Immerhin findet der Freund der Volkskunde noch heute eine große Zahl ländlicher Feste oder festlicher Bräuche, die von jeher entweder mit dem kirchlichen Leben oder aber mit der Natur, wie die Maifeste, zusammenhingen, lebendig. Der quantitative Luxus, für den Bauern überhaupt charakteristisch, zeigt sich bei solchen Festen in hohem Maße: ich sprach schon oben davon. Damit hängt auch die Sucht, die Feste möglichst lange auszudehnen, zusammen. Wie auch bei minder Bemittelten eine Hochzeitsfeier vielfach zwei bis drei Tage dauerte — man tanzte, wie in Württemberg, dabei nicht bloß im Wirtshaus, sondern auch im Rathaus —, so dehnte man auch die Kirchweih meist über drei Tage aus. Meist fehlte auch die Nachfeier am nächsten Sonntag nicht. Dieser Zug ist denn auch heute noch überall zu beobachten.